政治經濟學
學習與思考輔導讀物

（第二版）

主編　李萍、陳維達

前　言

　　為有利於學生的課後學習，滿足廣大社會讀者的學習要求，我們根據政治經濟學教學實踐中的一些問題，尤其是與學生教學互動中反應出來的問題以及收集到的有關社會讀者反饋的信息，由西南財經大學經濟學院政治經濟學研究所、經濟系的任課教師於2010年共同編寫了這本與劉詩白主編《政治經濟學》教科書（西南財經大學出版社2008年9月第一版、2014年11月第四版）相配套的輔導讀物（西南財經大學出版社2010年8月第一版）。幾年來，中國經濟學理論與經濟實踐有許多變化，為了反應這種變化，我們決定對本書進行一次必要的修改，主要是在第一版的基礎上，結合理論與實踐的最新變化進行適當的修改、補充和完善。

　　在政治經濟學學科帶頭人劉燦教授、丁任重教授的組織帶領下，經過集體討論和認真研究，明確了本書編寫的主導思想為：以中國轉型與發展及經濟全球化進程向馬克思主義政治經濟學提出的新問題、新挑戰為背景，幫助學生理解和把握由重要的經濟學概念、範疇構成的主要知識點及其經濟學邏輯、經濟學原理；在此基礎上，進一步歸納、概括出一些重要和疑難問題，並提供理解與研究這些重要和疑難問題的思想和方法，以期拓展學生的視野，培養和訓練學生理論聯繫實際的學習方法，提高學生運用經濟學理論去觀察現實、發現問題、思考問題、尋求經濟學解釋的專業敏感度與研究能力。

　　為此，本書各章的題目完全與原教科書相同，但內容則不完全局限於教科書，主要包括四個方面：一是本章內容簡介；二是本章主要知識點；三是重點問題解答，著重闡述各章的主要原理或重大理論問題；四是疑難問題和學術爭鳴，客觀地介紹各章的疑難點和學術界的不同觀點，或介紹學術界結合社會經濟的新現實對舊理論的新理解、某些基本原理的新發展，或結合社會熱點問題介紹新的相關學術成果。

　　本書由 經濟學的任課教師共同編寫。李萍、陳維達任主編。各章編寫者為：導論，劉燦、丁任重、吳垠；第一章，羅英；第二章，陳繼釗；第三章，王朝明；第四章，王卉；第五章，楊慧玲；第六章，李秋紅；第七章，姜凌；第八章，蓋凱程；第九章，王雪苓；第十章，戴歌新；第十一章，陳志舟；第十二章，陳師；第十三章，陳維達；第十四章，李萍。在寫作過程中，李萍、陳維達與承擔各章寫作的老師進行了多次溝通，對全書的各章做了認真細緻的閱讀和反覆修改等工作。在此，謹向參加此書編寫的全體老師深表謝意。本書在編寫過程中不可避免地會存在一些缺點和不足。我們真誠地希望廣大同學和讀者提出寶貴意見，以有利於我們在再版時予以修正。

李萍　陳維達

目　錄

導　論 …………………………………………………………………（1）

第一章　商品與貨幣 ……………………………………………………（16）

第二章　資本與剩餘價值 ………………………………………………（29）

第三章　資本累積與再生產 ……………………………………………（44）

第四章　資本循環與週轉 ………………………………………………（60）

第五章　社會總資本再生產與經濟危機 ………………………………（72）

第六章　剩餘價值的分配 ………………………………………………（86）

第七章　壟斷資本主義的發展演變與經濟全球化 ……………………（100）

第八章　社會主義經濟製度的建立及初級階段 ………………………（117）

第九章　社會主義市場經濟體制 ………………………………………（131）

第十章　社會主義市場經濟的微觀基礎 ………………………………（145）

第十一章　收入分配、社會保障與居民消費 …………………………（156）

第十二章　社會主義市場經濟中的對外經濟關係 ……………………（168）

第十三章　宏觀經濟運行與政府的宏觀調控 …………………………（186）

第十四章　經濟增長和經濟發展 ………………………………………（203）

導　論

一、本章內容簡介

導論介紹了馬克思主義政治經濟學在經濟學中的地位和意義，介紹了這門學科的研究對象和研究方法，並指明了政治經濟學的歷史任務以及現實意義。

第一節分析政治經濟學的產生與發展。從「經濟學」和「政治經濟學」等基本理論分析入手，本節介紹了古典政治經濟學和馬克思主義政治經濟學的產生和發展；並著重介紹了中國在改革開放後根據社會主義經濟實踐對馬克思主義政治經濟學的創新和發展。

第二節分析政治經濟學的研究對象與方法。本書從物質資料生產的角度提出，政治經濟學是一門以生產關係及其發展規律作為研究對象的科學；分析了政治經濟學的根本方法是唯物辯證法。

第三節分析政治經濟學的任務和中國經濟學的發展。本節指出政治經濟學的任務是通過對生產關係的研究，揭示各種生產關係產生、發展和變化的規律，即經濟規律；提出了構建中國經濟學需要注意的基本問題。

第四節分析學習政治經濟學的意義。政治經濟學不僅能為無產階級提供階級鬥爭的思想武器，而且也是社會主義經濟建設的行動指南。

二、本章主要知識點

（一）政治經濟學的研究對象和研究方法

（1）政治經濟學的研究對象。政治經濟學研究的出發點是物質資料的生產，而研究的對象是生產關係。政治經濟學要聯繫生產力和上層建築、聯繫物質資料生產總過程來研究生產關係。

（2）政治經濟學的研究方法。根本的方法是唯物辯證法；同時，要借鑑其他科學運用的方法，如數量分析方法、系統分析方法等。

（二）生產力與生產關係

（1）生產力包括勞動對象、勞動資料和勞動者三個要素。

（2）科學技術也是一種生產力，而且是第一生產力。不過，科學技術是通過影響生產力的三個構成要素來影響生產力的發展的，因此，它本身並不成為生產力的一個獨立要素。

（3）在生產過程中，人們只有結成一定的關係進行共同活動和互相交換的活動，才能與自然界發生聯繫。人們在生產過程中結成的這種關係，叫作生產關係。

（三）生產力與生產關係的矛盾運動

（1）生產力和生產關係的統一，構成物質資料的生產方式。

（2）生產力是生產方式的物質內容，生產關係是生產方式的社會形式。它們既矛盾又統一，推動了人類社會生產方式的發展運動。

（3）在生產力和生產關係的矛盾統一體中，生產力是矛盾的主要方面。

（4）生產關係可以積極地反作用於生產力。

（四）經濟基礎和上層建築的矛盾

（1）生產關係的總和構成社會的經濟基礎。在這個經濟基礎之上建立起來的政治法律制度以及與它相適應的政治、法律、哲學、宗教、文藝等意識形態，統稱為上層建築。

（2）經濟基礎決定上層建築，上層建築對經濟基礎也有反作用。

（五）物質資料生產的總過程

（1）物質資料生產的總過程，是由生產、分配、交換、消費四個環節組成的有機整體。

（2）生產、分配、交換、消費互相制約、互相依賴，構成生產總過程的矛盾運動。生產在總過程中具有決定意義。

（六）經濟規律

（1）經濟規律是關於生產關係運動變化的規律。它是經濟現象之間的內在的、本質的、必然的聯繫。

（2）經濟規律總是在一定的經濟條件下產生和發生作用的，並隨著經濟條件的變化，或者退出歷史舞臺，或者在新的條件下改變其作用形式。所以，除了個別的在一切社會形態都起作用的經濟規律，經濟規律都是歷史的規律。

（3）經濟規律同自然規律一樣，具有客觀性質，即經濟規律的產生和發揮作用，不

以人的意志為轉移。人們可以充分發揮自己的主觀能動性，自覺利用經濟規律較快地實現預定的目標。

（4）經濟規律按它們發生作用的經濟條件不同，大體上可以分為：在一切社會經濟形態中均發生作用的經濟規律；在某幾個社會經濟形態中發生作用的經濟規律；只在某一種社會經濟形態中發生作用的經濟規律。

（七）廣義、狹義的政治經濟學

（1）廣義的政治經濟學，著重揭示人類社會發展過程中的一般經濟規律或共有經濟規律。

（2）狹義的政治經濟學，著重揭示的是個別社會發展過程中的經濟運動的規律，即適用於人類社會個別發展階段的特有經濟規律。

（八）馬克思主義政治經濟學的階級性、科學性與發展性

（1）政治經濟學的階級性：政治經濟學研究的對象是生產關係，生產關係實際上也就是人們的經濟利益關係。

（2）馬克思主義政治經濟學代表無產階級的經濟利益，並為無產階級鬥爭服務。

（3）馬克思主義政治經濟學是階級性與科學性的統一。

（4）馬克思主義政治經濟學的發展性：它具有科學的內在品質，即科學總是發展中的科學，科學的本性就是與時俱進。

（九）社會主義初級階段理論

（1）社會主義初級階段是社會主義的不發達階段。

（2）從經濟上來說，社會主義初級階段是逐步擺脫不發達狀況，實現工業化和經濟的社會化、市場化、現代化而不可逾越的、相當長的歷史階段。

（3）處在社會主義初級階段的社會的主要矛盾是人民日益增長的物質文化需要同落後的社會生產之間的矛盾，根本任務是解放和發展生產力。

（十）社會主義市場經濟理論

（1）社會主義市場經濟理論指出，計劃和市場都是配置資源的手段和調節經濟的方式，市場經濟可以與社會主義基本製度相結合。

（2）在社會主義經濟中，市場對源配置起決定性作用。

三、重點問題解答

(一) 政治經濟學研究的對象是什麼？

政治經濟學研究的對象，是在一定生產力狀況基礎之上的社會生產關係及其發展的規律性。政治經濟學是在生產關係和生產力的相互關係中研究生產關係的。

(1) 物質資料的生產是政治經濟學的出發點。這個規定表明，馬克思主義政治經濟學既不同於以流通為對象的重商主義，也不同於僅僅以農業部門為對象的重農主義。政治經濟學研究的對象以生產為出發點，反應這樣的事實：物質資料的生產是人類社會存在和發展的基礎。

物質資料的生產不僅涉及人與自然的關係，也涉及人們在生產過程中的相互關係。政治經濟學研究的生產不是生產的自然屬性，而是生產的社會屬性，但對生產的社會屬性的分析不能脫離生產的自然屬性，原因是反應自然屬性的生產力發展水平直接制約生產的社會屬性。

(2) 生產力是指人們運用生產資料創造社會財富的能力，生產力是推動社會生產發展的決定因素；生產關係是指人們在生產過程中結成的各種經濟關係。在物質資料的生產過程中，人們只有結成一定的關係共同活動和互相交換活動，才能與自然界發生聯繫。由於生產活動是最基本的實踐活動，因而生產關係是人們最基本的社會關係。

(3) 生產關係包括三個方面：生產資料的所有制形式；人們在直接生產過程和交換過程中所處的地位和關係；產品的分配關係。其中，生產資料所有制是整個生產關係的基礎，它決定著生產關係中的其他兩個方面。

(4) 生產力和生產關係的統一，構成物質資料的生產方式。生產力是生產方式的物質內容，生產關係是生產方式的社會形式。它們既矛盾又統一，構成了人類社會生產方式的不斷運動。在生產力和生產關係的矛盾統一體中，生產力是矛盾的主要方面，而生產關係對生產力具有反作用。

(5) 分析生產力與生產關係的矛盾運動是馬克思主義政治經濟學的基本分析框架，但資本主義社會和社會主義社會的這種矛盾有根本性的不同。根據馬克思主義理論，當資本主義發展到一定階段，社會生產力和生產關係的對抗性矛盾單靠資本主義自身的力量是不能從根本上得到解決的，因而資本主義必然為社會主義所代替。而社會主義社會的這種矛盾，可以通過社會主義製度的自我發展和自我完善得到解決。因此，以資本主義為對象的政治經濟學分析生產力與生產關係的矛盾運動，目的是揭示資本主義生產關係對生產力的阻礙作用，尋求改變這種生產關係的動力。

(二) 如何理解經濟規律的客觀性？

政治經濟學研究的經濟規律是關於生產關係運動變化的規律。它是經濟現象之間的內在的、本質的、必然的聯繫。

(1) 經濟規律同自然規律一樣，具有客觀性質，即經濟規律的產生和發揮作用，不以人的意志為轉移。社會經濟運動是「一定規律的自然歷史過程，這些規律不僅不以人們的意志、意識和願望為轉移，反而決定人們的意志、意識和願望」[1]。人們不能憑自己的主觀意志和法律去發明、改造經濟規律，也不能任意消滅經濟規律，但是，這並不是說人們在經濟規律面前無能為力。人們可以通過生產鬥爭、科學實驗和各種社會實踐，逐漸認識和發現經濟規律；人們可以充分發揮自己的主觀能動性，自覺利用經濟規律，按照經濟規律的要求，來規劃自己的行為，即按照經濟規律辦事，克服工作中的盲目性，較快地實現預定的目標。

(2) 中國建設的實踐證明：只要按照經濟規律的要求辦事，建設就能較快地發展；只要違反了客觀經濟規律，社會主義事業就要遭受挫折，受到客觀經濟規律的懲罰。因此，我們要把經濟規律的客觀性和人的主觀能動性正確地結合起來。要做到這一點，除了加強對各種經濟理論的學習外，還必須反覆參加社會實踐，進行周密的調查研究，堅持實事求是的認識路線，把理論和實踐統一起來。

(三) 政治經濟學的方法有哪些？

首先，政治經濟學的根本方法是唯物辯證法。馬克思主義政治經濟學是馬克思主義哲學的最深刻、最全面、最詳細的證明和運用。馬克思把辯證唯物主義應用到人類社會的研究上，創立了歷史唯物主義，並用歷史唯物主義的基本觀點，對社會經濟現象進行了深刻研究，在批判資產階級經濟學的基礎上，建立了自己的經濟學體系。恩格斯說：「這種德國的經濟學本質上是建立在唯物主義歷史觀的基礎上的。」[2]

其次，政治經濟學的具體分析方法包括：

(1) 抽象法。政治經濟學對社會經濟現象的研究，主要依靠抽象的思維能力。要做到科學的抽象，首先必須收集和佔有大量的實際材料，然後運用抽象力對實際材料進行整理、加工、分析，去粗取精、去偽存真、由表及裡，從中找出最基本、最簡單的東西，並發現它們內在的各種聯繫。這個過程實際上就是把感性認識上升到理性認識的過程。

(2) 矛盾分析法。對立統一規律是唯物辯證法的根本規律。根據這個規律，事物的

---

[1] 列寧. 列寧全集：第 1 卷 [M]. 中共中央馬克思恩格斯列寧斯大林著作編譯局，譯. 北京：人民出版社，1955：146.

[2] 馬克思，恩格斯. 馬克思恩格斯選集：第 2 卷 [M]. 中共中央馬克思恩格斯列寧斯大林著作編譯局，譯. 北京：人民出版社，1972：116.

運動的根本原因在於事物內部的矛盾性。政治經濟學要研究生產關係的發展運動，首先就要分析生產關係內部的各種矛盾關係以及生產關係同它的外部條件的矛盾關係。

（3）邏輯與歷史相統一的方法。所謂邏輯方法，就是按照經濟範疇的邏輯順序和邏輯聯繫，從簡單的、抽象的經濟關係和經濟範疇逐步上升為複雜的、具體的經濟關係和經濟範疇，以闡明社會經濟現象和經濟過程的邏輯發展進程。所謂歷史方法，就是在研究社會經濟現象和經濟過程時，按照歷史的進程來探求事物發展規律的方法。所謂邏輯與歷史相統一的方法，就是在經濟研究中，使邏輯推理過程與歷史上經濟關係的發展過程基本相一致。

（4）理論聯繫實際的方法。政治經濟學通過抽象而概括出來的許多原理，還需要回到實踐中去證明和檢驗。理論和實踐的統一，是馬克思主義政治經濟學的一個重要特點。

最後，在政治經濟學的學習和研究中，還應當借鑑和運用自然科學的一些方法，如數量分析方法、系統分析方法等，這會使政治經濟學的理論表述和論證更為完善、更為精確。

（四）如何理解生產力與生產關係的矛盾是推動人類社會發展的基本動力？

（1）生產力和生產關係的對立統一組成一定的社會生產方式。它們二者互相依存、互相影響。生產力決定生產關係，生產關係反作用於生產力，生產力和生產關係是社會生產不可分割的兩個方面。因此，一定的生產關係總是適應於一定的生產力狀況而建立起來的。生產力和生產關係的有機結合和統一，構成了社會的生產方式。生產關係一定要適合生產力是人類社會發展的客觀規律。

（2）人類社會的發展變化，歸根到底可以從社會生產力與生產關係的矛盾得到解釋：生產力的發展變化引起生產關係的變化，經濟基礎的變革又引起全部龐大的上層建築的變革。當適應生產力要求的某種生產關係建立起來後，它的進一步發展和變化，以及為另一種新的生產關係所取代從而退出歷史舞臺，都是由生產力的發展所決定的。不僅如此，生產力的發展還提出了生產關係發展、變革的要求並規定了其發展、變革的方向和程度。

（3）人類社會發展的歷史已經證明，在生產力和生產關係的矛盾推動下，已相繼出現了五種基本類型的經濟製度，即原始社會、奴隸社會、封建社會、資本主義社會以及社會主義社會。可見，生產關係一定要適合生產力的狀況，是人類社會發展的普遍規律，它在一切社會形態中都存在和發生作用。它決定著人類社會由低級階段向高級階段發展，決定著一定社會形態中的生產關係的具體形式及其發展變化，促進著生產力的發展和生產關係的變革。

（五）怎樣正確認識馬克思主義政治經濟學與西方經濟學？

（1）馬克思主義政治經濟學是在繼承古典政治經濟學科學成分的基礎上，克服了它

的階級與歷史局限而創立的、新的政治經濟學理論。馬克思首次系統、全面地表達了現代資本主義的運動規律。歷史唯物主義與現代資本主義的運動規律這兩大發現，確立了馬克思在思想史上的重要歷史地位。馬克思主義政治經濟學作為無產階級政治經濟學，代表著無產階級的利益，具有鮮明的階級性；同時，它又是科學的，實現了階級性和科學性的統一。

（2）馬克思主義政治經濟學是不斷發展的、與時俱進的理論，它提供的不是現成的教條，而是進一步研究的出發點和供這種研究使用的世界觀、基本原理和方法論。隨著改革開放的實踐和總結，中國經濟學界以開放的態度，在堅持馬克思主義科學立場的同時，引進和吸收現代西方經濟學的有關理論，增強了經濟學對實際問題的解釋力，推動了中國經濟學的進步。馬克思主義政治經濟學在實踐中不斷豐富和發展，正是這門科學具有強大生命力的原因所在。

（3）西方經濟學是泛指19世紀90年代馬歇爾發表《經濟學原理》以來西方資本主義國家經濟學學者創立的各種經濟理論，主要內容為微觀經濟學、宏觀經濟學及各種流派。西方經濟學是具有兩重性的。它既把私有制的市場經濟永恆化，也揭示了市場體系的運行機制，包括種種市場失靈的現象；在維護資本主義基本製度的同時，它也揭示了這個社會經濟運行的一些共同的和特殊的規律。

（4）經濟學作為研究人類社會行為，即在資源短缺情況下的行為，而選擇的科學，本身具有一般規定性，它的一些基本原理和方法並不因為國家的差別而有所不同；因為資源短缺及其有效配置是任何社會都要遇到和解決的問題，實現最大經濟福利也是任何社會所要追求的目標。

（5）對待西方經濟學應採取正確的科學分析態度，既不一概排斥，也不全盤照抄。我們應該批判和摒棄其掩蓋資本主義製度本質和矛盾的基礎理論，同時要結合中國實際，借鑑其描述和分析市場經濟的微觀運行和宏觀管理的某些理論觀點以及某些政策措施。我們既要看到馬克思主義政治經濟學與西方經濟學是兩種對立的理論體系，又要看到我們需要從西方經濟學中吸收合理成分和精華來發展馬克思主義，構築中國經濟學大廈。

四、疑難問題和學術爭鳴

（一）目前學術界對政治經濟學的研究對象有哪幾種主要觀點？

目前學術界對政治經濟學的研究對象的觀點主要有：

（1）主張政治經濟學的研究對象是生產關係。這是支持馬克思主義政治經濟學原理的一種觀點。持這種觀點的經濟學家認為政治經濟學在研究生產關係時，不是研究它的表面現象，而是揭示生產關係產生、發展和變化的規律性，即研究各種客觀經濟規律。

經濟規律是經濟現象和經濟過程內在的、本質的、必然的聯繫。政治經濟學必須聯繫生產力和上層建築來研究生產關係。

（2）主張政治經濟學的研究對象是資源配置。這是目前大多數西方經濟學家所持的觀點，也是西方主流經濟學派的一種觀點。他們認為經濟學是研究如何將稀缺的資源有效地配置給相互競爭的主體和不同用途，以使人類慾望得到最大限度滿足的科學。

（3）主張政治經濟學的研究對象，應該是製度分析和資源配置相配合，但強調資源配置方面。這種觀點認為應尊重政治經濟學研究的歷史和傳統，適應經濟學在當今社會經濟發展中的功能要求，政治經濟學研究對象的確定應當避免單純研究生產關係和單純研究資源配置兩種極端，而應當研究一定經濟製度下的經濟運行，應當有機結合生產關係或製度與資源配置兩個方面加以研究。

（4）還有學者認為，在新的歷史條件下，今天的政治經濟學在研究基本生產關係的同時，必須研究生產關係的具體實現形式；不僅要研究經濟關係的本質，還要研究經濟現象形態；不僅要研究社會經濟的質的規定性，還必須研究經濟的運行和發展。而研究經濟的運行和發展，就不僅要研究人與人的關係及各種具體實現形式，還必須研究生產關係表現層面的人與物的關係，研究如何優化資源配置，實現經濟的有序運行和健康發展。

（二）如何深入理解生產力與生產關係矛盾運動的原理？

生產力與生產關係是馬克思主義政治經濟學和唯物史觀的基本範疇。對於二者矛盾運動的原理，馬克思在《政治經濟學批判》序言中有經典性的概述，並在《資本論》中進行了更為翔實的論述。理論界關於生產力與生產關係矛盾運動的討論，大致可歸納為五種主要觀點：

（1）作用論。此觀點認為生產力與生產關係相互聯繫，相互作用。其作用表現為：生產力決定生產關係——決定其性質和變革；生產關係對生產力具有反作用。

（2）適應論。此觀點是在斯大林論述的基礎上，進一步對生產關係須適應生產力的何種性質，生產關係是否超越現有生產力以及生產關係適應生產力的客觀標誌等問題展開討論時提出來的。[①] 學術界分別從生產關係在功能上、層次上和組合方式上全方位適應生產力的角度來探討二者的相互作用機制。

（3）形式內容論。此觀點在哲學界頗受青睞。中國著名哲學家艾思奇主編的哲學教科書中曾寫道：「任何一個社會歷史時期的生產方式，都以一定的生產力為其內容，而與之相適應的生產關係則是生產力賴以發展的社會形式。內容決定形式，形式必須適合於內容。」[②]

[①] 駱耕漠. 談談生產關係一定要適合生產力性質的問題 [N]. 大公報，1961 - 11 - 27.

[②] 艾思奇. 辯證唯物主義歷史唯物主義 [M]. 北京：人民出版社，1961：216.

(4)對應論。這種觀點認為,在考察歷史和現實時,不能對生產力決定生產關係和兩者相互作用的唯物史觀做機械和片面的理解。生產力決定生產關係之間並不是一種如影隨形、亦步亦趨的關係,二者之間並不存在嚴格的「單線對應」關係,它們內部各自都有相當的彈性,並形成了廣闊的「多元對應」關係。[1]

(5)標準論。這種觀點是根據中國改革與發展的史實,在「作用論」基礎上引申出的一種更加重視和突出生產力決定性作用的新看法。該觀點認為:社會主義社會的根本任務是發展生產力;同時,是否有利於發展生產力,是我們考察一切問題的出發點和檢驗一切工作的根本標準。

就上述分析可得出以下幾點看法:第一,生產力與生產關係二者的相互關係和作用,既不是一種機械的單鏈因果關係或內容形式關係,也不是簡單的雙向交互作用。至於二者實際相互作用過程中的要素實體的具體內容、組合方式的具體形式、經濟實體的具體層次與規模等,以及二者相互作用的先後序列和作用強弱,都要視具體歷史條件和發展階段而定。第二,任何時期、任何經濟形態下的生產力總是於一定的生產關係範圍內運動的。任何時期人們對生產關係的選擇和調整也都是以其生產力發展水平作為根本前提的。第三,生產力與生產關係相互作用原理並不排斥或無視生產力與生產關係各自內部所存在的固有矛盾和由此而產生的運動。歷史上既沒有脫離特定生產關係而獨立存在與運動發展的生產力,也沒有不依賴於既定生產力為根本物質技術基礎而以「暴力革命形式」或「改革形式」為社會條件而自行變革的生產關係。

(三) 馬克思主義政治經濟學的本質是什麼?

1. 傳統政治經濟學的標準答案及其評價

傳統政治經濟學認為:馬克思主義政治經濟學是關於生產關係發展規律的科學。[2]那麼,這種觀點是否揭示了馬克思主義政治經濟學的本質呢?為了弄清這一問題,我們首先看一下經典作家的說法。在《政治經濟學批判序言》中,馬克思指出:「擺在面前的對象,首先是物質生產。」[3] 在《資本論》序言中,馬克思說:「我要在本書研究的,是資本主義生產方式以及和它相適應的生產關係和交換關係……本書的最終目的就是揭示現代社會的經濟運動規律。」[4] 在《反杜林論》中恩格斯專門討論了政治經濟學的對象和方法。他說:「政治經濟學,從最廣的意義上說,是研究人類社會中支配物質生活資料的生產和交換的規律的科學。」同一節中,恩格斯還說,政治經濟學是「研究人類

---

[1] 於光遠. 政治經濟學社會主義部分探索 [M]. 北京: 人民出版社, 1980: 102 - 103.
[2] 張宇. 論馬克思主義經濟學的分析範式 [M]. 北京: 經濟科學出版社, 2005.
[3] 馬克思, 恩格斯. 馬克思恩格斯選集: 第 2 卷 [M]. 中共中央馬克思恩格斯列寧斯大林著作編譯局, 譯. 北京: 人民出版社, 1995: 1.
[4] 馬克思. 資本論: 第 1 卷 [M]. 中共中央馬克思恩格斯列寧斯大林著作編譯局, 譯. 北京: 人民出版社, 1975: 8, 10.

各種社會進行生產和交換並相應地進行產品分配的條件和形式的科學。」[1]以上論述雖然各有側重，但是都強調了政治經濟學的研究對象是物質資料的生產，它包括了生產力和生產關係兩個方面。在這兩個方面中，生產關係又是研究的重點所在。不過，雖然經典馬克思主義經濟學的研究對象落腳於生產關係，但是它並沒有排斥對生產力的研究；相反，正是生產力與生產關係的矛盾運動構成了馬克思主義經濟學的主線。馬克思把勞動二重性作為政治經濟學理論的樞紐就清楚地表明了這一點。但在以階級鬥爭為綱的政治環境下形成的傳統馬克思主義經濟學中，對生產力的研究被忽視了，揭示資本主義經濟的剝削本質和必然滅亡的趨勢被看成政治經濟學的主要目的。這種含義的政治經濟學難免不被人誤解為政治學而不是經濟學。[2]

2. 近年來的流行看法及其評價

第一，從片面強調生產關係的觀點出發，近年來有一種比較流行的看法認為，馬克思主義經濟學研究的是經濟製度[3]，西方經濟學研究的是資源配置，因而，馬克思主義經濟學是政治經濟學，西方經濟學則是純粹的經濟學。這種看法也是不正確的。馬克思主義經濟學包含著許多製度經濟學所不能涵蓋的重要內容，如分工理論、價值理論、貨幣理論、再生產理論、資本累積理論、經濟週期和經濟增長理論等。馬克思主義經濟學不僅研究生產關係的發展規律，也研究生產力的發展規律，特別是要研究生產力與生產關係的相互作用以及與此相適應的資源配置的規律。正如吳易風教授指出的那樣，馬克思主義經濟學與西方經濟學的根本分歧不在於要不要研究資源配置，而在於：①要不要研究生產方式；②要不要研究和生產方式相適應的生產關係；③要不要區分抽象的生產下一般的資源配置和具體的特定生產方式的資源配置，以及要不要研究具體的特定生產方式的資源配置。在所有這些問題上，馬克思主義經濟學的回答都是肯定的，而西方經濟學的回答都是否定的。[4]

第二，還有不少學者試圖從方法論的角度來定義馬克思主義政治經濟學，盧卡奇甚至認為，馬克思主義僅僅是指方法。恩格斯也曾說過：「馬克思的整個世界觀不是教義，而是方法。它提供的不是現成的教條，而是進一步研究的出發點和供這種研究使用的方法。」[5] 從這個意義上說，馬克思主義政治經濟學可以被看成一種認識經濟世界的方法。

3. 馬克思主義經濟學的本質和精髓探析

恩格斯將馬克思最重要的貢獻概括為兩點：

---

[1] 馬克思，恩格斯. 馬克思恩格斯選集：第3卷 [M]. 中共中央馬克思恩格斯列寧斯大林著作編譯局，譯. 北京：人民出版社，1995：459，492.

[2] 張宇. 論馬克思主義經濟學的分析範式 [M]. 北京：經濟科學出版社，2005.

[3] 列寧也認為：「馬克思的主要著作《資本論》就是專門研究現代社會即資本主義社會的經濟製度的。」參見：列寧. 列寧選集：第2卷 [M]. 中共中央馬克思恩格斯列寧斯大林著作編譯局，譯. 北京：人民出版社，1995：311.

[4] 吳易風. 論政治經濟學或經濟學的研究對象 [J]. 中國社會科學，1997（2）.

[5] 馬克思，恩格斯. 馬克思恩格斯選集：第4卷 [M]. 中共中央馬克思恩格斯列寧斯大林著作編譯局，譯. 北京：人民出版社，1995：742-743.

其一是歷史唯物主義。例如，恩格斯在為馬克思《政治經濟學批判》所寫的序言中明確指出，馬克思的經濟學在本質上是建立在唯物主義歷史觀的基礎上的[1]。列寧也認為：「自從《資本論》問世以來，唯物主義歷史觀已經不是假設，而是被科學地證明了的原理。」[2] 因此，唯物史觀是馬克思主義經濟學的理論基礎和「硬核」，是馬克思主義經濟學與其他經濟學流派相區別的試金石。

其二是剩餘價值理論。把剩餘價值理論作為馬克思主義政治經濟學的本質和基礎，是因為它在馬克思主義政治經濟學中居於主體地位，馬克思關於資本主義經濟運行的其他原理的分析是圍繞這一主體展開的。其具體表現在兩個方面：第一，剩餘價值理論揭示了資本主義基本經濟規律，是馬克思主義對資本主義生產總過程的全面闡釋。對資本主義生產、流通和分配的全面分析和深刻論述，都是以剩餘價值為基本線索的。剩餘價值理論是馬克思主義經濟學的最完整、最成熟的理論。把握馬克思主義經濟學必須把握剩餘價值理論。第二，剩餘價值理論不但是分析資本主義經濟運動的基本理論，而且也是分析商品經濟條件下經濟運動的基本理論。

正是在這個意義上我們可以說，所謂馬克思主義經濟學的本質和精髓，就是以歷史唯物主義為方法論基礎、以剩餘價值理論為主體的認識經濟世界的一種獨立、完整的理論框架。

(四) 如何理解中國經濟學產生的條件和內涵？[3]

馬克思主義進入中國，既引發了中華文明的深刻變革，也走過了一個逐步中國化的過程。中國哲學社會科學堅持以馬克思主義為指導，是近代以來中國發展歷程賦予的規定性和必然性。在中國，不堅持以馬克思主義為指導，哲學社會科學就會失去靈魂、迷失方向，最終也不能發揮應有作用。[4]

中國經濟學的產生、創新、發展，也需要始終堅持馬克思主義中國化的立場，結合時代的需要，梳理好學理內涵、學以致用以及研究範圍等問題。

1. 中國經濟學產生的條件

1978年改革開放以後，在鄧小平同志建設有中國特色社會主義理論的指導下，中國走上了一條建設社會主義的嶄新道路。中國不再師承傳統的蘇聯模式，因為中國面對如此眾多的建立社會主義市場體制的新問題，是根本不可能從傳統的政治經濟學理論中求得解答的。中國也不照搬西方，因為建設有中國特色的社會主義，要著眼於解決把市場

---

[1] 馬克思, 恩格斯. 馬克思恩格斯選集：第2卷 [M]. 中共中央馬克思恩格斯列寧斯大林著作編譯局, 譯. 北京：人民出版社, 1995：38.

[2] 列寧. 列寧選集：第1卷 [M]. 中共中央馬克思恩格斯列寧斯大林著作編譯局, 譯. 北京：人民出版社, 1995：10.

[3] 劉詩白. 中國經濟學構建的若干問題 [J]. 經濟學家, 1997 (1).

[4] 習近平. 在哲學社會科學工作座談會上的講話 [EB/OL]. [2016-05-18]. http://news.xinhuanet.com/politics/2016-05/18/c_1118891128.htm

體制與社會主義製度有機結合的問題，這是西方經濟學很少涉及和不可能加以闡明的新課題。因此，改革開放要求我們必須解放思想，立足實際，針對新情況、新問題進行創造性的思維，得出新答案，形成新原理；同時，改革開放又呼喚經濟理論的創新。中國經濟學的產生，正是順應了時代的潮流。

2. 中國經濟學的內涵

中國經濟學的核心和主幹是理論經濟學或政治經濟學，因為政治經濟學旨在揭示社會經濟活動的本質聯繫，是分析和揭示社會多樣經濟活動、多層次經濟關係的理論基礎。因而，建立中國經濟學，首先要著眼於政治經濟學的革新，謀求在構建社會主義市場經濟的新的歷史條件下，重新審視和科學闡述經濟學的基本原理，寫出更好、更適用的政治經濟學專著，特別是社會主義市場經濟基本理論的研究。這一研究將成為中國經濟學的主要內容。

中國經濟學的構建和形成，其性質已經不只是一般的理論聯繫實際——「拿馬克思經濟學之弓，射中國社會主義經濟之的」，而是要大力進行理論創新；不但要發展馬克思主義經濟學，而且要研究、借鑑和發展西方市場理論以豐富馬克思主義經濟學。我們應該從中國改革的偉大歷史轉變出發、從經濟學大發展的高度出發，來認識中國經濟學的內涵以及它的現實任務和理論使命。正在形成中的中國經濟學是以馬克思主義理論為指導，以中國改革開放和建設社會主義的實踐為源泉，科學地反應和深入揭示當代中國社會主義建設的規律，批判地汲取西方經濟學的積極要素和繼承中國歷史上的經濟學優秀遺產。這樣一種具有中國的理論特色、風格與氣派的新經濟學，是對馬克思主義經濟學的發展。

(五) 中國經濟學的發展創新需要解決哪些主要問題？

1. 中國經濟學要「學以致用」

科學不但是要說明世界，而且要指導人們去改變、發展和完善世界。對於作為社會科學的經濟學來講，它的指導實踐、服務於社會經濟生活的「致用功能」更是十分明顯。如果理論脫離實際，片面追求形式的「完美性」，即使邏輯推導有如數學一樣的精確性，「體系全面而系統」「博大而精深」，也不能說明經濟生活中的重大現實問題，這種缺乏實踐功能的理論無疑也是十分蒼白的。

堅持以馬克思主義為指導，最終要落實到怎麼用上來。馬克思主義具有與時俱進的理論品質。新形勢下，堅持馬克思主義，最重要的是堅持馬克思主義基本原理和貫穿其中的立場、觀點、方法。這是馬克思主義的精髓和活的靈魂。馬克思主義是隨著時代、實踐、科學發展而不斷發展的開放的理論體系，它並沒有結束真理，而是開闢了通向真理的道路。把堅持馬克思主義和發展馬克思主義統一起來，結合新的實踐不斷做出新的

理論創造，這是馬克思主義永葆生機活力的奧妙所在①。

當前，中國正處在改革開放、建設有中國特色社會主義的新時期，更是需要構建一門理論與實踐密切結合，具有較強實踐功能的經濟學。在市場體制的新模式下，經濟學家要明確，從事經濟學研究的根本目的是為實踐服務。經濟學家要通過實踐的總結，形成新結論和新原理，不斷推動經濟學理論的發展和創新。可以說，馬克思主義的理論聯繫實際的良好學風和致用的務實精神，在中國經濟學界已經有了鮮明的表現。這既是一種十分可喜的現象，也是中國經濟學的重要特徵。

2. 拓寬經濟學的研究範圍

（1）為解放和發展生產力服務——中國經濟學的重要現實使命。

社會主義旨在解放和發展生產力，以實現社會共同富裕，於是為解放生產力和發展生產力服務就理所當然地成為中國經濟學的重大現實使命。經濟學要有所作為，首先要弄清經濟學在社會主義條件下的實踐功能。改革開放和建設中國特色社會主義實踐，使經濟學的現實功能得到了明確：為經濟建設服務，為解放生產力服務。這是經濟學的主要功能，也是經濟學這一門學科的特點和優勢。中國經濟學的重要任務，就是要從理論上闡明社會主義中國解放和發展生產力的規律。

（2）生產關係的完善——中國經濟學的重要研究課題。

社會主義生產關係的不斷完善是發展生產力的根本前提。為此，人們必須勇於實踐，大膽探索，按照「三個有利於」的標準②，進一步解放和發展生產力；同時，要使改革體現以公有制為主體和共同富裕。這樣的史無前例的改革面臨著許多困難，也面對著許多風險。改革的性質決定了中國經濟學要深入研究改革中的深層次的生產關係問題，特別是佔有和分配問題。因而，製度分析——基本製度即生產關係的分析——仍然是經濟學研究的重要內容。

（3）經濟體制結構的優化——中國經濟學研究的重要任務。

中國正在進行以建立社會主義市場體制為目標的模式轉換和機制轉換，為此要構建社會主義市場經濟的微觀主體，要形成完整的社會主義市場體系，要建立高效的宏觀調控體系，還要建立各種各樣的仲介組織與自律組織，同時還需要改革科技、文化、教育體制，健全法制和發揚政治民主。可見，這是一場全面而深刻的製度創新。它不是要照搬西方模式，而是要按照市場經濟的一般規律，汲取西方市場經濟實踐的積極成果，使市場體制適應公有制和中國的具體國情、特點，既充分發揮市場調節的活力，又實行有效的宏觀調控，保證經濟運行有序。要使中國新經濟體制既體現「市場經濟的一般」，又體現「社會主義製度的特殊」和具有中國的「具體形式和特色」，進行科學的體制改革和完成創新理論的

---

① 習近平. 在哲學社會科學工作座談會上的講話 [EB/OL]. [2016-05-18]. http://news.xinhuanet.com/politics/2016-05/18/c_1118891128.htm.

② 三個有利於標準指「是否有利於發展社會主義社會的生產力，是否有利於增強社會主義國家的綜合國力，是否有利於提高人民的生活水平」。

任務，天然地應由政治經濟學來承擔。可見，把研究聚焦於體制改革，從理論上全面、系統地闡明社會主義體制改革就成為中國經濟學的特色和優勢，這一中國經濟學具有獨特優勢的研究領域的理論成果將成為對世界經濟學的重要貢獻。

(4) 經濟運行機制的研究——中國經濟學的重要內容。

經濟運行可以按經濟活動的性質分別進行研究，如生產、交換、分配、消費等運行狀況；可以按微觀的、中觀的、宏觀的角度進行研究；也可以按各種不同主體的角度進行研究。具體的經濟運行是在經濟的各個環節、要素、層面以及非經濟的相關要素——科技、文化、環境等作用下形成的，要確定經濟運行的性質，揭示其特徵，人們就應著力於找出其相關要素，並確定其決定要素。在市場經濟條件下，經濟具有自發性，經濟運行具有不確定性，特別是為了實行有效的宏觀調控，人們需要對各種經濟運行狀況和發展態勢進行研究。實現經濟運行的穩定性是社會主義市場體制的重大要求，因此更加需要對宏觀、中觀、微觀經濟的多種運行規律進行闡明，這是中國經濟學必須承擔起的一項任務。

(5) 生產組織形式——中國經濟學的另一個研究課題。

生產組織形式是在一定的生產力條件下，為實現符合目的的生產而實行的一定的生產要素的組織形式，也就是馬克思主義經濟學中使用的「勞動方式」範疇。中國經濟學不應該只是抽象地論述社會主義物質技術基礎——現代化大工業生產，而是要從中國社會主義初級階段的實際出發，闡述使用先進技術的現代化生產，使用一般技術和使用落後技術的中、小生產的並存，以及資本、技術密集型生產和勞動密集型生產的並存；要深入研究在經濟發展不平衡的條件下，技術水平和效率不一的多樣生產組織和勞動方式存在的合理界限，特別是要基於社會主義現代化和增長方式轉換這一歷史趨勢，深入研究實現要素有效組合的生產組織形式或勞動方式，闡明中國生產組織發展變化的規律。揭示生產力發展的規律是中國經濟學不可缺少的內容。

4. 改進經濟學的研究方法

(1) 堅持唯物辯證法和歷史唯物主義。

唯物辯證法和歷史唯物主義是馬克思主義政治經濟學的根本方法。建立和形成中國經濟學，必須要始終堅持這一方法論。政治經濟學在進行社會主義生產關係及其製度分析時，要堅持從實踐到認識再到實踐的認識論路線，運用好科學抽象法，從實踐中總結理論，在實踐中不斷創新。

(2) 廣泛吸收各學科的研究方法，豐富和完善經濟學理論體系。

中國經濟學要發展創新，必須綜合借用不同學科的研究成果和方法，如系統分析的方法、信息論方法、交叉研究及綜合的方法，在擴展研究領域的同時，深入科學研究的層次和程度，以完善經濟學理論體系。

(3) 引入和正確地使用數量分析。

對經濟現象活動的分析，不僅要著眼於定性分析，而且也要著眼於定量分析。經濟學研究需要以實證的資料為基礎，以具體的統計數據為依據去闡明經濟活動和經濟關係

的演變，從而使人們對經濟發展的趨勢、規律有更加具體的認識。這就不但需要定性的理論分析，而且需要採用各種定量分析的數學方法和工具，設計出由各種經濟參數組成的方程式，並通過精確的數學語言，來揭示經濟運行的規律。需要注意的是，當前一些年輕人在學習西方經濟學並試圖進行經濟活動的數量分析時，切不可陷入數學崇拜的誤區。我們只能有取捨地吸取西方經濟學中數量分析方法的積極成果，而不能全面照搬，更不能用數學計量來取代理論分析。那種只有複雜的數學模式的設計和精確數學分析的方法，才意味著經濟學的「與國際接軌」並將它視為中國經濟學發展方向的主張，是不科學的。

第一章　商品與貨幣

一、本章內容簡介

　　資本主義是發達的商品經濟，商品生產占統治地位，一切社會關係都表現為商品貨幣關係，因此，馬克思研究資本主義社會是從商品分析開始的。

　　本章主要介紹馬克思勞動價值學說的基本內容，並通過對商品經濟的基本範疇即商品和貨幣的分析，揭示商品和貨幣所體現的社會生產關係及其運動規律。圍繞上述中心，本章分為四節。

　　第一節，商品。本節通過分析商品的內在矛盾，說明商品是使用價值和價值的統一體，著重說明商品的價值是凝結在商品中的一般人類勞動，是商品的社會屬性；商品的價值量是由生產商品的社會必要勞動時間決定的。

　　第二節，貨幣。本節從分析商品內在矛盾的外在表現即商品價值形式的發展入手，揭示了貨幣是商品交換發展到一定階段的產物，是商品價值形式發展的最終結果，它的本質是固定充當一般等價物的特殊商品；通過分析貨幣的職能及貨幣流通規律，進一步揭示了貨幣的本質；介紹了貨幣形式的演變。

　　第三節，價值規律。本節主要分析了價值規律的基本要求和作用，說明商品的價值通過價格表現出來，價格圍繞價值波動是價值規律作用的結果，也是價值規律作用的形式。不同商品的交換按照等價交換原則來進行。

　　第四節，勞動價值論在當代的深化與發展。本節介紹了當代經濟學對勞動價值論涉及的若干重要問題的新認識，如關於生產勞動的內涵和外延、知識勞動等非生產勞動也創造價值、區分價值創造和財富創造以建立合理的分配製度等。

二、本章主要知識點

(一) 商品的二因素：使用價值和價值

　　商品是用來交換的勞動產品，是使用價值和價值的統一體。

1. 商品的使用價值

商品的使用價值是指商品能夠滿足人們某種需要的屬性或有用性。商品使用價值是由物品的自然屬性決定的，只體現了人與物的關係，是交換價值的物質承擔者。在一切社會形態中，使用價值都是構成社會財富的物質內容。

2. 交換價值和價值

（1）商品的交換價值首先表現為一種使用價值同另一種使用價值相交換的數量關係或比例。

（2）商品的價值是凝結在商品中的一般人類勞動。價值是商品的社會屬性，體現人們交換勞動的生產關係，是一個歷史範疇。

（3）價值是交換價值的基礎和內容，交換價值是價值的表現形式。

3. 商品使用價值和價值的對立統一關係

（1）任何商品都是使用價值和價值這兩個因素的統一體，它們互相依存，互為條件，缺一不可。

（2）商品的使用價值和價值二因素又是矛盾的，即它們互相對立，互相排斥。商品使用價值和價值的內在矛盾只有通過交換才能解決。

（二）勞動的二重性：具體勞動和抽象勞動

（1）具體勞動：在一定具體形式下的勞動。具體勞動是勞動的自然屬性，反應人和自然的關係。

（2）抽象勞動：撇開勞動的具體形式的無差別的一般人類勞動。抽象勞動是勞動的社會屬性，體現商品經濟的社會關係。

（3）生產商品的勞動是具體勞動和抽象勞動的統一。

（4）勞動二重性決定商品二因素。任何一種勞動，一方面是與其他勞動不同的具體勞動，另一方面又是與其他勞動相同的抽象勞動。具體勞動創造出商品的使用價值，抽象勞動創造商品的價值。

（三）商品的價值量

1. 個別勞動時間與社會必要勞動時間

（1）個別勞動時間。個別勞動時間是指個別商品生產者生產某種商品實際耗費的勞動時間。由於各個商品生產者的生產技術條件、勞動熟練程度和勞動強度的不同，生產同一種商品所耗費的個別勞動時間也各不相同。

（2）社會必要勞動時間。社會必要勞動時間是指在現有的正常的生產條件下，在社會平均勞動熟練程度和勞動強度下製造某種使用價值所需要的勞動時間。

（3）商品的價值量只能由社會必要勞動時間決定。

2. 簡單勞動和複雜勞動

（1）簡單勞動是指在一定社會條件下，不需要專門訓練和學習，一般勞動者都能勝任的勞動。

（2）複雜勞動是指需要經過專門訓練和學習，有一定技術專長的勞動。

（3）商品價值量以簡單勞動為價值計量的基礎，即商品的價值量是由複雜勞動換算成簡單勞動的社會必要勞動時間決定的。複雜勞動是倍加的簡單勞動。

3. 商品價值量與勞動生產率的關係

（1）勞動生產率是指具體勞動生產使用價值的能力或效率。勞動生產率有兩種方法表示。一是用同一勞動在單位時間內生產某種產品的數量來表示，二是用生產單位產品所耗費的勞動時間來表示。

（2）商品價值量與勞動生產率成反比，與耗費在商品中的勞動時間成正比。

（四）簡單商品生產的基本矛盾：私人勞動和社會勞動的矛盾

（1）在簡單商品生產條件下，生產商品的勞動既是私人勞動，又是社會勞動，這是由商品生產賴以存在的經濟條件決定的。

（2）私人勞動和社會勞動的矛盾是簡單商品生產的基本矛盾。商品生產的一系列內在矛盾，即使用價值和價值的矛盾、具體勞動和抽象勞動的矛盾都根源於私人勞動和社會勞動的矛盾，都是這對矛盾在不同領域中的具體表現。

（五）貨幣的起源和貨幣的本質

貨幣是在價值形式的發展過程中產生的。貨幣是商品交換發展到一定階段的產物，是商品內在矛盾發展的必然結果。

1. 價值形式的四個發展階段和貨幣的起源

（1）簡單的、個別的或偶然的價值形式。

在簡單價值形式中，處於等式左端的產品，處於價值被表現的地位，叫作相對價值形式；處於等式右端的產品充當價值的表現材料，起著等價物的作用，叫作等價形式。

（2）總和的或擴大的價值形式。

在擴大的價值形式中，商品的價值第一次真正表現為無差別的人類勞動的凝結。

（3）一般價值形式。

一般價值形式的出現是價值形式發展中的一次質的飛躍。

（4）貨幣形式。

貨幣形式即一切商品的價值都集中地、統一地表現在一種貴金屬商品如黃金或白銀上。

2. 貨幣的本質

貨幣的本質就是固定地充當一般等價物的特殊商品。貨幣作為價值的代表，用來表

現其他一切商品的價值。

(六) 貨幣的職能

貨幣的職能是指貨幣的社會經濟作用，它是貨幣本質的具體表現形式。貨幣的主要職能有：

1. 價值尺度

價值尺度是指貨幣用來表現和計量商品價值的大小。貨幣在充當價值尺度時，是觀念上的貨幣。

貨幣執行價值尺度職能時，把商品價值表現為價格。商品價格是商品價值的貨幣表現。

計量一定貴金屬重量的貨幣單位及其等份，叫作價格標準。

2. 流通手段

流通手段即貨幣充當商品交換的媒介。

執行流通手段的貨幣一定是現實貨幣。以貨幣為媒介的商品交換就是商品流通。貨幣作為商品流通媒介的不斷運動就是貨幣流通。商品流通是基礎，貨幣流通是商品流通的表現。

貨幣執行流通手段職能帶來了產生經濟危機的可能性。

3. 儲藏手段

貨幣退出流通過程，當作社會財富的一般代表保存起來，就執行儲藏手段的職能。

要執行儲藏手段的職能，貨幣必須是足值的金屬貨幣。

在私有制商品交換中，儲藏手段職能對調節貨幣流通量起蓄水池的作用。

4. 支付手段

貨幣用來清償債務或支付賦稅、租金、工資等就執行支付手段職能。

貨幣充當支付手段造成了賒銷買賣，形成了債權債務關係，擴大了發生經濟危機的可能性。

5. 世界貨幣

隨著國際貿易的發生和發展，貨幣越出國界而在世界市場上發揮作用，便擁有了世界貨幣的職能。

(七) 貨幣形式的演變

（1）原始的或樸素的貨幣形式。如貴金屬條、塊的自然形式。

（2）鑄幣形式。鑄幣逐漸具有價值符號的意義。

（3）紙幣。紙幣是由國家強制流通發行的價值符號，代替金屬貨幣執行流通手段職能。

（4）信用貨幣、電子貨幣。信用貨幣是在信用高度發達的條件下，與貴金屬不直接

發生聯繫的新的貨幣形式。

(八) 貨幣流通規律

1. 金屬貨幣的流通規律

(1) 金屬貨幣流通的一般規律，即決定在一定時期內流通中的貨幣需要量的規律。流通中的貨幣需要量與商品價格總額成正比，與貨幣流通速度成反比。

(2) 流通中貨幣需要量的計算公式。

在一定時期內，需要多少充當流通手段的貨幣量，是由三個因素決定的：商品總量、價格水平、同一貨幣流通速度(次數)。

$$流通中需要的貨幣量 = \frac{商品的價格總額}{貨幣流通速度} = \frac{商品總量 \times 價格水平}{貨幣流通速度}$$

(3) 支付手段職能產生後流通中的貨幣需要量的計算公式：

$$一定時期流通中所需貨幣必要量 = \frac{待實現的商品價格總額 - 賒銷商品價格總額 + 到期支付總額 - 互相抵銷的支付總額}{貨幣流通速度}$$

2. 紙幣流通規律、通貨膨脹和通貨緊縮

(1) 紙幣流通規律的內容：紙幣的發行量必須與流通中所需的金屬貨幣量相適應。

(2) 通貨膨脹。如果紙幣發行量符合流通中所需要的金屬貨幣量，那麼紙幣與金屬貨幣具有同樣的購買力；如果紙幣發行量超過流通中需要的金屬貨幣量，其結果是紙幣貶值，物價上漲。這種現象叫通貨膨脹。

(3) 通貨緊縮。如果紙幣發行量少於流通中所需要的金屬貨幣量，導致通貨不足、貨幣升值，進而引起物價持續下跌，這就是一般意義上的通貨緊縮。

(九) 價值規律的基本內容

價值規律是商品經濟社會的基本規律。價值規律的內容可以簡要地概括為兩句話：商品的價值量由生產商品的社會必要勞動時間決定，不同商品的交換按照等價交換原則來進行。價值規律既是價值決定的規律，又是價值實現的規律。只要存在商品經濟，價值規律就會發生作用。

(十) 價值規律的作用及實現形式

(1) 價值規律在商品經濟中的作用：刺激社會生產力的發展；自發地調節社會勞動在各個生產部門之間的分配；促使商品生產者的兩極分化。價值規律的作用是通過市場機制實現的。

(2) 價值規律發生作用的表現形式：商品價格與商品價值並不完全一致，而是表現為商品價格以商品價值為軸心，圍繞價值上下波動。

三、重點問題解答

（一）商品價值的質的規定性與量的規定性

（1）商品價值是指凝結在商品中的無差別的一般人類勞動，體現了人們相互交換勞動的社會關係。這就是商品價值質的規定性，它為我們科學地回答了價值是什麼的問題。

（2）商品價值量不是由個別勞動時間決定的，而是由社會必要勞動時間決定的，即在現有的社會正常的生產條件下，在社會平均勞動熟練程度和勞動強度下製造某種使用價值所需要的勞動時間。這就是商品價值的量的規定性，它科學地回答了價值量的大小由什麼決定的問題。

（二）商品使用價值和價值的關係

商品是使用價值和價值的矛盾統一體。

1. 二者的統一性表現為它們互相依存，互為條件，缺一不可
（1）沒有使用價值的物品，就沒有價值，因而不是商品，如廢品。
（2）未經人類勞動創造的物品，雖有使用價值，但沒有價值，也不能成為商品，如天然草地、空氣、陽光。
（3）有些物品雖有使用價值，也是勞動產品，但不是為了交換，而是用於自己消費或無償提供給別人消費。這種物品也不是商品，如自產自銷的物品。
因此，有使用價值的東西，不一定有價值，有價值的東西一定有使用價值。

2. 商品的使用價值和價值又是互相對立、互相排斥的
（1）商品的使用價值是商品的自然屬性，價值是商品的社會屬性。
（2）商品的使用價值和價值對於生產者和購買者來講，只能實現其中一種屬性，不能同時兩者兼得。
（3）使用價值和價值的矛盾只有通過交換才能實現其統一性。一旦交換失敗，就意味著商品價值不能實現，使用價值不能進入消費，商品的內在矛盾就充分暴露出來了。

（三）為什麼說勞動二重性學說是「理解整個政治經濟學的樞紐」？

生產商品的勞動，一方面是具體勞動，另一方面是抽象勞動。商品的二因素是由勞動二重性決定的。馬克思說：「一切勞動，從一方面看，是人類勞動力在生理學意義上的耗費；作為相同的或抽象的人類勞動，它形成商品價值。一切勞動，從另一方面看，是人類勞動力在特殊的有一定目的的形式上的耗費；作為具體的有用勞動，它生產使用

價值。」① 馬克思的勞動二重性學說是理解馬克思政治經濟學的樞紐。這是因為：

（1）勞動二重性學說解釋了商品的二因素，從而為勞動價值論奠定了堅實的科學基礎。

（2）從勞動二重性出發，可以認識資本主義生產的二重性，找到剩餘價值的來源，從而為剩餘價值理論提供了科學的理論依據。

（3）在勞動二重性學說和剩餘價值理論的基礎上，馬克思區分了不變資本和可變資本，提出了資本有機構成的學說。

（4）在以上理論基礎上，產生了資本累積理論、再生產理論、平均利潤和生產價格理論以及剩餘價值分配理論，解決了政治經濟學中的一系列重大問題，並由此建立起了馬克思主義政治經濟學的整個科學體系。

（四）勞動生產率對商品價值量的影響

（1）勞動生產率是指具體勞動生產使用價值的能力或效率。影響勞動生產率的主要因素有：①勞動者的熟練程度；②生產過程的社會組織；③科學技術的發展及其在生產中的應用程度；④生產資料的規模和效能；⑤各種自然條件等。

（2）商品的價值量是由社會必要勞動時間決定的，因此，商品價值量與體現在商品中的勞動量成正比。

（3）無論勞動生產率怎樣變化，同一勞動在同一時間內創造的價值總量相等。

（4）勞動生產率的變化只影響單位商品內包含的價值量。勞動生產率越高，在同一時間內生產的使用價值就越多，生產單位商品所耗費的勞動時間就越少，該商品的價值量就越小；反之，勞動生產率越低，在同一時間內生產的使用價值就越少，生產單位商品所耗費的勞動時間就越多，該商品的價值量就越大。因此，單位商品的價值量與生產該商品的勞動生產率成反比，而與體現在該商品中的社會必要勞動時間成正比。

（五）如何理解私人勞動和社會勞動的矛盾是簡單商品經濟的基本矛盾？

（1）由於社會分工的存在，每個生產者生產的商品都是為了滿足別人的需要，而他自己所需要的商品又總是依靠別人供給。商品生產者之間總是互相聯繫、互相依存。每個商品生產者的勞動都應具有社會勞動的性質，應是社會總勞動的一部分。

（2）在以私有制為基礎的簡單商品生產條件下，由於生產資料的私有制，各個生產者獨立地從事生產經營活動，生產什麼、生產多少、怎樣生產，完全是個人的私事，勞動產品也歸私人佔有和支配，生產商品的勞動又首先直接表現為私人勞動。

（3）商品生產者的勞動能否為社會所承認，私人勞動能否轉化為社會勞動，取決於

---

① 馬克思，恩格斯．馬克思恩格斯全集：第23卷［M］．中共中央馬克思恩格斯列寧斯大林著作編譯局，譯．北京：人民出版社，1972：60．

私人所生產的商品是否符合社會需要，能否賣得出去。如果私人所生產的商品賣不出去，那麼其生產上耗費的勞動就不能轉化為抽象勞動，商品的使用價值就不能轉化為價值。這說明在以生產資料私有制為基礎的商品經濟中，商品內部使用價值和價值的矛盾是具體勞動和抽象勞動的反應，而具體勞動和抽象勞動之間的矛盾則是私人勞動同社會勞動之間矛盾的反應。因此，私人勞動和社會勞動是簡單商品生產的基本矛盾。

（六）貨幣是商品交換發展到一定階段的產物，是商品內在矛盾發展的必然結果

商品的價值首先表現為交換價值。隨著交換的發展，價值的表現形式有一個不斷發展和完善的過程。從簡單的、偶然的價值形式到總和的、擴大的價值形式，到一般價值形式，再到貨幣形式，經歷了四個階段。貨幣形式是價值形式的成熟形式。

（1）簡單價值形式是一種商品的價值個別地、偶然地在另一種商品上表現出來的形式，是價值形式發展的最初階段。簡單價值形式只是價值形式的萌芽形式，是不完全、不充分的。隨著進入交換的商品的種類的增多和範圍的擴大，簡單價值形式必然向擴大的價值形式過渡。

（2）總和的或擴大的價值形式，即一種商品的價值已經不是偶然地表現在另一種商品上，而是經常地表現在一系列商品上。從價值形式發展的整個歷史過程看，總和的或擴大的價值形式，實際上只是一系列簡單價值形式的總和。當一種商品的價值已經不是偶然地表現在另一種商品上，而是經常地表現在一系列商品上時，商品的價值第一次真正表現為無差別的人類勞動的凝結。總和的或擴大的價值形式的價值表現是不完全的、不統一的，還必須向更完全的價值形式發展。

（3）一般價值形式，即一切商品的價值都集中地、統一地表現在一種商品上。一般價值形式，實際上只是一系列簡單價值形式總和的換位，但這種換位帶來了價值形式發展史上質的飛躍。在一般價值形式中，商品的價值表現是簡單的、統一的，從而克服了擴大價值形式中存在的缺陷。隨著商品經濟的進一步發展，一般價值形式發展為貨幣形式。

（4）貨幣形式，即一切商品的價值都集中地、統一地表現在一種貴金屬商品如黃金或白銀上。貨幣形式與一般價值形式沒有本質區別，不同之處就是金銀獨占了一般等價物的地位。由於黃金或白銀具有質地均勻、便於分割、體積小價值大、便於攜帶、不易腐爛、便於保存等優點，成為了理想的貨幣材料。因此，「金銀天然不是貨幣，但貨幣天然是金銀」。

由此可見，貨幣的產生既是價值形式發展的過程，也是商品交換的發展過程。貨幣是商品交換發展到一定階段的產物，是商品內在矛盾發展的必然結果。

貨幣的本質，是固定地充當一般等價物的特殊商品，體現著商品生產者之間的社會經濟關係。馬克思指出，貨幣的出現，使商品世界分為兩極：一極是龐大的各種各樣的商品，另一極是貨幣。商品的內在矛盾表現為商品與貨幣的外部對立。

（七）在私有制商品生產條件下，價值規律是如何發揮作用的？

在私有制商品生產條件下，價值規律的作用表現在三個方面：

（1）價值規律自發地刺激社會生產力的發展。價值規律自發地刺激社會生產力的發展，是通過商品生產者追逐更多的收益，並使自己在競爭中處於有利地位，迫使每個商品生產者力求採用先進技術、先進生產工具、加強管理、提高勞動生產率，從而在一定程度上刺激社會生產力的發展。但是，它的這個作用，又常常是以部分商品生產者的破產、社會勞動的巨大浪費為代價來實現的。

（2）價值規律自發地調節生產資料和社會勞動力在社會生產各部門的分配。價值規律自發地調節生產資料和社會勞動力在社會生產各部門的分配，是通過商品供求關係的變化，引起價格以價值為中心上下波動來實現的。當價格高於或低於價值時，必然引起生產資料和社會勞動力在不同部門之間自由流動，最終導致各生產部門之間保持一定比例。它的這個作用是在社會生產力不斷遭到破壞、社會勞動不斷遭到浪費的情況下實現的。

（3）價值規律促使商品生產者兩極分化。價值規律促使商品生產者兩極分化，是通過個別勞動時間與社會必要勞動時間的矛盾運動來實現的。有的商品生產者擁有先進的生產設備、充足的貨幣和有利的銷售條件，因而，在競爭中處於優勢，發財致富，成為資本家；有的商品生產者生產條件落後，又缺少資金，在競爭中處於不利地位，甚至虧本、破產，淪為出賣勞動力的雇傭勞動者。這種兩極分化，在封建社會末期，就會自發地產生資本主義生產關係。

四、疑難問題和學術爭鳴

（一）商品使用價值與物品使用價值的共性和特殊性

（1）商品使用價值與物品使用價值的共性：①商品或物品的使用價值都是指它們能夠滿足人們某種需要的有用性；②商品或物品的使用價值都是由它們的物理、化學等自然屬性決定的，是它們自然屬性的體現；③商品或物品的多方面的使用價值，是隨著人們生產經驗的累積和科學技術的發展而逐步發現的；④在一切社會中，使用價值都是構成社會財富的物質內容。

（2）作為商品的使用價值又具有自己的特殊性：①必須對別人有用，是社會的使用價值；②必須是勞動產品；③必須通過交換過渡給他人，即交換價值的物質承擔者。從以上的特殊性講，商品的使用價值又是一個歷史範疇。

(二) 為什麼說「簡單價值形式包含了一切價值形式的秘密，是貨幣形式的胚胎形式」？

簡單價值形式是一種商品的價值個別地、偶然地在另一種商品上表現出來的形式，是價值形式發展的最初階段。它包含了一切價值形式的秘密，是貨幣形式的胚胎形式。這是因為，對於簡單價值形式所包含的內容和特點，無論哪一種價值形式都是具有的。①一切價值形式都是由相對價值形式和等價形式兩極構成的。②處於這兩極的商品，必須具有價值和不同的使用價值。③相對價值形式的商品，要通過等價形式商品的使用價值來表現其價值，因此，等價形式具有三個特點，這些特點在不同的價值形式中都是存在的。④無論哪一個價值形式上的相對價值形式與等價形式的對立，無非是商品的使用價值和價值的內部矛盾的外部對立。從價值形式發展的整個歷史過程看，總和的或擴大的價值形式，實際上只是一系列簡單價值形式的總和；一般價值形式，實際上只是一系列簡單價值形式總和的換位；而貨幣形式與一般價值形式沒有本質區別，不同之處就是金銀獨占了一般等價物的地位。貨幣形式是價值形式的完成形式。

(三) 貨幣執行流通手段職能和支付手段職能包含了發生經濟危機的可能性

(1) 貨幣擁有流通手段的職能是商品流通發展的必然結果。以貨幣為媒介的商品交換叫作商品流通。在貨幣出現之前的直接的物物交換中，買和賣在時間上、空間上都是統一的。貨幣出現後，物物交換發展成為商品流通，商品交換分裂為用商品換貨幣和用貨幣換商品，即賣和買兩個行為，打破了商品直接交換中買賣在時間上和空間上的統一，促進了商品經濟的發展，加強了商品生產者之間的聯繫和依賴。但同時，如果有些人賣了商品後不馬上買，另一些人在此處賣而在彼處買，就會使一些人的商品賣不出去，引起買賣脫節，這就加深了商品使用價值和價值的矛盾，產生了經濟危機的可能性。

(2) 貨幣作為支付手段，一方面大大減少了流通中貨幣的需要量，促進了商品流通的發展，另一方面又進一步加深了商品經濟的矛盾。隨著支付關係的發展，許多商品生產者之間發生了債權和債務關係，形成了一系列的支付關係鏈條。如果其中有的人到期不能支付，就會引起連鎖反應，造成整個債務鏈條關係的混亂，就有可能發生信用危機。

(四) 價值規律作用的形式及其在不同條件下的變化

在貨幣出現以後，一切商品的價值都是用貨幣來表現的。用貨幣來表現的商品價值就是商品的價格。價值規律要求商品價格符合價值，但這並不是說，在商品交換中，商品價格與價值在任何時候都不發生偏離，而實際上，商品價格與價值往往不一致。這是因為，雖然價格以價值為基礎，但同時要受市場上商品供求關係的影響。當某種商品供

不應求時，其價格就會高於價值；當某種商品供過於求時，其價格就會低於價值。只有當商品的供求一致時，商品價格才會與價值一致。在實際的市場中，供求一致的情況是極少見的，供過於求或供不應求才是經常性的。因此，價格偏離價值的現象就會經常發生。

商品價格與價值偏離的現象，實質上是價值規律發生作用的結果，是價值規律作用的表現形式。這是因為，商品價格的漲落總是圍繞價值這個中心進行的。若從商品交換的較長時期來看，同一種商品的價格，時而高於價值，時而低於價值，其漲落部分可以相互抵消，因而它的平均價格與價值是一致的。從不同商品的不同價格的漲落來看，無論價格怎樣漲落，總是以各自的價值為基礎。由此可見，價格背離價值，價格受供求關係的影響而自發地圍繞價值上下波動，並不是對價值規律的否定，而正是價值規律發生作用的表現形式。

在簡單商品經濟條件下，價值規律作用的形式表現為商品價格以價值為軸心上下波動。而在平均利潤形成後，價值規律發生作用的形式發生了改變，這時商品的市場價格就不再是圍繞商品的價值上下波動，而是圍繞生產價格上下波動。當資本主義進入壟斷時期，壟斷價格形成，這時價值規律發生作用的形式又發生變化，表現為商品的市場價格圍繞壟斷價格上下波動。這些變化並不是對價值規律的否定，而恰恰是價值規律發生作用的表現。

（五）對西方效用價值論的評價

效用價值論又稱邊際效用價值論，是經歷史上多派相關價值論演變、綜合發展而形成的，是從需要或效用、供給或生產、抑或二者相結合的角度來解釋價值決定問題的。

19世紀70年代，英國的杰文斯、奧地利的門格爾、法國的瓦爾拉斯在前人研究的基礎上，幾乎同時提出了具有深遠影響的效用價值論。他們認為價值具有主觀性，從而把經濟財貨的價值歸結為主觀價值，並提出用主觀價值（即對人類福利的重要性）和客觀交換價值（即購買力）來替換使用價值和價值，認為主觀價值決定交換價值。奧地利學派在考察價值尺度或主觀價值量的測定時，引申出了邊際效用量決定財貨價值的規律。邊際效用學派認為，價值不取決於生產商品所耗費的社會必要勞動量，而是取決於物品的效用和稀缺性，取決於消費者主觀心理上感覺到的邊際效用。此後，馬歇爾提出可用由供給和需求所決定的市場均衡價格來解釋價值決定問題。

與馬克思的勞動價值論比較，效用價值論的固有缺陷主要表現在三個方面：效用不能計量；效用不能說明新價值的創造和舊價值的轉移，因而不能解決價值的補償問題；效用不能在交換中決定。應承認邊際效用的客觀存在，但它不能決定價值，只能影響商品的價格。另外，雖邊際效用價值論不能成立，但邊際分析方法可以借鑒。

（六）中國學術界對勞動價值論的新認識及爭鳴

自馬克思勞動價值論創立以來，圍繞如何理解勞動價值論的大討論或論戰已發生過

多次。中國學術界在對馬克思勞動價值理論的理解上也一直存在不同的觀點，在 20 世紀的 50 年代中期、80 年代和 90 年代中期曾經出現過三次爭論的高潮。這些爭論主要圍繞以下幾方面問題進行①：

1. 關於生產勞動和非生產勞動的問題

傳統的觀點一般認為，只有從事物質產品生產的勞動才是生產勞動，不從事物質產品生產的勞動不是生產勞動。

多數學者認為應正確理解馬克思的生產勞動概念。隨著生產力的發展和社會的進步，生產勞動的外延應當擴大。一種觀點認為，現實的生產勞動應是在物質生產領域或非物質生產領域以物質產品、服務或精神產品形式為社會創造的具有國民經濟統計意義的社會有效勞動。因此，科學技術、教育、管理和社會科學等都具有生產屬性。另一種觀點認為，在社會化的集體勞動過程中，產品是總體勞動者協作勞動的產物，生產勞動和生產勞動者的概念也應隨之擴大，即從局部產品到總體產品，從局部勞動到總體勞動，從局部工人到總體工人；知識勞動、服務勞動、管理勞動以及交易過程中的勞動同物質生產領域的勞動一樣，都是社會總體勞動的重要組成部分。也有的觀點認為，凡是參加物質生產過程的一切成員——體力勞動者和腦力勞動者都是生產勞動者，但不同意從此引申出的物質生產領域以外的職業如歌唱家、教師等都是生產勞動者的觀點。

2. 關於什麼樣的勞動創造價值

傳統的觀點認為只有人類的活勞動才是價值的唯一創造者，其他任何非勞動要素都不創造價值，即一元價值論，物化勞動只是轉移價值，土地等自然資源並不參與價值的創造，也不轉移價值。

多數學者認為要深化對創造價值的勞動的認識，應在堅持物質生產勞動創造價值的前提下，擴大創造價值的勞動的外延。有的學者提出判斷一種勞動能否創造價值的標準應當包括四個方面的內容：①這種勞動的產品具有使用價值，同時又是交換價值的承擔者；②這種勞動的產品有抽象勞動的體現或物化在裡面；③這種勞動的產品必須進入交換領域，成為商品；④這種勞動所生產的商品的價值量，是由生產該商品的社會必要勞動時間決定的。根據這四條標準，知識勞動、管理勞動和服務勞動都能創造價值，知識產品和服務產品都有價值，即多元價值論。也有的觀點認為，生產勞動外延的擴大說明創造價值的勞動是多元的，但不能從某一部門的重要性得出該部門就創造價值的結論，例如黨政部門雖然非常重要，但本身並不能創造價值。

3. 關於價值創造與財富生產的關係

過去不少人把價值創造與財富創造混為一談，似乎價值同財富是同一概念。他們認

---

① 趙振華. 國內勞動價值論研究綜述 [M] //中共中央黨校研究室. 28 位專家學者談勞動價值論再認識. 北京：中共中央黨校出版社，2001.

全國高等財經院校《資本論》研究會. 中國《資本論》年刊：第 1 卷 [M]. 成都：西南財經大學出版社，2004：75－85.

為既然勞動是價值的唯一源泉，也就是財富的唯一源泉，並由此引申出單一的按勞分配解釋。這與中國現階段實行按勞分配與按要素分配相結合的分配製度是相矛盾的。

學術界多數人認為要正確理解價值創造與財富生產的關係。價值創造與財富生產既有聯繫又有區別。從質的方面講，價值創造只是同勞動有關，其實體是抽象勞動的凝結；而財富的創造則同包括勞動在內的各種生產要素有關，其實體是不同生產要素相結合的產物。勞動是財富價值的唯一源泉，卻不是財富的唯一源泉。不能混淆使用價值的源泉與價值的源泉的區別。馬克思肯定了威廉‧配第所說「勞動是財富之父，土地是財富之母」，並明確指出，勞動並不是它所生產的使用價值即物質財富的唯一源泉，一切使用價值或種種商品體，都是具體勞動作用於勞動對象的產物。具體勞動和自然物質是形成使用價值的兩種要素。因此，在考慮分配時，應當從不同的生產要素共同參與財富創造的角度出發，考慮其參與分配的合理性。

4. 關於科學技術是否創造價值的問題

一種觀點認為，科學技術創造價值。理由是：①科技勞動與直接物質生產過程不過是因分工而被分開的同一勞動總過程。高智能的科技勞動被利用於直接生產過程，不僅可以生產出自身價值，而且同活勞動一樣可以創造出更多的新價值。②先進機器設備之所以先進，是由於它是一代又一代的複雜勞動的物化，可以大幅度提高勞動效率，在生產中節約大量活勞動，創造出比舊設備更多的價值。

另一種觀點認為，科學技術不直接創造價值，但對價值形成有一定影響或在一定條件下創造價值。原因是：先進技術設備是物化的知識勞動，在使用中扣除價值轉移之後，仍然可以幫助勞動者無償利用更多的自然力，以節約或代替更多的人類勞動，從而在價值實現中能夠使個別價值還原為更多的社會價值。

還有一種觀點認為，科學技術不創造價值。理由是：①不能把決定勞動生產力的因素和決定價值的因素混淆起來，應分清科學技術和科技創新勞動二者的區別。科學技術作為一種生產要素，可以提高勞動生產率，在單位時間內生產更多的產品或使單位產品的價值量減少，但科學技術本身不創造價值，不能成為價值的源泉。②先進機器設備仍然是生產資料，不能完全取代活勞動，它同其他生產工具一樣在價值形成中並無本質變化。③自動化設備與特別豐富的自然力在生產中的地位基本相同，對提高生產力有非常大的作用，可以增加使用價值，但不能直接創造價值。

第二章　資本與剩餘價值

一、本章內容簡介

在第一章論述馬克思主義的勞動價值理論的基礎上，本章進一步闡明馬克思主義的剩餘價值理論。剩餘價值理論是馬克思經濟理論的基石。

第一節在分析貨幣與資本區別的基礎上，提出了資本總公式，並通過對資本總公式及其矛盾的剖析，初步提出資本和剩餘價值的概念，指出勞動力成為商品是解決資本總公式矛盾的關鍵，是貨幣轉化為資本的前提。

第二節在分析資本主義生產過程中，運用勞動二重性學說和勞動力商品理論，揭示了資本的本質，揭示出生產剩餘價值是資本主義生產的目的和實質。本節在把資本劃分為不變資本和可變資本的基礎上，進一步揭示了剩餘價值的真實來源。本節還在充分重視資本主義條件下資本的特殊屬性的同時，對資本的一般屬性進行了探討和分析。

第三節首先分析了剩餘價值率是表示資本家對工人的剝削程度，接著闡述了資本家為提高剝削程度而採取的兩種基本方法，即絕對剩餘價值生產和相對剩餘價值生產，並結合第二次世界大戰後資本主義現代生產自動化的狀況，指明剩餘價值的源泉仍然是雇傭工人的剩餘勞動。

第四節闡明資本主義工資掩蓋了資本主義剝削關係，分析了資本主義工資的本質、形式及變動趨勢，指明資本主義工資是勞動力的價值或價格。工資的主要形式有計時工資和計件工資。在資本主義條件下，工資在形式上所表現的平等交換關係掩蓋著資本剝削勞動的事實上的不平等關係。

二、本章主要知識點

（一）貨幣轉化為資本

（1）貨幣與資本的區別。簡單商品流通公式與資本流通公式的區別。

（2）資本和剩餘價值的含義。資本是能夠帶來剩餘價值的價值。剩餘價值是工人在生產過程中創造的超過勞動力價值的那部分價值。

(3) 資本總公式的矛盾及矛盾的解決。剩餘價值不能在流通領域中產生而又不能離開流通領域。

(4) 勞動力轉化為商品，勞動力商品的價值和使用價值；勞動力成為商品是貨幣轉化為資本的根本條件。

(二) 剩餘價值的生產過程

(1) 資本主義生產過程的二重性。勞動過程和價值增殖過程，價值形成過程和價值增殖過程。

(2) 資本的本質。資本是一定的社會生產關係。

(3) 不變資本與可變資本的劃分。不變資本是購買生產資料的資本，這部分資本在生產過程中隨著自身使用價值的消費，把自己原有的價值轉移到新產品中去，而不會發生價值的增殖。可變資本是購買勞動力的資本，這部分資本在生產過程中不存在價值的轉移，而必須由工人新生產出來，工人在生產過程中不僅生產出相當於購買勞動力的價值，還生產出了剩餘價值。

(4) 剩餘價值規律。

(5) 資本的一般性和特殊性。

(三) 剩餘價值生產的方法

(1) 剩餘價值率是剩餘價值與可變資本的比率。

(2) 工人的勞動時間分為必要勞動時間和剩餘勞動時間。剩餘價值是工人在剩餘勞動時間中創造的價值。

(3) 絕對剩餘價值生產是指在工人的必要勞動時間不變的條件下，依靠工作日絕對延長而生產剩餘價值的方法。相對剩餘價值生產是指在工作日長度不變的條件下，由於工人必要勞動時間縮短而剩餘勞動時間相應延長來生產剩餘價值的方法。

(4) 超額剩餘價值的含義。超額剩餘價值是相對剩餘價值的一種特殊形態。

(5) 絕對剩餘價值生產和相對剩餘價值生產的關係。

(四) 工資

(1) 勞動力與勞動的區別。

(2) 資本主義工資的本質。工資是勞動力的價值或價格。

(3) 工資的形式：計時工資和計件工資。

(4) 名義工資、實際工資和相對工資的含義。

三、重點問題解答

(一) 貨幣與資本的區別

貨幣與資本既有聯繫又有區別，這可以通過簡單商品流通和資本流通運動過程的區別看出。簡單商品流通和資本流通運動過程有如下不同：

1. 運動的形式不同

簡單商品流通的公式是商品→貨幣→商品（W→G→W），它在交換中的順序是先賣後買。流通的起點和終點都是商品，流通中的媒介是貨幣。

資本流通的公式是貨幣→商品→貨幣（G→W→G'），先買後賣。流通的起點和終點都是貨幣，流通中的媒介是商品。

2. 運動的目的和內容不同

簡單商品流通是「為買而賣」，交換的目的是獲得供自己消費的使用價值。

資本流通是「為賣而買」，流通的目的是取得價值，是價值增殖。

從流通中可見，作為普通的貨幣，即被當作商品流通媒介的貨幣，只是一般等價物，體現商品生產者之間的生產關係；而作為資本的貨幣能帶來剩餘價值，體現資本主義的生產關係。這就是二者根本的區別。

(二) 如何正確認識解決資本總公式矛盾的先決條件？

資本流通的結果是為了取得更多的價值，即價值發生增殖。因此，準確的資本流通公式應該是：G→W→G'，其中 G' = G + △G，馬克思把△G這個增殖了的貨幣額叫作剩餘價值。G→W→G'這個公式乍看起來似乎是商業資本特有的運動形式，實際上是資本運動的最一般的形式。它概括地表明了各種資本運動形式（產業資本運動的形式、商業資本運動的形式和生息資本運動的形式）的實質都是為了攫取剩餘價值。因此，馬克思把 G→W→G'稱為資本總公式。

資本總公式包含著一個自身的矛盾，即資本總公式與價值規律的客觀要求的矛盾。按照價值規律的要求，流通中的商品實行等價交換，交換的結果不會發生價值增殖，而資本流通的結果實際發生了貨幣增殖，產生了剩餘價值。這就提出了一個重大的理論和實際問題，即如何在價值規律的基礎上說明資本價值增殖的問題。馬克思首先分析了資本的流通過程，認為剩餘價值不在流通中產生，又離不開流通而產生。因為在流通過程中，如果是等價物交換，不產生剩餘價值；如果是不等價物交換，這是一個此消彼長的零和關係，也不產生剩餘價值。但是離開了流通領域，商品所有者就只同他自己的商品發生關係，就商品價值而言，只包含商品生產者自己提供的勞動量。商品所有者不與其

他商品所有者發生關係，商品就無法出賣，包含在商品中的價值和剩餘價值就無法實現，就不能使貨幣或商品轉化為資本。同時，貨幣轉化為資本，以流通為媒介，以在商品市場上購買勞動力為條件，流通是為價值增殖過程做準備。

由此可見，剩餘價值不在流通過程中產生，又離不開流通過程，這是解決資本總公式矛盾的先決條件。

(三) 為什麼勞動力成為商品是解決資本總公式矛盾的關鍵？

在任何社會，勞動力都是基本的生產要素，但勞動力並非天然都是商品。勞動力要成為商品，必須具備兩個基本條件：一是勞動者在法律上具有人身自由，並且勞動力的所有者必須將勞動力按一定時間逐次出賣；二是勞動力的所有者除了勞動力以外一無所有。勞動力成為商品的兩個基本條件，是在封建社會的末期，小商品生產者日益兩極分化，最終一部分生產者成為無產者的歷史過程中形成的。

為何勞動力成為商品是解決資本總公式矛盾的關鍵呢？因為在流通過程中，貨幣作為流通手段或支付手段，不可能發生價值量的變化。價值量的變化也不可能發生在商品的售賣階段，商品的出賣只能引起價值形態的變化，不能使價值量發生變化。因此，價值增殖只能發生在購買階段資本家購買的商品上。因為商品交換是等價交換，所以價值增殖又不能發生在商品的價值上，而只能發生在購買商品的使用價值上。關鍵在於資本家從市場上購買到了勞動力這種特殊商品。從表面上看，勞動力的買賣取決於買賣雙方各自的自由意志。在法律上，買賣雙方自由締結契約，勞動力商品的買賣是等價的，但勞動力商品的使用價值具有特殊性，在進入生產領域在使用過程中能創造出大於其自身價值的價值，然後通過流通實現價值增殖。這樣就既符合資本總公式，又不違背價值規律。所以，勞動力成為商品，是貨幣轉化為資本的前提，是解決資本總公式矛盾的關鍵。

(四) 怎樣理解勞動力商品價值的特殊性？

勞動力成為商品，就必然具有一般商品的共性，即具有商品的二因素——價值和使用價值。勞動力商品不僅具有特殊的使用價值，其價值也具有不同於一般商品的特殊性。

勞動力商品的價值，也是由生產和再生產勞動力商品的社會必要勞動時間決定的。只不過勞動力存在於活的人體內，生產和再生產勞動力，必須維持人的健康的身體，必須維持勞動者的正常生活。這就要消費必需的生活資料。這樣，生產和再生產勞動力的社會必要勞動時間，也就是生產這些生活資料所需要的社會必要勞動時間。勞動者還要成家、生育後代，還要接受教育和培訓。此外，勞動力的價值還應包含在一定的歷史和道德的因素條件下，不同社會的勞動者所必須消費的生活資料的價值。這些消費都構成了勞動力價值的內容。

勞動力價值的特殊性，就在於它是直接由生活資料和勞務的價值決定的。它的補償是通過工人自己創造的新價值實現的，它的變化受一定社會歷史條件下的經濟和文化發展水平以及各個國家風俗習慣的制約和影響。隨著社會勞動生產率的提高，勞動者必要生活資料的種類和數量也會增加，質量和結構會發生變化，勞動力價值的物質內容會不斷擴大，但是在一定國家的一定歷史時期，必要生活資料是一個可以確定的量。勞動力的價值或價格形式是工資。資本主義工資給人以「勞動的價值或價格」的假象，它掩蓋了必要勞動與剩餘勞動、有償勞動與無償勞動的界限，好像工人全部勞動都得到了報酬，其實工資的本質是勞動力的價值或價格，它體現的是資本家對工人的剝削關係。

（五）資本主義生產過程是勞動過程和價值增殖過程的統一

資本主義生產過程首先表現為生產各種物質資料的勞動過程，但資本主義勞動過程又有其自身的特點：一是勞動隸屬於資本；二是雇傭工人創造的勞動產品歸資本家所有。

資本主義生產過程不只是生產物質產品、創造使用價值的勞動過程，資本家的生產目的是要生產一個比其墊支的資本價值更大的價值，即剩餘價值。因此，資本主義生產過程表現為勞動過程和價值增殖過程的統一。

要瞭解價值增殖過程，首先必須分析價值形成過程，分析價值形成過程必須根據價值規律的要求。商品的價值是由生產該商品的社會必要勞動時間決定的。研究價值形成過程，必須計算物化在商品中的社會必要勞動時間。馬克思以棉紗生產為例，分析了價值形成過程。雇傭工人通過具體勞動既創造了新的使用價值，又轉移了生產資料的舊價值，同時付出的抽象勞動也創造了新價值。如果工人的抽象勞動所凝結的價值正好補償資本家購買勞動力的價值，價值形成過程只達到這一點，那麼這個生產過程還只是單純的價值形成過程。如果價值形成過程超過了這一點，價值形成過程就轉化為價值增殖過程。工人勞動力的價值與勞動力所創造的價值是兩個完全不同的量。只要資本家把雇傭工人的勞動時間延長到補償勞動力價值所需要的時間之上，工人在生產過程中所創造的價值就會超過勞動力價值，資本家就能夠從雇傭工人身上榨取到剩餘價值。整個資本主義剝削的秘密、剩餘價值產生的根源就在這裡。

（六）不變資本和可變資本的區分

資本從本質上講是靠剝削工人而帶來剩餘價值的價值，它體現著資本家和雇傭工人之間剝削與被剝削的關係。

在資本主義生產過程中，資本家的預付資本必須分成兩個部分：一部分是購買生產資料的資本，另一部分是購買勞動力的資本。由於這兩部分資本在剩餘價值生產過程中起著不同的作用，具有各自特殊的性質，反應在資本形式上便形成不變資本和可變資本。

購買生產資料的這部分資本價值在價值增殖過程中只是借助於工人的具體勞動，在消費自己的使用價值的同時，把自己原有的價值轉移到新產品中去。而轉移的價值量不會增殖，只是變換了它的物質形態。因此，馬克思把這部分資本稱為不變資本（用字母 C 代表）。雖然不變資本在生產過程中沒有發生價值增殖，但它是工人活勞動的吸收器，是剩餘價值生產所必不可少的物質條件，因而是資本。

對於購買勞動力的這一部分資本，它的價值不是通過轉移來保存，而是由工人的勞動再生產出來。一方面，工人以具體勞動形式消耗了生產資料，創造出新產品的物質形態；同時，也就把生產資料的價值轉移到產品中去了。另一方面，工人的勞動又是抽象勞動，能創造新價值。這個新價值不僅包括補償勞動力的價值，而且包括剩餘價值。可見，購買勞動力的這部分資本在生產過程中改變了它的價值量，發生了價值增殖。馬克思把這一部分資本稱為可變資本（用字母 V 代表）。

馬克思根據預付資本的不同部分在價值增殖中的不同作用，把資本劃分為不變資本和可變資本，對於深刻揭露剩餘價值的來源及資本主義剝削的實質具有重大意義。

（七）如何正確認識絕對剩餘價值和相對剩餘價值？

在資本主義生產過程中，工人的工作日包括必要勞動時間和剩餘勞動時間兩個部分。在必要勞動時間不變的條件下，依靠工作日絕對延長而生產的剩餘價值，就叫絕對剩餘價值，而生產這種剩餘價值的方法就是絕對剩餘價值生產的方法。在資本主義工業化初期，由於勞動生產率的低下和資本累積的有限，絕對剩餘價值生產的方法曾被廣泛地採用過。

雖然工作日的總長度有彈性，但它的延長客觀上存在生理界限和社會道德界限，任意延長工作日會受到工人的強烈反抗。資本家為攫取高額的剩餘價值，更多地採用了相對剩餘價值生產的方法。這種在工作日長度不變的條件下，由於必要勞動時間縮短而剩餘勞動時間相應延長所生產的剩餘價值叫相對剩餘價值，而生產這種剩餘價值的方法就是相對剩餘價值生產的方法。

要縮短必要勞動時間，就必須降低勞動力價值。要使勞動力價值降低，就要降低再生產勞動力所必需的生活資料的價值。而要降低生活資料的價值，就必須提高整個社會生活資料生產部門和與之相關的生產資料生產部門的勞動生產率。必要勞動時間縮短，剩餘勞動時間才能夠相應延長。必要勞動時間的縮短，是整個社會勞動生產率提高的結果，而全社會勞動生產率的提高，是眾多個別資本家為追逐超額剩餘價值而不斷提高勞動生產率的綜合反應。相對剩餘價值的生產是作為各個資本家追求超額剩餘價值的結果而實現的。

（八）怎樣理解「絕對剩餘價值生產是相對的，相對剩餘價值生產是絕對的」？

絕對剩餘價值生產和相對剩餘價值生產都是資本家剝削工人和提高剝削程度的方

法，都是依靠增加工人剩餘勞動時間來增加資本家無償佔有的剩餘價值。「絕對剩餘價值生產是相對的」，是指這種提高剝削程度的方法，是以勞動生產率發展能夠把必要勞動時間限制為工作日的一個部分為前提的。換句話說，勞動生產率的提高，必要勞動時間的縮短，為延長工作日、增加絕對剩餘價值生產創造了新條件、新機會、新動機。因此，絕對剩餘價值生產是相對的。「相對剩餘價值生產是絕對的」，即是說這種提高剝削程度的方法，是以工作日絕對延長到超過必要勞動時間為前提的。也就是說，絕對剩餘價值生產是資本主義生產的一般基礎，是相對剩餘價值生產的起點。因為只有把工作日絕對地延長到必要勞動時間以上，也才有可能以此為基點，通過提高勞動生產率來縮短必要勞動時間，從而進行相對剩餘價值生產，以此來理解相對剩餘價值生產又是絕對的。

（九）為什麼說資本主義工資是勞動力價值或價格的轉化形式？

在資本主義現實的經濟活動中，好像工人所得的工資不是出賣勞動力的報酬，而是工人勞動的報酬。工資似乎是「勞動的價值或價格」，而不是勞動力的價值或價格。資本的本質和剩餘價值的來源、資本主義剝削的秘密都被資本主義工資造成的假象所歪曲和掩蓋了。因此，科學區分勞動力和勞動，是揭示資本主義工資本質的關鍵。

勞動力是存在於活著的人體中的一種能力，而勞動則是勞動者運用生產資料對勞動對象進行加工的過程，是勞動能力的耗費和發揮。勞動力在一定條件下可以成為商品，而勞動則不可能成為商品，沒有價值，也沒有價格。

第一，任何商品在出賣之前必須獨立存在，而勞動不是這樣。在資本家雇傭工人時，勞動還沒有開始，當然它就不可能獨立存在。勞動只有在工人被雇傭以後，在資本家支配下做工才開始，這時勞動已屬於資本家而不屬於工人了。

第二，勞動是形成價值的實體和價值的內在尺度。如果說勞動是商品，因而它具有價值，那就等於說勞動的價值由勞動時間決定，這是毫無意義的同義語反覆。

第三，如果說勞動是商品，就否定了剩餘價值規律。因為工人出賣的商品是勞動，得到的是勞動的價格，所以，按照等價交換原則，資本家付給工人的就是工人全部勞動的報酬。這樣，資本家就無從攫取剩餘價值了，資本主義生產方式也就不存在了。

所以說，資本家在勞動力市場上購買的是工人的勞動力，付給工人的工資是勞動力價值的貨幣表現，即勞動力的價值或價格。工資是勞動力的價值或價格的轉化形式，這就是資本主義工資的本質。

（十）新技術革命是否改變了資本對工人的剝削？

二戰後，由於新技術革命的影響，在發達的資本主義國家，資本與勞動的關係發生了重大變化：新技術革命帶來了現代資本主義經濟的快速增長，工人的工資出現了上升趨勢。但新技術革命帶給工人的好處是有限的。這些好處主要落在資本家手裡：①工人

工資的增長趕不上資本生產率的增長。②由於資本主義企業普遍採用了現代機器和工藝，工人的必要勞動時間縮短，為資本家生產的剩餘勞動時間大大延長。③新技術革命帶來工作日的縮短，但工人的勞動比以前更加緊張。④伴隨著資本再生產過程中物質技術條件的變化，資本對勞動的指揮和管理也出現了新的形式，早期階段的那種棍棒紀律，已被現代的「行為管理」所代替。這種緩和勞資矛盾的手段，有利於增進企業內部的凝聚力，促使工人勞動質量和效率的提高，從而為資本家帶來更多的利潤和財富。⑤現代科學技術被並入資本，不僅成為資本的強大生產力，而且成為資本加強對勞動控制和統治的強有力的槓桿。⑥在現代資本主義生產過程中勞動資料變成了自動機，處於生產線上的工人要聽從電子計算機的指揮，服從勞動資料的運轉。他們被動而緊張地勞動，單調而乏味地工作，成為自動化生產線上的一個活的組成部件。⑦電子計算機已取代人工，執行對整個過程的監督職能，對工人的監督管理也更加嚴厲。

綜上所述，新技術革命給資本與勞動的關係帶來了相應的變化，主要表現在提高了資本對勞動的剝削程度，擴大了資本對勞動的剝削範圍，強化了勞動對資本的依賴性和隸屬性。雖然新技術革命也提高了工人的工資，縮短了工人的勞動時間，緩和了勞資矛盾，但從本質上說，新技術革命並沒有根本改變資本對勞動的剝削本質，而是使剩餘價值生產出現了新特點，如相對剩餘價值生產成為當代資本主義剝削的主要方式，提供剩餘價值的部門和主體出現了新的變化等。[1]

（十一）如何看待資本主義工資的變動趨勢和工資的國民差異？

二戰以後，發達資本主義國家工人的工資呈現上升趨勢，主要原因在於：①勞動力價值的構成發生了變化。隨著生產力水平得到前所未有的發展，工人生活水平有了明顯提高，以食品為主要內容的物質生活資料消費占工人總消費的比例越來越低，而精神消費、教育消費、發展性消費等所占的比例日益增高。現代勞動力不僅需要體力，更需要腦力。隨著科學技術的日新月異，機器設備和生產技術不斷更新和發展，對勞動者的文化和技術水平要求更高，並需要不斷對其進行培訓，這就不得不使勞動者的教育和訓練費用逐步增加。②發達資本主義國家剝削和掠奪發展中國家，可以獲得大量的海外利潤，因而有可能稍稍放鬆一下對本國工人的剝削，使工人生活有所改善，以緩和國內矛盾並求得社會穩定。③工人階級為提高工資而進行的有組織的鬥爭的加強，也是促使工資上升的原因。

工資上升不等於工人的實際收入水平上升。在考察工資數量的變化及其水平時，還必須區分名義工資和實際工資。

名義工資是指資本家為購買勞動力支付給工人的貨幣工資。實際工資是指工人用所得的貨幣工資實際能夠購買到的生活資料的數量和各種勞務。

---

[1] 劉潔，劉娜. 馬克思主義政治經濟學原理教學案例 [M]. 北京：中國人民大學出版社，2004：138-141.

名義工資和實際工資之間有緊密的聯繫，但是，二者的變化常常不一致。名義工資的高低並不能完全反應實際工資的水平。因為，實際工資水平不但取決於名義工資，而且受到生活資料和服務項目等物價變動、稅收負擔、貨幣幣值等的影響。從一個較長的歷史時期看，尤其是二戰後，發達資本主義國家工人的實際工資是有升有降的。

　　不僅要考察名義工資、實際工資，還必須考察相對工資。不然當出現工人名義工資和實際工資隨資本主義經濟發展而提高時，就會誤認為工人與資本家的根本經濟利益相一致了。在資本主義發展過程中，無論名義工資和實際工資是減少還是增加，相對工資總是呈現下降的趨勢。這是因為，即使名義工資和實際工資都提高了，但只要提高的幅度趕不上剩餘價值增長的幅度，相對工資就仍然會下降。隨著科學技術的進步和勞動生產率的不斷提高，在工人創造的新價值中，資本家佔有的剩餘價值增長得更快，用來支付工人的工資就會相對減少，因而相對工資就必然下降。相對工資就是指工人所得的工資同資本家佔有的剩餘價值相比較的數額。在工人創造的新價值（$v+m$）已定的條件下，工資與剩餘價值存在著此消彼長的關係。

　　還應看到，一些發達資本主義國家，為了緩和矛盾，穩定社會秩序，實行了所謂「高工資」「高福利」的政策，使工人的生活水平在一定時期有較大的提高。但從相對工資的角度來看，拿勞資之間生活狀況相比較，就可以看到差距是越來越大，分配更加不平衡。這表明工人階級的社會經濟地位在下降。

　　總之，二戰後，各國工資水平的上升，不是資本家對工人的恩賜，而是社會生產力發展的結果，也是無產階級為提高工資而與資產階級長期鬥爭的結果。工資水平的上升，也不意味著消除了雇傭工人對資本家的從屬關係和資本家對他們的剝削。

　　工資國民差異的基礎是勞動力的價值，因此在比較各國工資差別時，必須考慮決定勞動力價值量變化的一切因素，如各國的自然條件、文化傳統和勞動生產率等。這些因素不同，各國的工資水平也會不同。同時還要求把不同國家同一行業的平均日工資化為長度相等的工作日，因為有的工資量相等，但工作日長短可能並不一樣。還要把計時工資換算為計件工資，因為計件工資才是勞動生產率和勞動強度的測量器。在世界市場上，由於價值規律的作用，計量單位是世界勞動的平均單位，強度較大的國民勞動比強度較小的國民勞動在同一時間內會生產出更多的價值，表現為更多的世界貨幣。發達資本主義國家生產商品所消耗的勞動，低於世界平均的社會必要勞動，可以獲得超額剩餘價值。由以上分析可以看出，雖然發達資本主義國家工資比較高，但由於勞動強度和勞動生產率高，剩餘價值率高，資本家所榨取的剩餘價值更多，因而，較高的工資就意味著更高的剝削程度。

四、疑難問題和學術爭鳴

（一）有關社會主義社會勞動力商品問題的討論

在社會主義條件下，特別是公有制經濟中勞動力是否是商品的問題，在中國學術界曾進行過幾次討論，其觀點歸納起來不外乎有三種：一是認為「是商品」；二是認為「不是商品」；三是認為「社會主義條件下的勞動力具有雙重屬性」。

讚成社會主義勞動力商品論的學者的看法主要是：①社會主義經濟中存在勞動力成為商品的條件，市場經濟需要勞動力成為商品。承認勞動力是商品，有助於形成勞動力市場，改革勞動工資製度，貫徹按勞分配原則，優化勞動力資源的配置。②勞動力成為商品並不是剝削關係的標誌，不違背社會主義原則，與公有制、按勞分配不矛盾，不否定勞動者的主人翁地位。③資本主義社會不承認勞動力是商品，是要掩蓋資本家對工人的剝削，而馬克思的勞動力商品理論正是揭露了資本主義剝削的秘密。④社會主義與資本主義的區別不在於勞動力成為商品，而在於剩餘價值歸誰佔有，等等。

反對社會主義勞動力商品論的學者的主要觀點有：①認為勞動力成為商品和雇傭勞動是資本主義的特點，勞動力商品體現的是資本主義製度剝削關係，社會主義社會不存在勞動力成為商品的必要條件之一——勞動者一無所有。②認為把社會主義勞動力說成商品，與社會主義公有制和按勞分配相矛盾，是在否定勞動者的主人翁地位。③認為社會主義勞動力商品論者沒有回答也難以回答清楚公有制經濟的勞動者把勞動力賣給誰的問題。④認為按勞分配與按勞動力價值分配是兩個性質不同的分配方式；勞動力成為商品，就會混淆公有制與私有制企業中勞動者個人收入分配的本質區別；得出資本家對工人也是實行按勞分配的錯誤結論。⑤認為勞動力市場是泛指勞動力的合理流動，不能簡單地從勞動力市場得出勞動力是商品的結論。⑥認為資本主義搞了幾百年的市場經濟，都可以不涉及勞動力商品問題；中國建立社會主義市場經濟體制，不一定要以勞動力是商品為前提。

關於勞動力是否是商品的認識是隨著中國經濟改革和發展的不斷深入，逐步加深的。在改革初期，只有極少數人認為，社會主義社會勞動力的個人所有制，使得勞動力帶上了某種商品性。1992 年年初，鄧小平在南方發表重要講話。同年 10 月，中國共產黨十四大召開，提出中國經濟體制改革的目標是建立社會主義市場經濟體制。中國經濟理論界出現了第二次討論社會主義勞動力商品問題的熱潮，讚成派開始成為多數。1993 年 11 月 14 日中國共產黨十四屆三中全會通過的《中共中央關於建立社會主義市場經濟體制若干問題的決定》，打破了改革開始以後黨和國家重要文獻只講「勞務市場」的一貫提法，第一次公開使用「勞動力市場」的概念，並強調勞動力市場是培育市場體系的重點之一，突破了社會主義社會中不存在勞動力市場的傳統觀點。在這種背景下，讚成

派進一步闡明了自己的看法，基本上形成了社會主義勞動力商品理論，但也要看到仍然有不少人堅持認為社會主義公有制經濟中的勞動力不是商品。黨和國家的重要經濟文獻裡還沒有正式明確提出社會主義市場經濟中的勞動力也是商品。社會主義勞動力商品理論還不成熟，還有一些理論難點有待深入研究和科學論證。圍繞社會主義勞動力商品問題的研究和討論還會繼續下去。[1]

(二) 對「資本」範疇適用範圍的爭論

長期以來，「資本」這一經濟範疇一直被視為資本主義生產方式特有的經濟範疇。而中國進行改革開放以後，於1992年國家經濟體制改革委員會制定的《股份有限公司規範意見》中就使用了「註冊資本」這個概念。中國共產黨十四屆三中全會上通過的《中共中央關於建立社會主義市場經濟體制若干問題的決定》中，提出積極穩妥地發展「資本市場」的問題。1995年中國共產黨十四屆五中全會通過的《「九五」計劃和2010年遠景目標的建議》中，提出了「以資本為紐帶，聯結和帶動一批企業的改組和發展……」。為此，圍繞資本的概念該不該用到社會主義公有制經濟中來，學術理論界展開了熱烈的討論。

大多數學者認為，資本的概念是可以用到社會主義公有制經濟中來的，但對其解釋不盡相同。有的主張把資本這一資本主義經濟關係中的核心範疇分解為「一般與特殊」。「資本一般」是指能夠帶來價值增殖的價值；而「資本特殊」是指資本與雇傭勞動的剝削關係。「資本一般」可以用於社會主義經濟，它能說明「資金」不足以說明的「要帶來收入」的內涵，而「資本特殊」則可解釋資本主義的生產關係。有的學者雖然也主張公有制經濟可用資本概念，但不同意進行上述分解，認為一是因為馬克思沒有明確指出這種區分，二是因為即便引申出「一般」與「特殊」，「資本一般」也不能使社會主義的資本的內涵迎刃而解。與資本主義資本一樣，社會主義資本也是「資本特殊」，它們分屬於不同的社會形態，體現的是不同的生產關係。還有的學者也同意用「一般」與「特殊」的提法去思考這一問題，但他們認為的「一般」是資本的「經濟屬性」或「價值屬性」。從商品二重性及勞動二重性的角度分析資本，得出資本就其物質屬性講，是一般的生產要素。這種物質屬性在資本主義和社會主義條件下都是一致的。而兩種資本的本質區別是它的社會屬性，它們反應的是不同的社會經濟關係。

少數學者認為社會主義經濟條件下還是不使用「資本」的概念為宜，指出：資本是資本主義特有的經濟範疇，它體現的是被物的關係掩蓋著的剝削與被剝削的關係，因此應保持資本的「原汁原味」。他們還呼籲經濟學界同仁應致力於建立社會主義經濟理論體系。[2]

---

[1] 徐茂魁. 馬克思主義政治經濟學研究述評 [M]. 北京：中國人民大學出版社，2003：66-68.
[2] 張燕喜，石霞.《資本論》與中國經濟理論熱點 [M]. 北京：中共中央黨校出版社，1999：58-60.

(三) 關於「人力資本」

馬克思可變資本的理論對後人提出人力資本概念是有一定影響的。馬克思把購買勞動力的那一部分資本稱為可變資本。這就是說，一方面，雇傭工人以具體勞動形式消耗了生產資料，創造出新產品的物質形態，同時，也就把生產資料的價值轉移到產品中去了；另一方面，工人的勞動又是抽象勞動，創造新價值。這種新價值不但包括補償勞動力的價值，而且包括剩餘價值。而後來的人力資本理論是由資產階級教育經濟學的代表人物、美國經濟學家西奧爾·舒爾茨提出的。人力資本是物質資本的對稱，是指體現在人的體力和腦力上的資本。人力資本可定義為：通過人力資本投資形成的、在勞動者身上並能夠為其使用者帶來持久性收入來源的勞動能力，是以一定的勞動者的數量和質量為表現形式的非物質資本。一般來講，勞動者的知識、技能以及體力（健康狀況）等構成了人力資本。這個定義至少包含了如下幾層意思：首先，人力資本的載體是人，人力資本與其載體是一時一刻也不能夠分開的，這是人力資本與其他一切形式資本的最本質的區別；其次，人力資本是投資的產物；最後，人力資本能夠為其所有者和使用者帶來收益，體現為一種收入能力。

按照馬克思的不變資本與可變資本的定義，整個人力資本可以理解為是可變資本；物質資本是指購買生產資料的支出，是不變資本在生產資本中的物質形態。

二戰後，在新的科技革命浪潮中，新科技在生產中被大規模地應用，使企業中的技術人員和生產工人掌握新的知識和技能，已成為必須解決的問題。資本家不能簡單通過更換勞動者來提高勞動力的質量，只有通過在職培訓來提高管理人員、工程技術人員和生產工人的生產技術和經營能力，以盡快把最新的科學技術轉化為現實生產力。此外，在某些資本主義國家，資本家為提高勞動者的素質還有些其他方式，如投入體育費用、保健費用以及交際費用，以激勵勞動者為企業努力工作，提高勞動的效率。資本家為獲得更多剩餘價值而採取的手法日益巧妙。

(四) 運用勞動二重性學說分析資本主義生產過程的二重性

資本主義生產過程是勞動過程和價值增殖過程的統一。生產商品的勞動二重性，決定了資本主義生產過程的二重性。

勞動二重性決定一般商品生產過程是勞動過程和價值形成過程的統一。具體勞動創造商品的使用價值及轉移生產資料的舊價值，表現為勞動過程。抽象勞動形成商品的價值，表現為價值形成過程。

在資本主義生產過程中，雇傭工人的具體勞動生產使用價值，表現為勞動過程。不過，這個勞動過程具有兩個新的特點：一是勞動者在資本家監督下進行勞動；二是勞動產品歸資本家佔有。正是在這樣的情況下，雇傭工人的抽象勞動形成的價值，就表現為價值增殖，因為工人抽象勞動創造的價值量，隨著勞動時間長短不同而不同。如果工人

勞動所創造的價值正好補償勞動力價值，就是價值形成過程；如果工人勞動所創造的價值超過補償勞動力的價值，就是價值增殖過程。資本家既然購買了勞動力，就有了勞動力的使用權，絕不會讓工人勞動到只補償勞動力價值所需要的時間就停止勞動，而是要超過補償勞動力價值所需要的時間，這就必然形成價值增殖過程。正如馬克思所說：「價值增殖過程不外是超過一定點而延長了的價值形成過程」[1]。資本主義生產的實質就是剩餘價值的生產。因此，資本主義生產過程是勞動過程和價值增殖過程的統一。

(五) 怎樣理解超額剩餘價值是相對剩餘價值的特殊形態？

超額剩餘價值是商品的個別價值同社會價值之間的差額，是個別資本家採用先進技術、降低商品個別價值的結果。相對剩餘價值是指在工作日長度不變的條件下，由於必要勞動時間縮短而剩餘勞動時間相應延長所生產的剩餘價值。相對剩餘價值生產是在各個資本家追求超額剩餘價值的過程中實現的，是整個社會勞動生產率提高的結果。

超額剩餘價值不是由先進的機器設備帶來的，馬克思也從來不認為超額剩餘價值是來源於落後企業的剩餘價值的轉移，而是明確指出這是由於勞動在這裡獲得了與同一部分的平均勞動不同的特殊生產力，它已成為比平均勞動高的勞動。這就是說，它仍是由採用先進技術的企業的雇傭工人的剩餘勞動創造的。因為個別企業雇傭工人以提高勞動生產率，而商品的價值不是由個別勞動時間，是由社會必要勞動時間決定的，所以勞動生產率特別高的個別勞動，就可以化為較多的社會必要勞動，從而就會形成更多的社會價值。就因為超額剩餘價值是由勞動生產率特別高的個別企業的雇傭工人創造的，所以實際上它是相對剩餘價值的一種特殊形態。

(六) 在社會主義市場經濟條件下是否存在剩餘價值的探討

馬克思揭示的剩餘價值範疇從其反應的生產關係性質和寫作的時代背景來看，是資本主義製度的特殊範疇。但在社會主義市場經濟條件下，是否也存在剩餘價值這一經濟範疇，國內學者的意見分歧較大。有些學者認為剩餘價值應是市場經濟的共有範疇，不應分姓「社」姓「資」；而另一部分學者則認為馬克思剩餘價值理論在資本主義社會具有特殊的經濟含義，不應曲解馬克思的原意。

認為剩餘價值應是市場經濟的共有範疇，在社會主義市場經濟條件下存在剩餘價值的觀點，代表著大多數學者的看法。他們從馬克思主義基本原理出發，認為剩餘價值理論應有共性和個性之分。社會主義是否存在剩餘價值這一範疇，要看剩餘價值的共性是什麼。剩餘價值的共性、一般性就是指超過勞動力價值的那部分價值，即價值增殖。其具體體現在有著共同的前提，即都必須承認勞動力的商品性並在此基礎上建立和完善勞

---

[1] 馬克思，恩格斯．馬克思恩格斯全集：第23卷 [M]．中共中央馬克思恩格斯列寧斯大林著作編譯局，譯．北京：人民出版社，1972：221．

动力市場與資本市場；資產所有者都有著共同的目的和動機。在社會主義市場經濟條件下，社會財富仍不充分，勞動仍是謀生的手段，出資者以經濟人身分出現，其投資目的是獲得更多的增殖。國有企業也不例外，它必須提高經濟效益，否則公有制就難以鞏固；為實現剩餘價值最大化，企業必須不斷改進生產技術，提高勞動生產率，不斷進行資本累積、擴大再生產規模、加快資本的循環和週轉等。

而在不同的經濟製度下，剩餘價值體現著不同性質的生產關係，呈現出特殊性、個性。剩餘價值的特殊性主要表現在：一是剩餘價值生產的前提不同，勞動力商品關係在不同經濟製度裡呈現不同的特殊性，在社會主義公有制下，勞動者之間，勞動者與企業領導之間形成平等互利的關係；二是在不同經濟製度下，佔有和支配剩餘價值的主體不同，集中體現在剩餘價值是歸少數人佔有，還是由勞動者共同佔有、共同支配；三是兩種製度下的資本累積不同，體現在累積主體是資本家還是全體勞動者，累積實質和後果是資本家榨取工人剩餘價值出現兩極分化，還是創造更多的共同財富實現共同富裕。①

有的學者並對此進行了深入的分析，認為漫長的人類社會生產發展史告訴我們，剩餘勞動是人類社會發展的物質基礎，是社會勞動生產率提高的主要標誌。不過，在不同的經濟形態裡，剩餘勞動的具體形式則是不同的。在自然經濟形態裡，剩餘勞動採取剩餘產品的形式；在商品經濟形態裡，剩餘勞動則採取剩餘價值的形式。把剩餘價值當成資本主義生產關係特有的產物這種觀點是由兩個原因引起的：

第一個原因是源於蘇聯《政治經濟學教科書》的定義：剩餘價值是由雇傭工人創造而被資本家無償佔有的超過勞動力價值以上的那一部分價值。而馬克思給剩餘價值下的定義是：「原預付貨幣額加上一個增殖額。我把這個增殖額或超過原價值的餘額叫作剩餘價值」②；「產品價值超過其中由生產資料價值構成的部分而形成的餘額」③；剩餘價值「是勞動時間的凝結，只是物化的勞動」④。比較一下就可以看出，蘇聯教科書所下的關於剩餘價值的定義同馬克思的關於剩餘價值的表述是不相同的，並不完全符合馬克思的原意。蘇聯教科書的定義是以事物矛盾運動特殊性去取代矛盾運動的普遍性。

第二個原因是人們長期以來都認為「剩餘價值是資本的產物」，這是馬克思的基本觀點。需要強調的是，人們把雇傭勞動的存在作為剩餘價值存在的前提，實在是一種誤解。雇傭勞動的存在只是告訴人們，在雇傭勞動製度下，雇傭勞動者創造的剩餘價值是自己得不到的，它將被自己的雇主資本家無償地佔有。但是，它的存在絕不是剩餘價值產生和存在的條件；相反，正是因為生產商品的勞動者的剩餘勞動能夠形成剩餘價值，

---

① 周敏倩. 政治經濟學原理與研究 [M]. 南京：東南大學出版社，2001：305-308.
② 馬克思，恩格斯. 馬克思恩格斯全集：第23卷 [M]. 中共中央馬克思恩格斯列寧斯大林著作編譯局，譯. 北京：人民出版社，1972：172.
③ 馬克思，恩格斯. 馬克思恩格斯全集：第23卷 [M]. 中共中央馬克思恩格斯列寧斯大林著作編譯局，譯. 北京：人民出版社，1972：234.
④ 馬克思，恩格斯. 馬克思恩格斯全集：第23卷 [M]. 中共中央馬克思恩格斯列寧斯大林著作編譯局，譯. 北京：人民出版社，1972：243.

才使得決定用商品經濟形式組織社會生產的剝削者,想方設法先把勞動者的勞動力變成商品,然後經過買賣關係佔有這種特殊商品,最後在消費這種特殊商品的特殊使用價值的過程中,讓勞動者為他創造出高於勞動力價值的剩餘價值並佔有它。正是由於這一點,勞動者才在一定的歷史條件下成了雇傭勞動者,絕不是先有了雇傭勞動者然後才會產生剩餘價值。馬克思從來沒有說過只有在資本主義製度下才會有剩餘價值的生產,相反,他始終把商品生產普遍存在剩餘勞動並形成剩餘價值作為資本主義製度存在的基礎。[1]

綜上所述,剩餘價值既有特殊性,又有普遍性。承認剩餘價值範疇的普遍性,有利於建立和完善社會主義市場經濟體制,發展生產力;有利於調動全體社會成員的積極性,創造更多的社會財富;有利於國有企業不斷發展壯大。

---

[1] 王一鳴.《政治經濟學》教學參考 [M]. 北京:經濟科學出版社,1991:145-146.

第三章　資本累積與再生產

一、本章內容簡介

在第二章研究資本主義直接生產過程的基礎上，本章從資本主義再生產過程考察剩餘價值如何轉化為資本而形成資本累積。

第一節分析資本主義再生產和資本累積。本節在認識社會再生產的基礎上，通過對資本主義再生產過程的分析，揭示資本主義直接生產過程所不能體現的資本主義經濟關係運動的特點，說明資本主義再生產是物質資料再生產和資本主義生產關係再生產的統一；繼而闡明擴大再生產條件下資本家怎樣把剩餘價值轉化為資本，實現資本累積，並揭示資本累積的實質、原因以及影響其規模的因素。

第二節分析資本主義累積的一般規律。本節闡明資本累積的發展、資本有機構成的不斷提高，必然導致相對過剩人口的形成和無產階級的貧困化，進而揭示出資本主義累積的一般規律。

第三節分析資本主義累積的歷史趨勢。本節通過對從資本主義經濟成熟前的資本原始累積到資本主義累積的分析，說明資本主義基本矛盾的不斷深化，科學地預見資本主義生產方式的歷史暫時性。

二、本章主要知識點

(一) 社會再生產

(1) 社會生產必須連續不斷地、周而復始地進行。這種連續不斷反覆進行的生產過程就是再生產過程。

(2) 社會再生產是物質資料再生產和生產關係再生產的統一。

(3) 社會再生產按其規模可分為簡單再生產和擴大再生產。
①簡單再生產是指生產在原有的規模上重複進行的社會生產過程。
②擴大再生產是指生產在擴大的規模上重複進行的社會生產過程。

(4) 簡單再生產既是擴大再生產的組成因素，又是擴大再生產的基礎。

（5）分析資本主義簡單再生產的意義。

（二）資本累積

（1）資本累積就是把剩餘價值再轉化為資本，或者說，是剩餘價值的資本化。

（2）資本主義擴大再生產與資本累積。

①資本主義擴大再生產指資本家不把剩餘價值全部用於個人消費，而是將其中的一部分再轉化為新的資本，用於購買追加的生產資料和勞動力，使再生產在擴大的規模上重複進行。

②剩餘價值是資本累積的唯一源泉，而資本累積又是資本主義擴大再生產的源泉。

（3）資本累積的實質；資本累積的內在動力和外在壓力。

（4）影響資本累積規模的主要因素。

（三）資本有機構成

（1）資本的構成包括兩方面：價值構成和技術構成。

①從價值方面看，資本是由一定數量的不變資本和可變資本構成的。這兩部分資本價值之間的比例叫作資本的價值構成。

②從物質方面看，資本是由一定數量的生產資料和勞動力構成的，它們之間的比例一般是由生產技術水平決定的。這種反應或表現生產技術水平的生產資料和勞動力之間的比例叫作資本的技術構成。

（2）資本價值構成和技術構成的相互關係；由資本技術構成決定，並反應資本技術構成變化的資本價值構成叫作資本有機構成，用 C：V 表示；把握資本有機構成需注意：

①資本價值構成的變化並不都是由技術構成的變化引起的。

②資本有機構成在不同的生產部門和企業是不一樣的。

（3）隨著資本主義經濟的發展，資本有機構成具有不斷提高的趨勢。

（四）資本積聚和資本集中

（1）個別資本的增大有兩種基本形式：資本積聚和資本集中。

①資本積聚是指個別資本依靠本身的累積，將剩餘價值轉化為資本來增大自己的資本總額。

②資本集中是把許多已經存在的規模較小的資本合併或聯合起來形成大資本。

（2）資本積聚和資本集中是互相聯繫、互相促進的；同時，二者又是有區別的。

（五）相對過剩人口

（1）相對過剩人口是指超過資本需要的相對多餘的勞動人口。

（2）相對過剩人口是在資本有機構成提高的條件下資本累積的必然產物。

（3）相對過剩人口不但是資本累積的必然產物，而且是資本主義存在和發展的必要條件。

（4）相對過剩人口的基本形式：①流動的過剩人口，是指那些暫時從生產過程中被排擠出來的失業工人。②潛在的過剩人口，是指那些在農村中還有一小塊土地，靠經營這一小塊土地和做短工維持生活的人。③停滯的過剩人口，是指那些沒有固定職業，依靠幹些雜活勉強維持生活的人。

（六）資本主義累積的一般規律

（1）資本主義累積的一般規律的基本內容。
（2）資本主義累積的一般規律作用的社會後果。

（七）無產階級貧困化

（1）無產階級貧困化，是指資本主義製度下整個無產階級處於貧困狀態。這種貧困狀態從根本上意味著無產階級喪失了生產資料所有權，在經濟上處於一無所有的地位。
（2）無產階級貧困化的基本形式：相對貧困化和絕對貧困化。
①無產階級相對貧困化是指無產階級的收入在國民收入中的比重下降。
②無產階級絕對貧困化是指無產階級物質生活狀況的絕對惡化。

（八）資本原始累積和資本主義歷史趨勢

（1）資本原始累積不是資本主義生產方式的結果，而是它的起點。
（2）資本原始累積的方法和實質。
（3）資本主義歷史趨勢：剝奪剝奪者——資本主義生產方式的歷史暫時性。

三、重點問題解答

（一）分析資本主義簡單再生產能夠發現資本主義生產關係的新特徵

資本主義簡單再生產是指資本家把剩餘價值全部用於個人消費，而在原有規模上重複進行的再生產。資本主義再生產的特徵是擴大再生產，但考察資本主義再生產，必須從簡單再生產開始。這不但是科學的方法論的要求，而且由於簡單再生產的重複性或連續性，會呈現出資本的一次孤立的生產過程所看不到的新的特徵，消除它作為一次孤立過程所具有的虛假現象，從而有助於進一步認識資本主義生產的實質。

（1）資本家用來購買勞動力的可變資本即支付給工人的工資是工人自己創造的。在孤立的生產過程中，勞動力的買賣是生產的一個重要前提條件，因而資本家必須先拿出一定數量的貨幣，當作可變資本以工資的形式付給工人。這就造成一種假象，好像是工

人得到的工資表現為資本家從私人基金中預付的貨幣給工人,是資本家養活工人的。但是,從連續不斷的再生產過程來看,這種假象馬上就會消失。因為在連續不斷的再生產過程中,工人在為資本家生產剩餘價值的同時還再生產出自身的勞動力價值。資本家不過是用工人上一個生產過程已經再生產出來的勞動力價值來進一步雇傭工人,這不是資本家養活工人,而是工人自己養活自己,而且還養活資本家。

(2) 資本家手中的全部資本,也是由工人的勞動創造的。從孤立的一個生產過程來看,在資本主義生產開始前,資本家要購買勞動力和生產資料,不僅要預付可變資本,還要預付不變資本。從表面上看,好像資本家預付的全部資本是由資本家自己積攢而來的。但是,從連續的再生產過程來看,資本家手中的全部資本,也是由工人的勞動創造的。不但資本家手中的原始資本是依靠剝削、掠奪勞動者獲得的,而且即使撇開一切累積因素的簡單再生產,經過若干年或若干再生產週期,資本家原預付資本就會被資本家用於生活消費而消失,他現在手中的任何資本都變成了資本化的剩餘價值,都是由剩餘價值轉化而來的。

(3) 工人的個人消費也是隸屬資本需要的,是服從於剩餘價值生產的。從孤立的一個生產過程來看,在資本主義生產中,工人出賣勞動力以後,用所得工資購買生活資料進行個人消費是在生產過程之外,似乎與生產過程無關。可是,從簡單再生產過程來看,工人的個人消費是從屬於資本家追逐剩餘價值的需要的,是資本生產和再生產的一個要素。工人的個人消費並不是生產過程以外的事情,而是重新再生產出可供資本家剝削的勞動力。

綜上所述,從資本主義簡單再生產過程考察,「它不僅生產商品,不僅生產剩餘價值,而且還生產和再生產資本關係本身:一方面是資本家,另一方面是雇傭工人」[①]。

(二) 資本主義擴大再生產與資本累積的實質及其原因

(1) 擴大再生產是指資本家不把剩餘價值全部用於個人消費,而是將其中的一部分再轉化為新的資本,用於購買追加的生產資料和勞動力,使再生產在擴大的規模上重複進行。

(2) 擴大再生產是資本主義再生產的特徵,而資本累積是資本主義擴大再生產的主要源泉。首先,擴大再生產是資本主義再生產的特徵。這是由資本主義生產方式決定的。資本主義生產的直接目的和決定性動機是獲取盡可能多的剩餘價值,而資本家為了不斷地榨取越來越多的剩餘價值,就必須進行資本累積、擴大再生產,加強對工人的剝削;同時,這也是競爭規律所決定的,因為在激烈的競爭中,資本規模的大小是決定勝

---

① 馬克思,恩格斯. 馬克思恩格斯全集:第23卷 [M]. 中共中央馬克思恩格斯列寧斯大林著作編譯局,譯. 北京:人民出版社,1972:634.

負的重要條件，這也要求進行擴大再生產。其次,「累積就是資本的規模不斷擴大的再生產」[1]。因為累積的追加資本，無非是工人過去勞動創造的剩餘價值。工人階級總是用他們這一年的剩餘價值創造了下一年雇傭追加勞動的資本。追加資本分為兩部分，一部分作為不變資本，購買追加的生產資料，另一部分作為可變資本，雇傭追加的勞動力，兩者在生產過程中被合併在一起，從而實現了規模擴大的再生產。因此，從這個意義上講，累積是資本的規模不斷擴大的再生產。資本累積是擴大再生產的前提，而擴大再生產是資本累積的結果。

（3）資本累積的實質。剩餘價值是由工人創造的，因此，資本家進行資本累積和規模擴大的再生產，無非就是用從工人身上榨取的剩餘價值作為進一步榨取工人剩餘價值的條件，工人總是用他們的剩餘價值創造著資本家雇傭追加勞動力的資本。馬克思指出：「現在，對過去無酬勞動的所有權，成為現今以日益擴大的規模佔有活的無酬勞動的唯一條件。資本家已經累積的越多，就越能更多地累積。」[2] 也就是說在所謂等價交換的形式下，資本家不斷地使用無償佔有的剩餘價值增加資本，用以榨取更多的剩餘價值，擴大生產規模，加重對工人的剝削，這就是資本累積的實質。

（4）資本累積的原因。①佔有更多剩餘價值是資本累積的內在動力。從資本家追求剩餘價值來看，資本主義生產本質上是剩餘價值生產，資本主義生產的目的是追求剩餘價值，發財致富。正是這個內在動力推動資本家不斷進行累積以擴大生產規模。②競爭是迫使資本家進行資本累積的外在原因。資本主義競爭是以經濟實力為基礎的。資本家為了在競爭中取得勝利，既需要努力採用新技術設備，提高勞動生產率；又需要不斷增加投資，從而擴大生產規模。這些都需要不斷增大資本，迫使資本家不斷進行資本累積。

（三）資本有機構成及其提高趨勢

1. 提出資本有機構成理論的意義

馬克思考察資本累積理論的任務在於，研究資本增長對工人階級命運產生的影響，而在這種研究中，最重要的因素是資本的構成和它在累積過程中所起的質的變化。馬克思運用他創立的資本有機構成學說，考察了資本增長對工人階級命運產生的影響以及其他許多重大理論問題。

2. 資本有機構成建立的基礎及其內在規定性

資本有機構成概念是建立在勞動二重性學說、不變資本學說和可變資本學說的基礎上的。馬克思認為資本構成要從雙重意義上來理解。首先，從在生產過程中發揮作用的

---

[1] 馬克思，恩格斯. 馬克思恩格斯全集：第23卷 [M]. 中共中央馬克思恩格斯列寧斯大林著作編譯局，譯. 北京：人民出版社，1972：637.
[2] 馬克思，恩格斯. 馬克思恩格斯全集：第23卷 [M]. 中共中央馬克思恩格斯列寧斯大林著作編譯局，譯. 北京：人民出版社，1972：639.

資本的物質方面來看，每一個資本都分為生產資料和勞動力。這種資本構成是由所使用的生產資料和為生產這些生產資料而必需的勞動量之間的比率來決定的。這種比率是隨著生產技術和勞動生產力的提高而改變的，但在一定時間內則是一定的。由於這種比率是一種技術性的，因此把它叫做資本的技術構成。其次，從資本的價值的形式來看，資本可以分為不變資本和可變資本。由於生產資料和勞動力之間存在著一定的比率，因此用來購買生產資料的不變資本和購買勞動力的可變資本之間也應該相應地保持一定的比率關係。這種不變資本和可變資本的比率，就是資本的價值構成。馬克思認為，資本的技術構成和價值構成之間存在著密切聯繫：資本的價值構成以資本的技術構成為基礎，資本的技術構成決定資本的價值構成；資本的技術構成變化一般會引起資本價值構成變化，而資本的價值構成變化通常也可以反應資本技術構成的變化。馬克思說：「為了表達這種關係，我把由資本技術構成決定並且反應技術構成變化的資本價值構成，叫作資本的有機構成。」[1]

3. 資本有機構成不斷提高的趨勢

馬克思認為，資本主義的生產發展從生產組織形式和技術工具來看，經歷了簡單協作、工場手工業和機器大工業三個階段。而在前兩個階段，手工勞動或半機械勞動成為生產的主體，生產技術水平低，新技術在生產中的應用還不普及，資本有機構成的變化十分緩慢。但隨著資本主義經濟的發展，機器大工業的出現，科學技術的進步，資本累積的增長，資本有機構成有不斷提高的趨勢。馬克思把資本累積進程中資本有機構成的提高叫作資本構成質的變化。其原因是，資本追求剩餘價值的內在衝動和資本互相競爭的外在壓力，迫使資本家努力提高勞動生產率，減少單位產品勞動耗費，使個別勞動時間低於社會必要勞動時間，追求更多的超額剩餘價值。因此，資本家就要採用先進的技術設備，提高勞動效率，促進資本技術構成的提高。而資本技術構成提高的結果必然導致資本價值構成發生變化，即在總資本中用於購買勞動力的可變資本比例逐步下降，使用同樣的勞動力將推動更多生產資料；用於購買機器設備等生產資料的不變資本比例的增長速度相對加快，結果資本技術構成提高引起資本價值構成的變化最終將推動資本有機構成的不斷提高。從全社會來看，個別企業資本有機構成的提高最終會引起部門以及整個社會資本有機構成的提高。

(四) 資本累積與資本積聚、資本積聚與資本集中的相互關係

1. 資本累積與資本積聚的相互關係

(1) 資本累積和資本積聚的概念。

資本累積就是把剩餘價值再轉化為資本，或者說，是剩餘價值的資本化。

---

[1] 馬克思，恩格斯. 馬克思恩格斯全集：第23卷 [M]. 中共中央馬克思恩格斯列寧斯大林著作編譯局，譯. 北京：人民出版社，1972：672.

資本積聚是指個別資本依靠本身的累積，不斷將剩餘價值轉化為資本來增大自己的資本總額。

（2）資本累積和資本積聚的關係。

資本累積是資本積聚發生的前提條件，資本積聚是資本累積作用的必然結果。二者的區別在於，資本累積只是代表個別資本中剩餘價值轉化為資本的那部分新追加的資本量，而資本積聚代表了整個擴大的個別資本量，既包括原有資本量，又包括新追加資本量。

2. 資本積聚與資本集中的相互關係

（1）資本集中是把許多已經存在的規模較小的資本合併或聯合起來形成大資本。

（2）資本積聚與資本集中的相互關係：

①資本積聚和資本集中是互相聯繫、互相促進的。一方面，資本積聚可以促進資本集中。因為隨著資本積聚的進行，大資本規模大，在競爭中更容易擊敗、吞並中小資本，促進資本集中；同時，隨著資本積聚的進行，個別資本的增大，可用於借貸的資本數量增多，信用發展，這也促進了資本集中。另一方面，資本集中也可以促進資本積聚。因為資本集中可以使資本主義企業生產經營規模迅速擴大，這有利於先進技術的採用，從而獲得超額剩餘價值，以增加累積、促進資本積聚。

②資本積聚和資本集中又是有區別的。主要區別在於：第一，資本積聚是單個資本的自我累積；資本集中是社會資本的合併或聯合。第二，資本積聚是單個資本家依靠剩餘價值資本化實現的，它能增大社會資本總額；資本集中是通過原有資本在資本家之間重新分配實現的，不會增大社會資本總額。第三，資本積聚要受累積基金的限制，增長速度較緩慢；資本集中不受累積基金的限制，增長速度較快。

（五）相對過剩人口的形成及其基本形式

（1）相對過剩人口是指超過資本需要的相對多餘的勞動人口。

（2）相對過剩人口是在資本有機構成提高的條件下資本累積的必然產物。在資本主義累積過程中，一方面，由於資本有機構成的不斷提高，在總資本中不變資本部分日益增加，可變資本部分相對減少以至於資本對勞動力的需求相對減少。另一方面，由於下列各種原因，勞動力的供給卻日益增加：①隨著技術的不斷進步，機器的廣泛使用，資本家可以大量使用童工、女工取代原來工資成本相對較高的工人。②隨著資本主義的發展，小生產者的兩極分化，大批農民和手工業者破產，加入了雇傭工人的隊伍。③隨著資本主義競爭的激烈進行，一部分中小資本家在競爭中破產，淪為了無產者，也加入了雇傭工人的隊伍。

從以上兩方面可以看出，隨著資本主義累積的進行，一方面必然造成資本對勞動力需求相對減少，另一方面又必然造成勞動力的供給不斷增加。這就使勞動力的供給超過勞動力的需求，從而必然造成大量勞動者失業，形成相對過剩人口。

（3）相對過剩人口不僅是資本累積的必然產物，而且是資本主義存在和發展的必要條件。原因是：①相對過剩人口的存在所形成的產業後備軍，就像存儲勞動力的「蓄水池」，它可以隨時調節資本對勞動力的需求。這樣，當資本主義生產發展處於繁榮時期就隨時都能獲得可以榨取的勞動力；當資本主義生產發展處於蕭條時期又可將多餘勞動力排出生產過程進入產業後備軍。②由於存在相對過剩人口，勞動力供過於求，這時資本家不但可以從市場上購買到更廉價的勞動力，還可以以此相威脅壓低在業工人的工資，迫使他們提高勞動強度或接受其他種種苛刻條件。這樣，資本家又可以加強對在業工人的剝削。

（4）相對過剩人口的基本形式：

①流動的過剩人口。流動的過剩人口在資本主義生產擴張和收縮的週期變動中處於時而被現代產業吸納，時而又被拋出的流動狀態。流動的過剩人口產生是各個部門資本主義生產發展、資本流動和資本有機構成變化的不平衡以及資本主義再生產過程中危機和繁榮時期的互相交替進行等因素綜合作用的結果。

②潛在的過剩人口。潛在的過剩人口是潛伏在資本主義農業部門中的過剩人口，他們隨時可能顯現出來加入到產業後備軍的隊伍中。因為隨著農業資本主義的發展，農村中的大生產排擠小生產，使大量的小私有者破產；同時，由於農業資本有機構成的提高，農業對勞動力的需求相對減少。這就必然形成大量的農業過剩人口。這些過剩人口住在農村等待時機，準備隨時轉入城市做工。但在轉入城市前，因為他們還保留著一小塊土地，過著艱苦的生活，從形式上看，又好像沒有失業，所以，這種過剩人口稱為潛在的過剩人口。

③停滯的過剩人口。停滯的過剩人口是由於各種原因再也不能進入現代產業中心就業的過剩人口，他們一般生活在社會的底層。這些人工作極不穩定，勞動時間長，工作條件差而工資又特別低。這種過剩人口還不斷從工業和農業過剩人口中得到補充。

（六）資本主義累積的一般規律的基本內容及其社會後果

1. 資本主義累積的一般規律的實質性內在邏輯關係

資本主義累積的一般規律，實質上是指資本累積的進行必然引起資產階級財富和無產階級貧困的累積的內在的、本質的、必然聯繫。

2. 資本主義累積的一般規律的內容表述

馬克思通過資本累積進程中資本有機構成作用機制的分析，揭示了資本主義累積的一般規律：「社會的財富即執行職能的資本越大，它的增長的規模和能力越大，從而無產階級的絕對數量和他們的勞動生產力越大，產業後備軍也就越大。可供支配的勞動力同資本的膨脹力一樣，是由同一些原因發展起來的。因此，產業後備軍的相對量和財富的力量一同增長。但是同現役勞動軍相比，這種後備軍越大，常備的過剩人口也就越多，他們的貧困同他們所受的勞動折磨成正比。最後，工人階級中貧苦階層和產業後備

軍越大，官方認為需要救濟的貧民也就越多。這就是資本主義累積的絕對的、一般的規律。」[1] 從這一規律的基本內容及其內在邏輯關係來看，可以概括出邏輯推理遞進的三點：①執行職能的資本越大，社會勞動生產力越大，產業後備軍也越大；②產業後備軍越大，經常的過剩人口就越多，他們就越貧困；③產業後備軍越大，他們經常失業並且越來越貧困，於是需要接濟的貧民也就越多。把這三點合併成一句話就是：執行職能的資本越大，產業後備軍也越大，由於失業和貧困而需要接濟的貧民也就越多，這就是資本主義累積的一般規律的核心思想。

3. 資本主義累積的一般規律作用的社會後果

由於這一規律的作用，資本主義兩極分化現象日益發展。「這一規律制約著同資本累積相適應的貧困累積。因此，在一極是財富的累積，同時在另一極，即在把自己的產品作為資本來生產的階級方面，是貧困、勞動折磨、受奴役、無知、粗野和道德墮落的累積。」[2] 也就是資本主義累積的一般規律的作用，結果造成一極是資本家階級財富的累積，另一極是廣大勞動群眾貧困的累積，資本主義形成了自身無法逾越的貧富鴻溝。

(七) 資本原始累積的方法與實質

(1) 資本原始累積是處於資本主義生產方式占統治地位的史前時期。最初資本家開展資本主義經濟所必要的生產要素（貨幣資本、勞動力、土地等）都是通過資本原始累積取得的。資本原始累積就是為了完成「創造資本關係的過程，只能是勞動者和他的勞動條件的所有權分離的過程。這個過程一方面使社會的生活資料和生產資料轉化為資本，另一方面使直接生產者轉化為雇傭工人……這個過程所以表現為『原始的』，因為它形成資本及與之相適應的生產方式的前史」。[3]

(2) 實現資本原始累積的方法：對農民土地的剝奪和對貨幣財富的剝奪。

①對農民土地的剝奪是使直接生產者轉為雇傭工人的主要方式，它形成資本主義原始累積「全部過程的基礎」[4]。這種掠奪在英國進行得最徹底、最典型。15世紀末到19世紀初，英國毛紡業興起，世界市場驟然擴大。新興的資產階級為了發展牧羊業進行了大規模的圈地運動。他們用暴力強占耕地，平毀村莊，並將強占的耕地連成一片，圍上籬笆，變成牧場，土地被圈的農民破產，淪為乞丐和流浪者。當時國家還頒布許多血腥的法律，用鞭打、烙印、監禁甚至死刑來禁止農民流浪乞討，強迫他們成為資本主義的

---

[1] 馬克思，恩格斯. 馬克思恩格斯全集：第23卷 [M]. 中共中央馬克思恩格斯列寧斯大林著作編譯局，譯. 北京：人民出版社，1972：707.

[2] 馬克思，恩格斯. 馬克思恩格斯全集：第23卷 [M]. 中共中央馬克思恩格斯列寧斯大林著作編譯局，譯. 北京：人民出版社，1972：708.

[3] 馬克思，恩格斯. 馬克思恩格斯全集：第23卷 [M]. 中共中央馬克思恩格斯列寧斯大林著作編譯局，譯. 北京：人民出版社，1972：782-783.

[4] 馬克思，恩格斯. 馬克思恩格斯全集：第23卷 [M]. 中共中央馬克思恩格斯列寧斯大林著作編譯局，譯. 北京：人民出版社，1972：784.

雇傭勞動者。

②對貨幣財富的剝奪是資本原始累積的重要因素。這是通過殖民製度、國債、重稅、保護關稅和商業戰爭的暴力手段進行的。在這些手段中，殖民製度起著特別重要的作用。「美洲金銀產地的發現，土著居民的被剿滅、被奴役和被埋葬於礦井，對東印度開始進行的徵服和掠奪，非洲變成商業性地獵獲黑人的場所：這一切標誌著資本主義生產時代的曙光。這些田園詩式的過程是原始累積的主要因素。」①

（3）資本原始累積的實質。資本原始累積過程的實質就是「所謂原始累積只不過是生產者和生產資料分離的歷史過程」②。而這個過程完全是通過暴力來實現的。因此，馬克思一針見血地指出「資本來到世間，從頭到腳，每個毛孔都滴著血和骯髒的東西」③。

四、疑難問題和學術爭鳴

（一）如何理解商品生產的所有權規律轉變為資本主義佔有規律？

1. 商品生產所有權規律的基本內容

商品生產所有權規律是以商品生產和商品流通為基礎的佔有規律。其內容是：在簡單商品經濟條件下，勞動和財產所有權是統一的。商品生產者對自己的商品具有所有權，並按照等價交換的原則佔有別人的商品。具體地說，在商品生產和商品流通的關係中，商品生產者之間是權利平等的，又是相互對立的。在進行商品交換時，雙方要互相承認對方的所有權；要取得對方的產品，就必須讓渡自己的產品或貨幣。既然雙方都承認對方具有商品所有權，權利又是平等的，那麼在讓渡商品時就必須進行等價交換。遵守了等價交換原則，就意味著遵守了商品生產所有權規律。

2. 資本主義佔有規律的基本內容

資本主義佔有規律的內容是：佔有生產資料的資本家佔有工人生產的產品，無償佔有工人生產的產品中包含的剩餘價值；而工人不能佔有產品，他們只能保持勞動力以便作為商品繼續出賣。這就意味著，所有權對資本家來說，表現為佔有工人無酬勞動或產品的權利，而對工人來說，則表現為不能佔有自己生產的產品的權利。這一佔有規律所揭示的內容，在資本主義再生產過程中將隨著再生產規模的變化（從簡單到擴大）而不斷發展、不斷擴大、不斷深化。

---

① 馬克思，恩格斯. 馬克思恩格斯全集：第23卷［M］. 中共中央馬克思恩格斯列寧斯大林著作編譯局，譯. 北京：人民出版社，1972：819.

② 馬克思，恩格斯. 馬克思恩格斯全集：第23卷［M］. 中共中央馬克思恩格斯列寧斯大林著作編譯局，譯. 北京：人民出版社，1972：783.

③ 馬克思，恩格斯. 馬克思恩格斯全集：第23卷［M］. 中共中央馬克思恩格斯列寧斯大林著作編譯局，譯. 北京：人民出版社，1972：829.

3. 在資本主義再生產過程中，商品生產的所有權規律轉變為資本主義佔有規律

（1）資本主義佔有規律的成立是商品生產所有權規律的直接對立物。馬克思說，「以商品生產和商品流通為基礎的佔有規律或私有權規律，通過它本身內在的、不可避免的辯證法轉變為自己的直接對立物」[1]，即資本主義佔有規律。最初，資本家和工人在勞動市場上進行勞動力買賣，是遵循商品生產所有權規律的等價交換原則進行的。但是在累積和擴大再生產過程中，這個表現為最初行為的等價物交換，已經變得僅僅在表面上是等價交換，即作為商品生產所有權表現的等價交換僅僅是形式，而它的內容完全改變了。因為這時從資本家和工人之間的交換關係來看，用來交換勞動力的那部分資本本身只是不付等價物而無償佔有的別人勞動產品的一部分；這部分資本不僅必須由它的生產者即工人來補償，而且在補償時還要加上一個新的剩餘價值。這表明勞動力買賣的等價交換僅僅是形式，其內容則是無償佔有，即「資本家用他總是不付等價物而佔有的別人的已經物化的勞動的一部分，來不斷再換取更大量的別人的活勞動」[2]。這是對資本主義佔有規律的深刻揭示。

（2）商品生產所有權規律轉變為資本主義佔有規律是勞動力成為商品的必然結果。為什麼會發生商品生產所有權規律轉變為資本主義佔有規律呢？這是勞動力作為商品買賣的必然結果。本來商品生產所有權規律是以生產資料所有權和勞動的結合為基礎的。但在所謂資本原始累積時期，發生了直接生產者和生產資料相分離的過程。生產資料所有權和勞動分離的結果，是獨立生產者淪為出賣勞動力的雇傭勞動者；在這樣的條件下，市場上雖然資本家和工人之間仍然可能按照等價交換原則買賣勞動力，形式上仍符合商品生產所有權規律，但實質上在生產過程開始後資本家按照資本主義佔有規律不斷無償佔有工人生產的勞動產品和剩餘價值，工人每次走出生產過程後仍然一無所有，為了生存又不得不反覆出賣勞動力，這樣商品生產所有權規律就轉變為資本主義佔有規律。用馬克思的話講，就是，「一旦勞動力由工人自己作為商品自由出賣，這種結果就是不可避免的」[3]。

4. 資本主義佔有方式的產生是商品生產所有權規律的應用

在資本主義生產方式產生以後，在商品流通領域中，資本家之間、資本家和工人之間的交換完全遵循了商品生產所有權規律。從流通領域轉到生產領域後，生產過程的結果是資本主義佔有，資本主義佔有規律就轉變為資本主義所有規律了。但是，這個轉變並沒有違反商品生產所有權規律。「不論資本主義佔有方式好像同最初的商品生產規律如何矛盾，但這種佔有方式的產生絕不是由於這些規律遭到違反，相反地，是由於這些

---

[1] 馬克思，恩格斯. 馬克思恩格斯全集：第23卷 [M]. 中共中央馬克思恩格斯列寧斯大林著作編譯局，譯. 北京：人民出版社，1972：640.

[2] 馬克思，恩格斯. 馬克思恩格斯全集：第23卷 [M]. 中共中央馬克思恩格斯列寧斯大林著作編譯局，譯. 北京：人民出版社，1972：640.

[3] 馬克思，恩格斯. 馬克思恩格斯全集：第23卷 [M]. 中共中央馬克思恩格斯列寧斯大林著作編譯局，譯. 北京：人民出版社，1972：644.

規律得到應用。」① 這是因為，資本家購買勞動力是遵守等價交換原則的，但是生產的結果是資本主義佔有，即產品歸資本家所有，產品中包含了剩餘價值。可見，資本主義佔有規律是商品生產所有權規律作用的結果。

（二）為什麼說失業既是生產社會化和市場經濟發展的一般經濟現象，又反應特定社會經濟製度的要求？

1. 失業是生產社會化和市場經濟發展的產物

相對過剩人口及其形式，是失業問題在資本主義製度下存在的特殊表現形式，但失業問題並不是資本主義經濟中才有的現象。一般來講，失業是市場上勞動力供給超過需求時表現出的總量失衡，這種現象並非自古就有，是生產社會化和市場經濟發展的必然產物，是市場經濟國家中存在的一般經濟現象。

（1）隨著生產社會化的發展，社會分工不斷細化和改變，導致產業結構的調整和升級，生產要素也就會隨著產業結構的調整變化而配置組合，這樣從傳統產業中被排擠出來的勞動力如果不能適應現代科學的應用以及新興產業發展的需要，就可能失業。這種由經濟結構調整發生的失業，為結構性失業。

（2）在市場經濟條件下，市場配置資源，價格、競爭、供求、風險等市場機制在其中發揮基本的作用，以實現資源配置的最優效率。因此，市場配置資源，必然會使一些經營管理不善、嚴重虧損的企業被淘汰出局。於是企業因經營不善發生虧損、倒閉以及一些個體經營者的破產，都會造成經營虧損性或破產性失業。

（3）市場經濟發展過程中，經濟運行會呈現有規律的、週期性的波動。當經濟處於低谷即危機或蕭條時期，社會上必然會出現大量的失業人口。因此，這種經濟週期性波動會導致對勞動的需求的波動，這樣失業就不可避免。這種在經濟週期波動中出現的失業，又稱為週期性失業。

（4）在市場經濟體制下，就業是由勞動力的市場來調節的，但勞動力市場發育和經營是一個漸近的過程。如果就業信息渠道不暢通，就業信息網路建設滯後，勞動者從一個地區流動到另一個地區，從一種工作崗位下來想轉入另一種崗位都可能失業。社會上就可能發生空崗和失業的並存，即用工單位找不到所需要的勞動力，而勞動者也難以找到適合自己的就業崗位，這就出現了通常所說的摩擦性失業。

（5）在一些轉型國家，即由計劃經濟體制轉向市場經濟體制的國家，由於企業掌握了用工自主權，原來隱藏在企業內部的失業人員，會進入社會失業的行列，成為公開失業人員，這就是隱性失業的顯性化。隱性失業是相對公開失業而言的，是指雖然勞動者不處於零工時、零收入，但其勞動力不能得到充分利用，而且收入也不能達到正常的工

---

① 馬克思，恩格斯. 馬克思恩格斯全集：第23卷 [M]. 中共中央馬克思恩格斯列寧斯大林著作編譯局，譯. 北京：人民出版社，1972：640.

資收入水平的狀態。因此，隱性失業雖然表現為勞動者還留在企業，沒有進入社會的公開範圍，但實質上是就業不足，是社會名義就業量減去有效就業量的失業狀態。

總之，在上述因素的綜合作用下，失業在現代經濟中會作為一種普遍的經濟問題而存在，無論是資本主義市場經濟或是社會主義市場經濟都無法避免。

2. 失業仍要受到社會經濟製度的制約

雖然失業在現代市場經濟中會作為一種普遍的經濟問題而存在，無論是資本主義市場經濟或是社會主義市場經濟都無法避免，但是必須認識到的是，失業作為一種社會經濟問題存在，就不能不受到特定社會形態中社會經濟製度的制約和影響。在資本主義生產方式條件下，作為失業特殊形式的相對過剩人口是私人資本對雇傭勞動的排擠和壓迫，失業是服從於私人資本增殖的需要。而在中國初級階段的公有制市場經濟中，雖然這種製度性排擠和壓迫的根本性質消失了，但由於生產要素仍然要通過市場來配置，尤其是勞動力仍然作為商品來交換，宏觀經濟因素的變動和勞動力市場中各種自然因素以及勞動者自身因素的作用，都會使失業不會完全消失。

3. 中國學術界關於認識社會主義條件下失業問題的理論觀點

（1）改革開放前的「社會主義無失業論」。改革開放以前，在計劃經濟體制下搞單一的生產資料公有制結構，無論是市場上或企業用工製度上都根本否認和取消勞動力作為商品來交換，因而學術界傳統地堅持馬克思關於資本主義失業的理論，認為「失業是資本主義製度下的一種社會現象，無產階級中的一部分人喪失勞動機會，成為產業後備軍的組成部分」[1]。而建立在社會主義公有制基礎上的計劃經濟消除了資本主義經濟的無政府狀態，也就從根本上消除了失業，論證沒有失業是社會主義優越性的體現成為當時學術界的理論取向。

（2）改革開放後的「社會主義市場經濟失業論」。改革開放之後，隨著社會主義市場經濟體制的建立和發展，尤其在1994年中央文獻將中國經濟生活中的「待業」一詞改為「失業」以後，學術界關於社會主義製度下的失業與就業理論的研究有了新的轉變及發展，在繼承和發展馬克思主義失業與就業理論的基礎上，承認了勞動力個人所有制、明確勞動力是商品、推行企業和勞動者通過市場雙向選擇的自主用工製度。社會主義市場經濟也存在失業漸成共識，在探討中國失業性質、原因、機制及政策等方面形成了不少研究成果。

①有觀點認為，中國目前的失業仍然是人口總量過剩型失業，或者是總量過剩失業的背景疊加了一個轉軌型失業。[2]

②有觀點認為，中國當前的失業現象主要背景是經濟體制轉軌，要瞭解中國經濟中的失業問題，必須著眼於中國經濟從計劃經濟體制向市場經濟體制過渡的客觀事實。[3]

---

① 程連升. 中國反失業政策研究（1950—2000）[M]. 北京：社會科學文獻出版社，2002：33.
② 鍾朋榮. 跨世紀難題：誰為中國人造飯碗 [M]. 北京：中國經濟出版社，1998：25.
③ 楊宜勇. 就業理論與失業治理 [M]. 北京：中國經濟出版社，2000：279.

③有觀點認為，中國的失業主要是經濟波動造成的，在現階段對中國失業率變動的影響主要還是宏觀經濟的波動，失業率對經濟波動還是比較敏感的，而結構因素和摩擦因素還沒有對失業率的變動帶來較大的影響。①

④有觀點認為，中國失業主要不是週期性的，而是具有結構的性質，下崗失業嚴重的行業，需求相對疲軟、就業增長緩慢，而新興擴張的行業幾乎不存在失業問題，就業增長速度則較快，可見失業的結構性特徵十分明顯。②

(三) 如何看待資本主義製度下貧困的特殊性和世界範圍內貧困存在的一般性？

1. 貧困既是一個世界問題，也是社會經濟問題

貧困是一個世界問題，它存在於歷史和現實之中，存在於世界範圍之內。迄今為止，全球還有13億多貧困人口分布在世界各國。儘管貧困問題成為世界各國共同面臨的一種災難性通病，有其共性，表現為生產生活環境惡劣、收入水平低、文化素質差、健康狀況不良等。但是，貧困畢竟是一個社會經濟問題，不是一個純粹的自然災害問題。它的存在與演變與各個國家深層次的歷史背景、經濟、政治、社會、文化以及自然地理環境等內在和外在因素的綜合作用有關。從這個意義上講，不同製度類型和不同意識形態的國家內發生的貧困又有差異性。比如，不能將資本主義製度下，因資本累積一般規律作用所造成的無產階級貧困化與中國因生產力發展暫時落後以及經濟社會轉型所引發的部分勞動群眾生活困難的貧困現象混為一談，二者在形成原因、狀態特徵、社會後果等方面都有本質區別。

2. 資本累積一般規律作用下的資本主義社會貧困問題

馬克思從資本主義累積的一般規律上揭示了無產階級貧困化發生的必然性，並且闡明了受資本主義累積的一般規律作用的支配無產階級經濟狀況的貧困化將發生變化。因此，只要有資本主義累積的一般規律的存在，無產階級貧困化就不可避免，改變的只是它在不同歷史階段上的表現形式。儘管距馬克思揭露資本主義製度下無產階級貧困化問題已經有一百多年了，資本主義社會的貧困現象也發生了許多的變化，但其根源仍然是資本累積不斷增進、資本有機構成不斷提高、相對過剩人口不斷增多，因為這必然導致資本主義社會資產階級一極的財富累積和廣大勞動群眾一極的貧困累積，這是資本主義累積的一般規律的內在要求。在這一般規律的作用下，資本主義社會貧困就是不可避免的客觀存在，發達資本主義國家普遍存在相對貧困與生活在貧困線以下的人口以及發展中的資本主義國家普遍存在絕對貧困就是其充分的表現形式。因此，當今資本主義發展過程中，資本主義累積的一般規律仍然深刻地制約著資本主義累積與資產階級的財富累積同勞動階級的失業、貧困累積之間內在的、本質的、必然的聯繫。資本主義累積一般

---

① 錢小英．中國失業率的特徵及其影響因素分析 [J]．經濟研究，1998 (10)．
② 盛仕斌．中國失業的性質與失業治理對策 [J]．當代經濟科學，1998 (11)．

規律作用的必然結果仍然是：在資本主義製度下，勞動群眾用自己的勞動創造出大量的社會財富，而這些財富被資產階級及其財團無償佔有；要根除資本主義社會的貧困就必須消滅資本主義雇傭勞動制。

(四) 如何評價馬爾薩斯的「人口論」？

1. 馬克思之前的近代人口理論

馬克思的相對過剩人口理論，是在批判與借鑑古典經濟學和其他人口理論中建立起來的。在馬克思以前，流行的人口理論主要有古典經濟學人口理論、馬爾薩斯的人口理論和空想社會主義的人口理論。[1] 這些人口理論試圖解答，隨著資本主義工業化的發展，社會財富增長與人口生產的內在相關性，以及與它們相伴隨的失業、貧困、收入差距等社會不公平問題的根由，並相應提出了它們各自解決問題的社會方案，其中尤以馬爾薩斯的人口理論最為驚世駭俗，在理論界引起了激烈的爭論，產生了深遠的影響。馬克思在《資本論》第三卷和《剩餘價值學說史》中，集中對馬爾薩斯人口理論的學術淵源、理論性質和階級背景進行了鞭闢入裡的揭示和批判；同時，也看到了馬爾薩斯人口理論中的合理成分，從而為建立科學的人口理論奠定了基礎。

2. 馬爾薩斯「人口論」的基本內容

（1）馬爾薩斯「人口論」的兩個假設前提。

馬爾薩斯研究人口問題首先提出了兩個假設前提：①人的性本能幾乎無法限制；②食物為人類生存所必需。

基於這兩個假設，他論斷人口是按幾何級數，例如 $1, 2, 4, 8 \cdots 2^{n-1}$ 增加，而食物只是按算術級數，例如 $1, 2, 3, 4 \cdots n$ 增加，因而食物供應量的增加永遠趕不上人口的增加。

（2）馬爾薩斯提出防止人口增長過快的方法。

他認為，防止人口增長過快的方法在歷史上有兩種：

①積極性抑制，如饑荒、災害、疾病、戰爭等；

②道德抑制（也叫預防性抑制），如禁慾、晚婚、不結婚等。

馬爾薩斯斷言，人口的繁殖超過生活資料的增長是任何社會都存在的一種「自然規律」。馬爾薩斯人口論的理論基礎是土地肥力遞減規律，就是在一定範圍的土地上，由於土地生產潛力的影響，遞增投資不能相應增加農產品的產量，而是到一定限度後收益反而會遞減。因此，人口增長必然為生活資料所限制；只要生活資料增長，人口一定會堅定不移地增長，除非受到某種非常有力而又顯著的阻止；占優勢的人口繁殖力，為貧困和罪惡所抑制，因而使現實的人口增長和物質資料增長保持一致。人口的增長必須要有一個適當的限度。

---

[1] 吳忠觀. 吳忠觀文集 [M]. 成都：西南財經大學出版社，2004：164.

3. 對馬爾薩斯「人口論」的簡要評價

馬爾薩斯的人口理論一經提出便引發了頗多的爭論，其理論也一度成為帝國主義戰爭政策的理論根據之一。

馬爾薩斯提出的人口按幾何級數增長的說法是沒有理論根據的。整個人口絕對不會如此增長，因為社會的條件只能適應一定數量的人口。另外，如果說由一定形式的生產條件的擴展能力所設定的人口限制隨生產條件而變化，那麼人口的絕對增長率以及過剩人口率也會隨生產條件變化。離開一定的生產力狀況和具體的生產方式去研究人口增長的規律性，這正是馬爾薩斯人口論在理論上的致命錯誤所在。而現實生活中的事實，也有力地駁斥了馬爾薩斯「兩個級數」的人口理論。以某些資本主義國家的有關歷史材料為例：法國1760—1840年的80年中，人口僅增加了60%，而食物數量增加了2倍；德國在19世紀的100年內，人口增加了2倍，而生活資料增加了3倍。[①]

馬克思和恩格斯對馬爾薩斯人口理論進行了批判分析和探索。馬克思認為，馬爾薩斯談論的抽象的人口規律只存在於歷史上還沒有受過人類干涉的動植物世界，現實社會根本不存在這種抽象的規律。工人人口在生產出資本累積的同時以日益擴大的規模生產出使他們自身成為相對過剩人口的手段，是資本主義特有的人口規律。

當然，馬爾薩斯的人口理論也有其合理的因素，他所提出的人口增長和生活資料增長的關係問題，以及人口的增長必須要有一個適當的限度，應採取節育、晚婚等方式來解決人口膨脹等問題，值得人們注意和研究。如果對人口增長不加控製，無疑會造成社會的沉重負擔。但馬爾薩斯沒有看到人口的增長不是純生物的自然過程，而是同一定的生產方式相聯繫的社會歷史過程。

同時，馬爾薩斯對經濟學也有著重要的影響。受馬爾薩斯影響的經濟學家斷定：在正常的環境下，人口過剩使工資不會大大地高於維持生計的水平。著名的英國經濟學家大衛·李嘉圖（馬爾薩斯的親密朋友）說：「勞動的自然價格就是必須使勞動者能夠共同生存，即使人類不增不減永世長存的價格。」這個學說一般被稱為「工資鋼鐵定律」，為馬克思所接受，成為其剩餘價值學說的一個重要組成部分。

---

① 徐禾，等. 政治經濟學概論 [M]. 北京：人民出版社，1973：189.

第四章 資本循環與週轉

一、本章內容簡介

本章在第三章對個別資本直接生產過程研究揭示了資本主義生產的實質及其運動規律的基礎上，將生產過程與流通過程統一起來進一步研究資本的運動。

第一節：資本循環分析考察了個別資本運動中的形式變化和實現資本連續循環的條件。產業資本的運動要依次經過購買階段、生產階段和售賣階段三個階段，相繼採取貨幣資本、生產資本和商品資本三種職能形式，最後回到原來的出發點，由此構成自己的循環。這說明了產業資本循環要連續進行必須同時具備三種職能形式在空間上並存和三種循環形態在時間上繼起這兩個條件。

第二節：資本週轉考察了資本運動的時間、速度及資本週轉速度對資本使用效果與價值增殖的影響。周而復始的資本循環就是資本的週轉，循環一次即是週轉一次。週轉時間由生產時間和流通時間組成。週轉速度與週轉時間成反比，與週轉次數成正比。加快資本週轉速度可以大大提高資本的使用效率。

二、本章主要知識點

(一) 產業資本循環的三個階段和三種職能形式

(1) 資本循環指資本在運動過程中，依次經過購買階段、生產階段和售賣階段三個階段，相應採取貨幣資本、生產資本、商品資本三種職能形式，使價值得到增殖，最後又回到原來的出發點的一個運動過程。

(2) 產業資本循環的三個階段是互相連接、有機統一的，並且三個階段是依次經過的，有規律性，不能顛倒。

(3) 產業資本循環的三種職能形式不是三個獨立資本，而是資本在三個階段中發揮著不同的作用。

(二) 產業資本循環的三種循環形態

(1) 產業資本在循環過程中要順次採取三種資本形式。每一種資本形式都會形成自己的獨立循環。
(2) 貨幣資本的循環。
(3) 生產資本的循環。
(4) 商品資本的循環。
產業資本循環是三種循環形態的統一。

(三) 產業資本連續循環必須具備兩個基本條件

(1) 產業資本三種職能形式在空間上的並存性。
(2) 產業資本三種循環形態在時間上的繼起性。

(四) 資本循環與資本週轉的關係

(1) 資本週轉就是周而復始、不斷反覆的資本循環過程。
(2) 資本循環與資本週轉的聯繫。
(3) 資本循環與資本週轉的區別。

(五) 資本週轉時間與週轉次數

(1) 資本週轉時間指資本週轉一次所需要的時間，即生產時間和流通時間的總和。
①生產時間及其構成。
②流通時間及其構成。
(2) 資本週轉次數指以「年」為單位來計算的資本的週轉速度，即一年內資本週轉多少次。掌握資本週轉速度公式。
(3) 資本週轉時間與資本週轉次數是成反比例變化的，資本週轉速度與資本週轉次數是成正比例變化的。

(六) 固定資本和流動資本

1. 固定資本
(1) 固定資本是物質形態上全部參加生產過程，其價值卻在多次生產過程中逐漸轉移到新產品中去的資本。
(2) 固定資本磨損的兩種類型：
①固定資本的有形磨損（也稱物質磨損）及形成。
②固定資本的無形磨損（也稱精神磨損）及形成。

2. 流動資本

（1）流動資本是物質形態上參加一次生產過程後，全部價值轉移到新產品中去的資本。

（2）購買原材料的流動資本與購買勞動力的流動資本價值轉移的不同。

（3）固定資本與流動資本的區別。

3. 不變資本與可變資本的劃分同固定資本與流動資本的劃分的區別

（七）預付資本的總週轉

1. 預付資本的總週轉速度公式：

$$\frac{預付資本的}{總週轉速度} = \frac{固定資本週轉的價值總額 + 流動資本週轉的價值總額}{預付總資本}$$

2. 影響預付資本總週轉速度的因素

（八）加速資本週轉的意義

1. 加速資本週轉，可以最大限度地發揮資本的潛能，節省資本的投入量。

2. 加速資本週轉，特別是流動資本的週轉，可以增加年剩餘價值量和提高年剩餘價值率。

（1）年剩餘價值量（M）。

（2）年剩餘價值率（M'）$= \dfrac{一年生產的剩餘價值量}{預付可變資本}$

即：

$$年剩餘價值率（M'）= \frac{m'vn}{v} = m'n$$

3. 加速資本週轉，對剩餘價值的流通有著重要的影響，進而影響資本家的生活、生產和再生產。

三、重點問題解答

（一）產業資本循環必須經過的三個階段和採取的三種職能形式

產業資本循環要依次經過購買階段、生產階段和售賣階段三個階段，資本相應採取貨幣資本、生產資本和商品資本三種職能形式，使價值得到增殖，最後又回到原來的出發點。資本循環的全過程公式為：

$$G—W\begin{cases}A\\Pm\end{cases}\cdots P\cdots W'—G'$$

1. 資本循環的第一階段：購買階段

（1）購買階段指資本家帶著一定數量的貨幣資本進入市場，用於購買生產資料和勞動力，為直接生產過程的進行準備條件。用 A 代表勞動力，Pm 代表生產資料。其公式為：

$$G-W \begin{cases} A （勞動力） \\ Pm （生產資料） \end{cases}$$

（2）在這一階段，貨幣除了購買生產資料外，關鍵在於購買了勞動力這種特殊商品，從而為生產剩餘價值準備了條件，因此，貨幣成為資本的存在形式（即貨幣資本）。

（3）在這一階段，當貨幣購買到了勞動力和生產資料，貨幣資本的職能就實現了，資本由貨幣資本轉化為生產資本。

2. 資本循環的第二階段：生產階段

（1）生產階段是資本家把在流通領域裡購買到的生產資料和勞動力帶回工廠，使勞動力和生產資料結合起來，進行生產。經過生產過程，不但生產出來的商品與當初購買進來的商品完全不同，而且價值量也發生了變化。現在生產出來的新商品中包含了雇傭工人創造的剩餘價值。以 P 表示生產過程，W′表示包含了剩餘價值的商品，虛線表示流通過程的中斷和生產過程的進行。其公式為：

$$W \begin{cases} A \\ Pm \end{cases} \cdots P \cdots W'$$

（2）生產階段是資本循環過程中具有決定意義的階段。在這一階段，資本不但在形態上發生了變化，而且資本的價值也發生了增殖。

（3）在這一階段，生產資本一經生產出帶有剩餘價值的商品來，生產資本的職能就得以實現，生產資本轉化為商品資本。

3. 資本循環的第三階段：售賣階段

（1）售賣階段是資本家帶著包含有剩餘價值的商品回到市場，將包含有剩餘價值的商品賣出，換回貨幣，但是資本家收回的貨幣不同於當初墊付的貨幣，發生了量的變化。它包含著一個剩餘價值，已經是一個增殖了的貨幣資本。其公式為：

$$W'-G'$$

（2）售賣階段是一個十分關鍵和特殊的階段。如果資本不能順利地通過售賣階段，資本循環就不能回到它原來的出發點，資本的再生產過程就會中斷。因此，馬克思把這一階段稱為「驚險的跳躍」[1]。

（3）在這一階段，商品賣出去了，商品形態轉化為了貨幣形態，商品資本的職能就得以實現。商品資本也就轉化為了貨幣資本。

---

[1] 馬克思, 恩格斯. 馬克思恩格斯全集：第23卷 [M]. 中共中央馬克思恩格斯列寧斯大林著作編譯局, 譯. 北京：人民出版社, 1972：124.

(二) 產業資本循環的三種循環形態的統一

產業資本在循環過程中要順次採取三種資本形式。每一種資本形式都會形成自己的獨立循環，從而形成產業資本的三種循環形態：

$$\underbrace{G—W\cdots P\cdots W'\underbrace{—G'\cdot G—W\cdots P}_{②}\cdots W'—G'}_{③}{}^{①}$$

(1) 貨幣資本的循環，就是指從貨幣資本出發最後又回到貨幣資本的循環形態。其公式為：

$$G—W\begin{cases}A\\Pm\end{cases}\cdots P\cdots W'—G'$$

(2) 生產資本的循環，就是以生產資本為出發點，最後又回到生產資本的循環形態。其公式為：

$$P\cdots W'—G'—W\cdots P$$

(3) 商品資本的循環，是從商品資本出發最後又回到商品資本的循環形態。其公式為：

$$W'—G'—W\cdots P\cdots W'$$

產業資本的三種循環狀態都從某個側面反應出了資本運動的特性，但同時又都有一定的片面性，因此，必須把三種循環形態統一起來加以考察，才能全面把握資本運動的實質及其運動規律。產業資本循環是三種循環形態的統一。

(三) 產業資本如何才能實現連續不斷的循環？

產業資本要實現連續不斷的循環必須同時具備兩個條件：

(1) 產業資本三種職能形式在空間上的並存性。即：產業資本家必須把他的全部資本按照一定比例，分成三個部分，使其同時並存於貨幣資本、生產資本和商品資本三種職能形式上。

(2) 產業資本三種循環形態在時間上的繼起性。即：產業資本要連續地進行，不但要把一筆資本按照一定比例分成三個部分，並存於三種職能形式上，而且每一種資本形式還必須同時順次地通過資本循環的三個階段，依次改變它們的形式，最後又回到原來的形式上。

上述兩個條件互為條件、互相制約、缺一不可。並存性是繼起性的前提，繼起性是並存性的保證。

(四) 試述資本循環與資本週轉的關係

資本循環與資本週轉是既有聯繫，又有區別的兩個概念。

1. 資本循環與資本週轉的聯繫

(1) 資本循環是資本週轉的起點和基礎。週轉就是周而復始的循環。

(2) 資本完成一次循環，也就完成一次週轉。

2. 資本循環與資本週轉的區別

(1) 資本循環是從出發點又回到出發點；資本週轉則是從出發點重新出發，反覆不斷地循環。

(2) 資本循環揭示的是資本在一次運動中經歷了哪些階段，採取了哪些形式及所行使的職能；資本週轉揭示的是資本在不斷重複的週期性運動中所需要的時間、速度以及對剩餘價值生產和實現的影響。

(五) 不變資本與可變資本的劃分同固定資本與流動資本的劃分有何不同？

不變資本與可變資本的劃分同固定資本與流動資本的劃分都是對生產資本進行的劃分。但是這兩種劃分又是有所區別的：

(1) 二者劃分的目的不同。前者的劃分是為了揭示剩餘價值的源泉；後者的劃分是為了揭示資本構成對週轉速度的影響。

(2) 二者劃分的依據不同。前者劃分的依據是資本的不同組成部分在剩餘價值生產中的作用不同；後者劃分的依據是資本的不同組成部分的週轉方式不同。

(3) 二者劃分的物質內容不同。在不變資本和可變資本的劃分中，不變資本包括購買機器、廠房、設備、燃料、原料、輔助材料的這部分資本，可變資本只包括購買勞動力的資本；在固定資本與流動資本的劃分中，固定資本中只包括購買機器、廠房和設備的資本，流動資本則包括購買燃料、原料、輔助材料和勞動力的資本，可變資本只是流動資本的一部分。

由此可見，如果只把資本劃分為固定資本與流動資本，而不區分為不變資本與可變資本，就會掩蓋剩餘價值的真正來源。

(六) 固定資本與流動資本有何區別？

(1) 二者的價值週轉方式不同。固定資本價值是逐漸轉移到新產品中去的；流動資本的價值則是一次全部轉移到新產品中去的。

(2) 二者的週轉時間不同。在固定資本週轉一次的時間內，包含著流動資本的多次週轉。

(3) 二者的價值收回方式不同。投在固定資本上的價值，是一次全部預付出去，以後逐漸收回的；而投在流動資本上的價值則是一次全部預付出去，卻是一次全部收回的。

(4) 二者的實物更新方法不同。固定資本在它發揮作用的整個時期內不需要購買和更替；而流動資本隨著生產過程的連續進行，要不斷購買和更新。

(七) 精神磨損 (無形磨損) 是怎樣產生的？

(1) 精神磨損，是指機器設備等在有效使用期間內同物質磨損無關的價值貶值。它只能使人們在精神上感覺到，而在實物形態上表現不出來。

(2) 精神磨損是由兩方面原因引起的：

①由於生產技術的進步，勞動生產率提高了，這時生產和過去同樣的機器設備所需要的社會必要勞動時間減少，從而引起單位商品價值的降低，使過去生產的機器的價值發生貶值。

②由於出現了新技術，發明了效能更高的新的機器設備，如繼續使用原有機器就不合算，它只能被淘汰掉。

(八) 加速資本週轉對剩餘價值生產有何影響？

1. 可以最大限度地發揮資本的潛能，節省資本的投入量

資本週轉速度加快，特別是流動資本的週轉速度加快，在一定時期內所需要的流動資本會減少，少量的流動資本能夠發揮更大量流動資本的作用，這就意味著用少量的可變資本可以雇傭更多的勞動力，從而增加剩餘價值量。

如果固定資本的週轉速度加快，既可避免或減少固定資本的無形磨損 (精神磨損)，又可提高固定資本的利用率，更快收回預付在固定資本上的資本，或用於更新固定資本，或用於擴大生產規模，使剩餘價值增殖。

2. 增加年剩餘價值量

年剩餘價值量 (M)，就是一年內生產的全部剩餘價值總量。可變資本週轉速度越快，意味著實際發揮作用的可變資本越多，雇傭的工人就越多，剝削的工人也就越多，即剝削的剩餘勞動量越大，因而年剩餘價值量也就越多。

3. 提高年剩餘價值率

年剩餘價值率 (M')，就是一年生產的剩餘價值總量與預付可變資本的比率，它表示一年內可變資本的增殖程度。其公式為：

$$年剩餘價值率 (M') = \frac{一年生產的剩餘價值量}{預付可變資本}$$

可見，可變資本的週轉速度越快，預付的可變資本就會越少，實際發揮作用的可變資本就越多，從而年剩餘價值量增加，年剩餘價值率提高。

4. 加速資本週轉，對剩餘價值的流通有著重要的影響，進而影響資本家的生活、生產和再生產

剩餘價值的流通包括剩餘價值的實現和實現了的剩餘價值的使用。資本週轉速度決

定著剩餘價值實現的速度和實現了的剩餘價值的使用率。

(九) 年剩餘價值率與剩餘價值率有何不同？

(1) 剩餘價值率是剩餘價值與可變資本的比率，年剩餘價值率是年剩餘價值量與預付的可變資本的比率。

(2) 剩餘價值率反應的是資本的剝削程度，年剩餘價值率則反應的是預付的可變資本的增殖程度。

(3) 二者在數量上是不同的，年剩餘價值率高於剩餘價值率。只有當資本週轉速度為1時，二者才在數量上一致。

(4) 造成年剩餘價值率與剩餘價值率存在區別的原因是由於資本週轉速度不同，預付可變資本與實際發揮作用的可變資本出現了分離，實際發揮作用的可變資本大於預付的可變資本。

四、疑難問題和學術爭鳴

(一) 馬克思指出：「產業資本的連續進行的現實循環，不但是流通過程和生產過程的統一，而且是它的所有三個循環的統一。」[1]如何理解這句話？

(1) 產業資本循環要依次經過購買階段、生產階段和售賣階段三個階段，相應採取貨幣資本、生產資本和商品資本三種職能形式，使價值增殖，最後又回到原來的出發點。

(2) 在產業資本循環依次經過的三個階段中，第一階段購買階段和第三階段售賣階段是處於流通過程的，第二階段是處於生產過程的，因此產業資本循環是流通過程和生產過程的統一。

(3) 產業資本的連續進行必須具備兩個條件：

①產業資本三種職能形式要在空間上並存。即：產業資本家必須把他的全部資本按照一定比例，分成三個部分，使其同時並存於貨幣資本、生產資本和商品資本三種職能形式上。

②產業資本三種循環形態要在時間上繼起。即：產業資本要連續地進行，不但要把一筆資本按照一定比例分成三個部分，並存於三種職能形式上，而且每一種資本形式還必須同時順次地通過資本循環的三個階段，依次改變它們的形式，最後又回到原來的形式上。由此形成產業資本循環的三種循環形態：貨幣資本循環、生產資本循環、商品資

---

[1] 馬克思，恩格斯. 馬克思恩格斯全集：第24卷 [M]. 中共中央馬克思恩格斯列寧斯大林著作編譯局，譯. 北京：人民出版社，1975：119.

本循環。

(4) 產業資本循環是三種循環形態的統一。

①產業資本三種循環形態的統一不僅體現在它們在再生產過程中的並存性和連續性，也體現在它們各自的循環特點上。這些特點說明三種循環形態都是整個資本循環的重要環節，誰也離不開誰。貨幣資本循環就是指從貨幣資本出發最後又回到貨幣資本的循環形態。它的特點是表明了追求剩餘價值和貨幣增殖的生產目的，因此貨幣資本的循環是產業資本循環的典型的和一般形態。生產資本的循環就是以生產資本為出發點，最後又回到生產資本的循環形態。它表現了資本主義再生產，同時也表現了剩餘價值生產和再生產的本質要求。商品資本的循環就是從商品資本出發最後又回到商品資本的循環形態。它的循環實際上是資本價值和剩餘價值的不斷實現的過程，而這一過程的實現，是以這些產品全部被消費為前提的。

②如果單純地考察一種資本的循環形態，就可能因為其循環表現的片面性而產生錯覺，從而掩蓋資本主義再生產的本質。貨幣資本循環的片面性在於貨幣似乎本身就具有一種生出貨幣的能力，而增加的價值又似乎是在流通過程中產生的，從而掩蓋了剩餘價值的真正來源。生產資本循環的片面性容易給人造成一種錯覺，似乎資本主義生產目的是生產某種使用價值，表現為為生產而生產，生產本身就是目的，這就掩蓋了資本主義生產目的是追求剩餘價值的真相。商品資本循環的片面性會造成一種假象，似乎資本主義再生產不是為了追求剩餘價值，而是為了滿足社會的需要。由此可見，產業資本的三種循環狀態都從某個側面反應出了資本運動的特性，但同時又都有一定的片面性。因此，必須把三種循環形態統一起來加以考察，才能全面把握資本運動的實質及其運動規律。

(二) 生產時間與勞動時間並不一致，二者不能混淆

(1) 資本週轉時間是由生產時間和流通時間構成的。生產時間是資本停留在生產領域的時間。它由原材料儲備時間、勞動時間、自然力作用於勞動對象的時間三部分所組成。通常把原材料儲備時間和自然力作用時間又統稱為非勞動時間。

(2) 勞動時間是指勞動者借助勞動資料對勞動對象進行加工的時間，它是生產時間的重要組成部分。原材料儲備時間和自然力作用時間的存在，會使勞動時間與生產時間相分離。

(3) 由於在原材料儲備時間和自然力作用時間即非勞動時間裡，勞動者與生產資料是相分離的，資本是處於閒置狀態的，因此在這段時間裡是不能創造價值和剩餘價值的，但是它又是客觀存在的。只要盡可能地減少非勞動時間，使生產時間與勞動時間的差距縮小，二者越趨於一致，資本的效率就會越高。勞動時間的長短取決於兩個因素：一是生產部門的性質；二是生產技術水平。

(4) 就勞動時間長短本身而言，也是包含著矛盾的：從勞動時間是價值形成和價值

增殖的時間這一點來看，似乎勞動時間越長，價值增殖也就越多。其實不然，價值的大小要受到社會必要勞動時間的制約。在所生產的產品質量和數量既定的情況下，超過社會必要勞動時間的勞動時間是不形成價值的，更談不上價值增殖了。從勞動時間是生產時間或資本週轉時間的組成部分這一點來看，在不影響產品質量的前提下，勞動時間越短，資本週轉時間就越短，資本週轉速度就越快。

(三) 馬克思資本循環和週轉理論在社會主義市場經濟中的運用及發展

關於馬克思資本循環和週轉理論，在學術界引起的爭論並不多見。學者們大多是把該理論應用到分析社會主義市場經濟中企業的現實經營管理中。目前的分析研究主要側重在以下幾方面：

1. 馬克思資本循環和週轉理論與現代企業內部的購產銷的優化組織管理

有些學者和企業家近些年來把「業務流程再造」引入中國企業的生產經營管理之中。「業務流程再造」（BPR）是美國學者於 1990 年提出的。它是對企業的業務流程進行根本性的再思考和徹底性的再設計，使得企業在成本、質量、服務和速度等方面都有很大的改善。我們以「海爾的業務流程再造」為例來說明其應用原理及效率。

「海爾的業務流程再造」工程開始於 1998 年。它主要是從採購和銷售這一資本循環的兩個重要環節入手，以訂單信息流為中心帶動物流、資金流、市場鏈的業務流程。過去，海爾的採購和配送由各個事業部門各自採購，而現在則是成立物流本部，實行集團統一採購。這樣原材料只有不到 7 天的庫存，成品在 24 個小時內就發送到全國 42 個配送中心，呆滯物資降低了 90%，原材料庫存資金週轉天數從 30 天以上縮短到不到 10 天，銷售人員減少了 30%，全國的營銷網路增加到 2,000 多家。這一改革使營銷成本降低；國內應收帳款幾乎為零；集團流動資金的週轉速度 1999 年為 118 天，2001 年為 79 天；接到客戶訂單，在 10 天內即可完成從採購、製造到配送的全過程，而一般企業則需要 36 天。對客戶需求的快速反應，必然給海爾帶來高利潤回報和市場美譽。[①]

「海爾的業務流程再造」就是對馬克思循環和週轉理論的最現實的、最充分的運用：第一，馬克思資本循環理論指出，產業資本循環要依次經過購、產、銷三個階段，「海爾的業務流程再造」十分重視在購買和銷售這兩個階段上下工夫，盡可能減少資本在這兩個階段的積壓，這樣就可以將大部分資本用於生產領域，擴大生產規模，提高資本的使用效率；第二，馬克思資本週轉理論指出，資本週轉時間由生產時間和流通時間兩部分組成，週轉時間與週轉速度成反比。「海爾的業務流程再造」就是要盡可能地縮短流通時間，這樣就可以大大加快週轉速度，提高資本的使用效率。

2. 馬克思資本週轉理論與現代物流業的發展

傳統意義的物流，是指物質實體在空間上和時間上的流動，即商品在運輸、裝卸、

---

① 劉潔，劉娜. 馬克思主義政治經濟學原理教學案例 [M]. 北京：中國人民大學出版社，2004.

存儲等方面的活動過程。現代意義上的物流，是指引入高科技手段如計算機進行信息聯網，對物流信息進行科學管理，通過運輸、保管、配送等方式，實現原材料、半成品、成品及相關信息由商品的產地到商品的消費地所進行的計劃、實施和管理的全過程，從而使物流速度加快，準確率提高，減少庫存，降低成本。「即時供應」（just-in-time）和「零庫存」（zero inventory）是各個企業所追求的目標。

發展現代物流，既可以大大縮短流通時間，降低流通費用和企業成本；又可以提高企業對市場的反應速度，從而加快資本週轉，節約大量流動資金，提高資源利用率。在現代物流體系相當發達的一些跨國連鎖企業如沃爾瑪、家樂福等公司，流動資本年週轉速度都達到20~30次，大致是中國企業的20~30倍，即他們的1元錢相當於我們的20~30元。

現代物流業的發展不僅提高了社會和企業的資本利用效率，增加了社會財富，成為現代經濟增長的重要推動力，還證明了，馬克思資本週轉理論所揭示的資本運動的一般原理是具有普遍性的。

3. 網路經濟和電子商務對現代企業的影響

近些年來，網路經濟和電子商務對現代企業及社會經濟的影響日益深入。其對現代企業的影響主要表現在兩方面[1]：

（1）網路經濟和電子商務改變了企業在流通領域的經營模式，使企業生產方式由工業經濟時代的集中化、規模化生產轉變為分散的社會化生產，從而有利於降低原材料採購成本、提高銷售效率。

（2）網路經濟和電子商務改變了企業在生產領域的管理理念，促使傳統的生產管理向人本管理轉變，促進企業內部機制管理信息化、管理手段多樣化、管理效率化。

從資本循環和週轉理論的角度，這都有利於企業合理配置生產要素，縮短不同領域、不同部分資本的週轉時間，加速預付總資本週轉，大大提高資本營運效率；同時，有利於整個社會經濟效益的提高。

（四）在科學技術不斷發展的趨勢下如何應對固定資本的無形損耗？加速固定資本折舊有什麼經濟意義？

固定資本的無形磨損又稱精神磨損，是指機器設備等在有效使用期間內同物質磨損無關的價值貶值。它只能使人們在精神上感覺到，而在實物形態上表現不出來，但是，固定資本的無形磨損會造成實實在在的損失。固定資本的無形磨損主要是由生產技術的進步、新技術的出現引起的，科學技術不斷發展的趨勢決定了固定資本的無形磨損是不可避免的。

為了避免固定資本的無形磨損所造成的損失，在現實中最常用的方法就是加速固定

---

[1] 趙少平，郭世江. 網路經濟對現代企業的影響 [J]. 經濟論壇，2007（18）.

資本的折舊。加速固定資本折舊就是提高折舊率，增加提取的折舊基金。

加速固定資本折舊的經濟意義在於：第一，加速固定資本折舊，可以在機器設備被淘汰或報廢以前，將投入固定資本的資本收回來，減少固定資本的無形磨損。第二，加速固定資本折舊，可以在較短的時間裡把投入固定資本上的資本收回來，加快資本週轉速度。第三，加速固定資本折舊，可以提取較多的折舊基金，這部分資金可以用於機器設備的技術革新和改造，以減少無形磨損，也可以購買新的、效率更高的機器設備，提高生產效率和資本利用率。第四，國家通過產業政策鼓勵企業加速折舊，有利於促進企業的技術創新，提高整個國家的科技創新能力。

(五) 現代市場經濟條件下加快資本週轉有何方法？

由於資本是有限的，而資本對價值增殖的追逐是無限的，加速資本週轉對資本利用和資本價值增殖有著重要的影響，因此加快資本週轉有著十分重要的意義。根據馬克思的資本週轉理論，影響資本週轉速度的因素很多，包括企業的生產條件和銷售條件、行業的特點、固定資本和流動資本分配的比例等，因此要加快資本週轉速度應從這些影響的基本因素入手。具體講，主要有以下方法：

(1) 努力提高企業的生產技術和管理水平，縮短生產時間，加快資本週轉速度。如：採用先進的科學技術和機器設備，提高企業的生產效率；加強對勞動者生產技能和素質的培養，提高勞動者的勞動效率；提高企業管理水平，盡可能減少原材料的儲備，避免積壓，縮短生產時間，提高資本使用效率等。

(2) 利用現代化的手段如交通、通信、電子網路等，縮短流通時間，加快資本週轉速度。如：利用網路、市場調查等手段，充分掌握市場需求及其變化規律，生產適銷對路的商品；利用發達的交通、通信、電子網路等設施，搞好企業的物流，減少流通環節，縮短流通時間等。

(3) 根據固定資本和流動資本的特性以及企業自身的特點，科學合理配置固定資本和流動資本的比例，加快資本週轉速度。

第五章 社會總資本再生產與經濟危機

一、本章內容簡介

本章分析了社會總資本的運動過程及運動規律，揭示了資本主義經濟危機週期性爆發的必然性。

第一節：社會總資本是單個資本在運動中形成的相互聯繫、相互交錯的資本總和。社會總資本的運動不僅包含資本流通，而且包含一般商品流通。研究社會總資本再生產運動的出發點是社會總產品，研究的核心問題是社會總產品的價值補償和物質補償問題。社會總資本再生產理論的前提，一是社會生產劃分為兩大部類；二是社會總產品的價值都分為三個部分，不變資本 c、可變資本 v 和剩餘價值 m。

第二節：簡單再生產就是生產規模不變的社會總資本再生產。其實現條件表明：兩大部類生產部門各自生產的全部產品應該能夠滿足兩大部類對生產資料和消費資料的全部需求。

第三節：擴大再生產就是生產規模擴大的社會總資本再生產。其實現條件表明：兩大部類的累積應該相輔相成，任何一方都不能脫離另一方孤立地發展，否則將阻礙社會擴大再生產有序進行。

第四節：資本主義私人佔有製度使社會生產資料和生產成果日益集中到少數資本家手中，這與其生產的高度社會化之間產生矛盾，使得各部門平衡累積、協調發展這一社會化大生產的客觀要求難以實現，最終導致生產過剩，經濟危機成為必然。資本主義危機具有週期性，危機也暴露了資本主義製度的歷史過渡性。

二、本章主要知識點

（一）社會總資本

（1）社會總資本是單個資本相互聯繫、相互交錯而構成的資本總和。
（2）社會總資本的再生產運動與單個資本再生產運動的區別。
（3）社會總資本並不是單個資本運動的簡單加總求和。

(二) 社會總產品

（1）社會總產品範疇是分析社會總資本運動的理論出發點。

（2）社會總產品是指一國在一定時期內（通常為一年）由物質部門生產出來的全部物質資料的總和。它既包括生產消費，也包括個人消費。

（3）考察社會總資本再生產的核心問題是社會總產品的實現問題。

（4）社會總生產劃分為兩大部類：第Ⅰ部類生產資料生產和第Ⅱ部類消費資料生產。社會總產品的價值形態劃分為 c，v，m 三個部分。

(三) 社會總資本的簡單再生產

（1）社會總資本的簡單再生產就是生產規模不變的社會總資本再生產。其特點是全部剩餘價值都用於資本家的個人消費，不進行資本累積。

（2）研究簡單再生產的理論假定。

（3）簡單再生產的三個實現條件。

（4）研究簡單再生產的意義。

(四) 社會總資本的擴大再生產

（1）社會總資本的擴大再生產就是生產規模擴大的社會總資本再生產，其特點是資本家不把全部剩餘價值用於個人消費，而是把其中一部分累積起來，用於追加資本並投入生產。

（2）實現社會總資本擴大再生產的物質條件。

（3）社會總資本擴大再生產的三個實現條件。

（4）擴大再生產實現條件的意義。

（5）兩大部類累積的辯證關係。

(五) 外延擴大再生產和內涵擴大再生產

（1）擴大再生產一般取決於生產要素投入量的增加和生產要素質量的提高。

（2）單純依靠增加生產資料和勞動力的數量而實現的擴大再生產，就是外延擴大再生產，它排除了技術進步的因素。

（3）以技術進步為基礎，依靠提高生產資料和活勞動的使用效率而實現的擴大再生產，就是內涵擴大再生產。內涵擴大再生產的根本在於通過提高勞動生產率實現生產力的發展。

（4）外延擴大再生產是內涵擴大再生產的出發點，內涵擴大再生產是外延擴大再生產的進一步發展和提高。

（六）經濟危機

（1）資本主義經濟危機的實質是生產相對過剩的危機。
（2）經濟危機的表現。
（3）資本主義經濟危機的根源在於資本主義生產方式的基本矛盾。
（4）資本主義生產方式基本矛盾的具體表現。
（5）資本主義經濟危機具有週期性爆發的特徵。

三、重點問題解答

（一）社會總資本運動的特點是什麼？

（1）相互聯繫、相互交錯的單個資本的總和，構成社會總資本。相互聯繫、相互交錯的單個資本的運動總和，就形成社會總資本的運動。

（2）社會總資本再生產的運動和個別資本再生產的運動一樣，都必須經過生產過程和流通過程，採取貨幣資本、生產資本、商品資本的形式，都是不斷進行價值增殖的過程。

（3）社會總資本運動並不是單個資本運動的簡單加總。社會總資本的運動比單個資本運動具有更為複雜的關係：社會總資本的再生產運動，不但包括資本流通，而且涵蓋一般商品流通，也就是說它包含了資本家和工人的個人消費。

（4）具體而言，單個資本運動圍繞的中心是資本如何帶來剩餘價值，進而剩餘價值又如何轉化為資本，因此，單個資本運動考察的只是生產消費，至於資本家和工人的個人生活消費，都是在個別資本運動之外進行的，並不屬於單個資本運動的研究範圍。但是，一旦考察視野從單個資本運動延伸到全社會範圍內的社會總資本運動，工人和資本家的消費問題就再也無法被排除在外了。因為資本家和工人生活所需要的個人消費品，只能在整個社會生產的商品中購買。

（二）研究社會總資本再生產所依據的兩個理論前提是什麼？其意義何在？

（1）第一個理論前提——社會生產劃分為兩大部類。

①社會總產品或社會生產分為兩大部類，是以物質產品的使用價值看，即以物質產品在社會再生產過程中的地位和作用尤其是最終用途為標誌來劃分的，是對社會生產所有生產部門最概括、最恰當的分類。

②社會總產品劃分為兩大部類，歸根到底是由於社會再生產過程中包含著兩種不同性質的消費，即生產消費和個人消費。前者只能用生產資料來滿足，後者則只能用消費資料來滿足。正是馬克思第一次科學地區分了生產消費和個人消費，才使社會生產劃分

為兩大部類。

(2) 第二個理論前提——每個部類的產品價值都劃分為三個部分：不變資本 c、可變資本 v、剩餘價值 m。

(3) 把社會生產劃分為兩大部類和把社會總產品的價值劃分為三個部分，這種劃分的基礎是馬克思的勞動價值學說和剩餘價值理論，從而使得在這兩個前提下對社會總資本再生產的研究具有了科學的理論基礎。因此，這兩個理論前提不僅是馬克思社會總資本再生產理論分析方法的精華所在，也是科學揭示社會總資本再生產運行規律的必要條件。

(三) 研究社會總資本再生產的核心問題是什麼？

(1) 社會總資本的運動包含了生產消費和生活消費，而包含這兩大物質內容的範疇就是社會總產品 W'，因此分析社會總資本運動，只有從社會總產品出發才能對社會總資本的運動做出正確的分析。

(2) 社會總產品的價值補償和物質補償的問題，也就是社會總產品的實現問題，是考察社會總資本再生產的核心問題。在考察個別資本的再生產時，集中考察的是個別企業的資本價值增殖運動，也就是價值補償問題，並沒有涉及企業之間發生的實物補償問題。比如資本家生產什麼商品，這些商品銷售到哪裡，生產商品所消耗的原材料和燃料又從哪裡購買，還有資本家用剩餘價值以及工人用工資從哪裡買來生活消費品等，這些實物補償問題，都被假定能在市場上順利解決，被當成外生變量。但是，當把這些個別資本的總和當成運動整體考察時，再生產過程中所需要的生產資料和消費資料，只能在社會總商品中得到補償。這時候除了要考察社會總產品的價值補償外，更重要的是要研究生產社會總產品時所消耗的生產資料和消費資料能否從社會總產品中找到相應的物質資料來補償。因此，社會總產品的實現問題是研究社會總資本再生產的核心問題。

(四) 社會總資本簡單再生產的實現條件及其意義

(1) $\text{I}(v+m) = \text{II}c$ 是社會資本簡單再生產順利進行的基本條件。它說明：要實現簡單再生產，第 I 部類新創造的產品價值必須全部用於補償第 II 部類消耗掉的生產資料；第 II 部類產品中相當於不變資本的部分必須能夠維持第 I 部類工人和資本家原有的生活需要。

(2) $\text{II}(c+v+m) = \text{I}(v+m) + \text{II}(v+m)$ 是社會資本簡單再生產實現的又一個必要條件。它說明：在簡單再生產的條件下，第 II 部類生產的全部產品價值，應該等於兩大部類的可變資本和剩餘價值的總和；第 II 部類生產的全部消費資料必須和兩大部類的工人和資本家對個人消費品的需要相等。

(3) 社會資本簡單再生產的實現，還要滿足 $\text{I}(c+v+m) = \text{I}c + \text{II}c$。它說明：在簡單再生產條件下，第 I 部類生產的全部產品價值，應該等於兩大部類的不變資本價值

的總和;第Ⅰ部類生產的生產資料必須全部用來補償兩大部類消耗掉的生產資料。

(4) 這三個平衡公式反應了簡單再生產中第Ⅰ部類生產資料的生產和第Ⅱ部類對生產資料的消費之間,以及第Ⅱ部類消費資料的生產和第Ⅰ部類對消費資料的消費之間,必須保持一定的比例關係。

(五) 社會總資本擴大再生產的物質前提條件

1. 貨幣儲藏到一定的數量

在一定的生產技術條件下,無論是對原有企業進行擴建,還是新建企業,都有一個最起碼的投資量要求,低於這個數量,投資就無法實施。而資本家在每次資本週轉後可能累積的剩餘價值是有限的,不可能一次週轉後就滿足投資的最低限量。因此,在進行實際累積和擴大再生產以前,在剩餘價值不斷貨幣化的基礎上,有一個貨幣儲藏或貨幣累積的長期過程。

2. 要有擴大再生產的物質條件

當貨幣儲藏到一定數量,可以進行實際的累積時,貨幣必須能夠買到追加的生產資料和勞動力。資本主義市場經濟條件下,可供追加的閒置勞動力是經常存在的。因此,關鍵問題在於能否買到追加的生產資料。這就要求,社會生產要事先擴大,也就是說,資本累積經過由剩餘價值轉化為儲藏貨幣之後,還必須經過由儲藏貨幣轉化為生產資本這第二個環節。累積的貨幣只有最終轉化為生產要素,才能實現資本累積和擴大再生產。

(1) 累積所需要的物質要素即生產資料是從簡單再生產內部創造出來的,即簡單再生產要為擴大再生產創造物質條件。第Ⅰ部類的剩餘產品在實物形式上必須分為兩部分:一部分是生產生產資料的生產資料,用於第Ⅰ部類本身的累積;另一部分是生產消費資料的生產資料,用來和第Ⅱ部類相交換。可見,簡單再生產和擴大再生產的前提條件的區別,首先不在於價值量的改變,而在於第Ⅰ部類產品結構的不同,即產品使用價值的改變。在簡單再生產的情況,第Ⅰ部類的剩餘產品全部用於補償第Ⅱ部類消耗的生產資料;在擴大再生產的情況,第Ⅰ部類的剩餘產品必須同時為兩個部類提供生產資料。

(2) 兩大部類之間量的關係上,必須使 $Ⅰ(v+m) > Ⅱc$,這是擴大再生產的基本前提。只有 $Ⅰ(v+m) > Ⅱc$,第Ⅰ部類本身才有可能進行生產資本的累積;只有 $Ⅰ(v+m) > Ⅱc$,第Ⅰ部類才有可能為第Ⅱ部類不變資本的累積提供追加的生產資料。

(3) 第Ⅱ部類的不變資本和用於累積的剩餘價值之和,必須大於第Ⅰ部類的可變資本和用於資本家個人消費的剩餘價值之和。擴大再生產所需要追加的消費資料是由第Ⅱ部類提供的。為了適應社會總資本的擴大再生產,為追加勞動力提供追加的消費資料,第Ⅱ部類生產的全部產品除了要滿足原來工人和資本家所需要的消費資料外,也必須有一個餘額,以保證滿足擴大再生產對追加的消費資料的需要。如果用 m/x 代表資本家個

人消費的剩餘價值，用 $m - m/x$ 代表用於累積的剩餘價值，那麼社會總資本擴大再生產的另一個基本前提條件，用公式表示為：$\text{II}(c + m - m/x) > \text{I}(v + m/x)$。

(六) 社會總資本擴大再生產的實現條件及其意義

(1) 社會總資本擴大再生產的基本實現條件：$\text{I}(v + \Delta v + m/x) = \text{II}(c + \Delta c)$。這說明，在社會總資本擴大再生產的條件下，社會總產品的構成在兩大部類之間應當保持一定的比例關係，即第 I 部類原有的可變資本，加上追加的可變資本，再加上第 I 部類資本家用於個人消費的剩餘價值，三者的總和應當等於第 II 部類原有的不變資本加上追加的不變資本。

(2) 第二個實現條件：$\text{II}(c + v + m) = (\text{I}v + \text{II}v) + (\text{I}m/x + \text{II}m/x) + (\text{I}\Delta v + \text{II}\Delta v)$。這說明，要進行擴大再生產，第 II 部類的全部生產物價值，除了補償兩個部類原有工人所需的生活資料和兩個部類的資本家所需要的生活資料外，還必須能夠滿足兩個部類新追加的工人所需要的生活資料。

(3) 第三個實現條件：$\text{I}(c + v + m) = (\text{I}c + \text{II}c) + (\text{I}\Delta c + \text{II}\Delta c)$。這說明，擴大再生產時，第 I 部類的全部生產物價值，除了補償兩個部類已消耗的生產資料外，還必須能夠滿足兩個部類進行累積時需要追加的生產資料，即第 I 部類的全部產品必須滿足兩個部類進行規模擴大的再生產時對生產資料的全部需要。

(4) 擴大再生產的三個實現條件證明，擴大再生產要順利實現，生產與消費必須互相適應，各部門必須按比例發展。它和簡單再生產一樣，根本問題仍然是按比例發展的問題。這個一般規律提示：兩大部類的累積是相輔相成的，任何一方都不能孤立地確定和發展。

(七) 什麼是資本主義經濟危機？其產生根源是什麼？

(1) 資本主義經濟危機是資本主義經濟的特有現象，它的實質是生產相對過剩的危機，也就是資本主義社會生產能力超過了人民大眾有支付能力的需求，而不是資本主義生產的增長超過了人民大眾的絕對需要。

(2) 當經濟危機爆發，資本主義國家的經濟生活甚至社會生活突然陷入癱瘓和混亂狀態。危機期間，信用鏈條斷裂，現金短缺；商品流通停滯，大量商品找不到銷路而積壓，甚至被銷毀；工廠減產、停工甚至倒閉，生產迅速下降；失業人數激增，工人和其他勞動者收入顯著降低。

(3) 經濟危機產生的根源在於資本主義生產方式的基本矛盾。資本主義生產方式不同於其他生產方式，一方面，社會生產力巨大發展，生產實現了高度社會化；另一方面，資本主義私人佔有製度使生產資料和生產成果被少數資本家階級佔有。這種生產的社會性同資本主義私人佔有制之間的矛盾，即資本主義生產方式的基本矛盾是經濟危機產生的根源。

（4）資本主義生產方式的基本矛盾具體表現為：

①個別企業內部生產的有組織性和整個社會生產的無政府狀態之間的矛盾，這對矛盾導致資本主義生產陷入無政府狀態，各生產部門之間比例失調的現象日益嚴重。當這種失衡達到一定程度，社會總產品尤其是其中某些重要產品的實現條件遭到破壞，普遍性的買賣脫節必然發生，導致生產過剩。

②資本主義生產無限擴大的趨勢和勞動人民有支付能力的需求相對縮小之間的矛盾。資本追逐利潤的無限貪欲，加劇了競爭。在競爭的壓力下，生產規模的擴大、技術的革新和機器的運用等提高效率的手段自然會應用於生產，這一切都將推動生產力的發展，生產無限擴大的趨勢成為必然。同時，資本主義生產規模的擴大總是伴隨著技術進步和資本有機構成的提高，這不僅加重了對在業工人的剝削，降低在業者的工資，還會導致大量相對過剩人口和無產階級貧困化。於是，當生產無限擴大的趨勢和勞動人民有支付能力的需求相對縮小的矛盾發展到一定程度時，一些重要的商品由於沒有足夠的市場購買力而找不到銷路，社會總產品的實現條件遭到猛烈破壞，普遍性的生產過剩的危機就會爆發。

（八）如何理解固定資本更新是資本主義經濟危機週期性存在的物質基礎？

（1）固定資本的更新為資本主義再生產擺脫危機提供了物質條件。經濟危機通過對資本主義經濟的猛烈衝擊，以強制手段促使供給與需求恢復平衡，資本主義基本矛盾因此得到緩解，社會經濟過渡到蕭條階段。這時，為了盡快使自己的經濟恢復和發展起來，資本家會想方設法提高勞動生產率，降低成本，其中進行固定資本的更新是最重要的措施。而蕭條階段較低的利息率、較低的價格水平和較低的工資水平等都為固定資本的更新提供了良好的客觀條件。固定資本的大量更新會帶動兩大部類生產的發展，從而推動資本主義經濟開始進入復甦階段。

（2）固定資本的更新，又為資本主義再生產週期下一次經濟危機的到來創造了物質條件。固定資本的大規模更新，意味著先進技術的廣泛採用、舊設備為新設備所代替，從而使勞動生產率普遍提高、生產規模擴大、生產迅速地增長起來。同時，資本有機構成相應提高，相對過剩人口增加，勞動者所受剝削加重，最終導致勞動者有支付能力的需求下降。這樣，資本主義生產迅速擴大的趨勢和勞動者有支付能力的需求相對縮小之間的矛盾又尖銳起來。當社會再生產的比例遭到嚴重破壞時，經濟危機又爆發了。

（3）固定資本的更新，只是爆發週期性經濟危機的物質條件，而不是爆發週期性經濟危機的原因。如果沒有資本主義生產方式，沒有資本主義基本矛盾時而緩和時而尖銳的運動，固定資本的更新是不會引起經濟危機的。

（九）二戰後資本主義經濟危機和再生產週期出現了什麼樣的新特徵？

（1）危機頻繁，再生產週期縮短。在自由競爭的資本主義階段，大體上十年左右發

生一次經濟危機。20世紀進入帝國主義階段,直到二戰以前,大約每隔七八年爆發一次經濟危機。二戰以後,差不多五年就要發生一次經濟危機。

(2) 資本主義世界各國經濟危機由非同期性向同期性發展。二戰後,隨著生產與資本的進一步國際化,資本主義國家間的經濟聯繫日益密切,促成了危機在各主要資本主義國家爆發的同期性。

(3) 危機的破壞作用一般不如二戰前嚴重,危機、蕭條、復甦、高漲四個階段的特徵不像過去那樣明顯。二戰以前,經濟危機階段,生產猛烈下降,高漲階段又迅速回升,蕭條和復甦階段也能較為明顯地劃分。二戰後,危機階段持續時間較短,生產下降幅度一般較小。

(4) 生產過剩危機與通貨膨脹交織並發,危機期間物價上漲,出現了「滯脹」局面。二戰前,特別在自由競爭的資本主義時期,在危機階段,由於商品供過於求,現金短缺,信用收縮,因而造成物價大幅度下降。二戰後,由於資產階級政府大力推行種種「反危機措施」,如增加貨幣發行量、推行通貨膨脹措施、採取擴張信用和降低利率的金融政策、實行赤字財政政策等,造成嚴重的通貨膨脹。此外,壟斷組織人為地保持壟斷價格、個人消費需求和投資需求在危機期間下降幅度的縮小等,使危機期間物價不但沒有跌落,反而出現持續上漲的現象,只有少數年份出現物價下降的情況。

四、疑難問題和學術爭鳴

(一) 怎樣理解生產資料生產優先增長的客觀趨勢?

(1) 資本主義擴大再生產經歷了工業化之後,其內涵的擴大再生產日益突出,技術進步和資本有機構成的提高已經成為經濟發展進程中的一種內在趨勢,從而引起第I部類比第II部類增長更快的現象,這就是生產資料生產優先增長的客觀趨勢。

(2) 因為在生產技術進步的條件下,勞動生產率提高,同一勞動時間可以推動更多的生產資料投入生產,這就引起資本有機構成提高,不變資本比可變資本增長得更快;在累積起來的剩餘價值中,轉化為不變資本的部分越來越大,轉化為可變資本的部分必然相對減少。這種變化反應在整個社會的生產上,就是第I部類的生產比第II部類生產增長得更快一些。增長最快的是製造生產資料的生產資料的生產,其次是製造消費資料的生產資料的生產,最慢的是消費資料的生產。

(3) 生產資料生產優先增長是經濟發展中的一種內在的客觀趨勢,但是,不能對這種趨勢做片面的、絕對化的理解,也就是說它並不排斥在個別時期,消費資料生產的增長速度可以快於生產資料生產的增長速度,也不能把生產資料優先增長理解為無條件地增長。因為,一方面,第I部類擴大再生產所追加的對消費資料的需要,要靠第II部類生產的增長來滿足;另一方面,第I部類生產的增長,歸根到底是為了滿足第II部類對

生產資料的需要。因此，生產資料生產的發展，總是要受到消費資料生產的制約，必須和消費資料生產保持必要的比例關係。

(二) 如何理解資本主義經濟危機的週期性？

(1) 資本主義再生產過程中，經濟危機是不斷發生的。從一次危機到下一次危機，經濟會經歷危機、蕭條、復甦和高漲這幾個中間階段，從而形成經濟週期。經濟週期也就是有規律的週期性的經濟波動。

(2) 週期性的經濟波動是市場經濟中必然存在的現象。因為在簡單商品生產中就存在私人勞動和社會勞動的矛盾，它使商品的供求關係與商品價格在相互作用中會發生背離，商品的供求會出現不一致。在市場經濟條件下，這種矛盾成為普遍的矛盾，就會產生經濟波動。正是在這個意義上，我們說，資本主義經濟危機發生的可能性在簡單商品生產中就已經存在了。

(3) 從簡單商品生產的基本矛盾中發展起來的資本主義基本矛盾在資本主義再生產過程中是經常存在的。由於市場機制的作用，週期性的經濟波動也是資本主義社會的常態。但經濟波動不等於經濟危機，只有當資本主義基本矛盾發展到極其尖銳的程度，使再生產的比例發生嚴重失調的時候，才會爆發經濟危機。

(4) 危機使社會生產力遭到巨大破壞，商品供給急遽萎縮，危機強制性地調節供求關係。當經濟進入蕭條時，才會出現資本主義生產與低下的消費水平暫時相適應的局面，使再生產所需要的比例關係又重新建立起來，這樣便使資本主義的生產又得以繼續「正常」地進行。

(5) 危機不過使資本主義再生產過程中各種矛盾得到暫時強制解決，而不是使這些矛盾消失，所以隨著危機過後資本主義經濟的恢復和發展，資本主義所固有的各種矛盾還會重新發展和激化，再生產過程中比例失調的現象還會重新嚴重起來，這樣又孕育著另一次危機。當這種現象周而復始地發生時，就會表現為週期性的危機。

(三) 馬克思的社會再生產理論與經濟增長理論模型

一直以來，經濟學界對經濟增長理論模型的介紹幾乎都著眼於西方經濟學家的研究成果，對經濟增長理論的研究也都是沿著西方經濟學經濟增長理論的分析路徑展開的，這似乎說明馬克思政治經濟學沒有經濟增長理論，或者至少沒有比較成熟的經濟增長理論模型。但是，吳易風教授的研究對這樣的觀點提出了挑戰，他認為，「在經濟增長理論史上，是馬克思第一個系統地指定了科學的經濟增長理論，是馬克思主義經濟學家費里德曼第一個建立了馬克思主義經濟增長數學模型。」[1] 他的研究基於馬克思的再生產理論，提出了以下主要觀點：

---

[1] 吳易風. 馬克思的經濟增長理論模型 [J]. 經濟研究, 2007 (9).

1. 馬克思經濟增長理論的科學體系

（1）個別資本再生產和社會資本再生產的關係。馬克思提出個別資本和社會總資本的概念。他指出相互聯繫的個別資本構成社會總資本，相互交錯的個別資本運動的總和構成社會總資本的運動，這樣就克服了西方經濟學家把微觀和宏觀割裂開來的弊端，而是把宏觀和微觀看成既有共性又有區別、相互聯繫的現象。

（2）兩種基本前提或兩種構成原理。馬克思研究社會資本再生產的兩個前提，即實物構成原理和價值構成原理。

（3）社會總資本簡單再生產的實現條件或平衡條件。

（4）社會總資本擴大再生產的實現條件或平衡條件。

（5）社會總資本再生產的實現條件或平衡條件會轉變成失常的條件。儘管馬克思發現了社會總資本再生產的實現條件，但是他同時指出，自發的資本主義生產方式無法經常保證這些條件的實現。

總之，馬克思的社會總資本再生產理論是科學的經濟增長理論。社會總資本簡單再生產就是經濟的零增長狀態，社會總資本擴大再生產就是經濟的正增長狀態，而社會總資本縮小再生產就是負增長的狀態。而且馬克思「擴大再生產理論把靜態分析動態化，把短期分析長期化」[1]。西方經濟學家也承認馬克思的增長理論。

2. 費里德曼建立了第一個馬克思主義經濟增長數學模型

（1）西方經濟學家承認最早建立經濟增長的數學模型的不是西方經濟學家，而是馬克思主義經濟學家費里德曼[2]。

（2）費里德曼增長模型的理論基礎和出發點是馬克思分析社會總資本再生產的兩個基本前提。

（3）費里德曼兩個部類增長模型推導出兩個原理：關於兩個部類資本存量比率的原理——較高的增長率要求生產生產資料的第Ⅰ部類具有較高的資本存量比率；關於兩個部類之間投資分配的原理——投資沿著不變的增長路線按照既定的資本存量比率在兩個部類之間進行分配。上述原理表明：在資本產出比率已知的情況下，生產生產資料的第Ⅰ部類的資本存量比率越高，相應地，投入生產生產資料的第Ⅰ部類的資本增量的比率越高，增長率就越高。

（4）費里德曼的研究被西方的經濟增長學家哈羅德和多馬所借鑑。

3. 主要評價

（1）從建模角度看，與哈羅德-多馬模型、新古典增長模型等單部門模型相比，兩

---

[1] 吳易風. 馬克思的經濟增長理論模型 [J]. 經濟研究，2007（9）.

[2] 費里德曼，蘇聯馬克思主義經濟學家，對馬克思的經濟增長理論做了開創性研究。他在經濟增長理論方面的第一項研究成果是 1927 年發表的論文《關於美國 1850—1925 年和蘇聯 1926/27—1940/41 年國民經濟結構和動態的思考》。他在經濟增長理論方面的代表作是 1928 年發表的論文《論國民收入增長速度的理論》（吳易風. 馬克思的經濟增長理論模型 [J]. 經濟研究，2007（9）.）.

部門模型具有一些獨到優勢，它更貼近經濟現實，利於據此建立計量模型，利於分析經濟增長的動力因子等。正因如此，從20世紀90年代起，新增長理論家基本上採用兩部門模型構建各種不同的增長模型。

（2）西方某些經濟學家長期以來對馬克思懷著偏見，不是惡意攻擊就是盲目批判。他們在借鑑馬克思主義增長理論時，無法接受的正是馬克思關於社會總產品的價值構成原理。這是因為西方增長模型的理論基礎是基於對市場機制這只「看不見的手」的一種信念構建出來的一般均衡論，並不是基於經濟現實；而馬克思則以勞動價值論和剩餘價值論為基礎，建立了科學的增長理論和模型。

（3）馬克思主義經濟增長理論可以從不同角度加以研究。

（四）對全球金融危機和經濟危機的理論解釋

2008年9月，美國房地產次級貸款危機終於演化成為一場空前的金融危機，接著，經濟危機席捲全球。不僅美國、歐洲，包括中國和拉美在內的所有經濟體，都不得不面臨經濟衰退或者增速減緩的境遇。這場殺傷力巨大、被稱為「百年一遇」的金融危機和經濟危機，究竟如何產生，其根源在哪裡？不同的經濟學學派得出的結論大相徑庭。

（1）西方主流經濟學把此次金融危機的發生，基本上歸因於金融監管的放鬆、金融製度的失誤等，他們著眼於從美國金融體系本身及其運行的各個方面去尋找引發危機的因素；更為荒謬的是，以美國的伯南克為代表的一小撮人甚至把危機歸罪於中國的高儲蓄和巨額的對美貿易順差。

（2）馬克思主義政治經濟學家依據馬克思的危機理論對這次美國金融危機進行了有力的解釋，強調這次危機仍然沒有超越馬克思的邏輯。從本質上說，它還是一場相對過剩的經濟危機，其根源在於資本主義內生的基本矛盾。

（3）這次美國金融危機乃至經濟危機，與過去資本主義世界所發生的危機相比較，已經出現了一些新的特點。僅僅依據傳統的危機理論，難以做出令人信服的解釋。馬克思主義政治經濟學家從美國金融危機爆發的新特點和新現象入手，結合全球化和金融化，對這次危機的具體發生機理做了多方面深入的研究，不僅透澈地解釋了當前的危機，還推動了馬克思危機理論的豐富和發展。

①有學者認為，借助於信用系統，美國近二三十年來的透支消費越演越烈，這種「寅吃卯糧」的做法實際上是為了緩解相對過剩的矛盾。這與以銷毀產品減少產量、增加政府開支或者調整收入結構等傳統的資本主義克服相對過剩的方法不同，美國房地產次級貸款正是在這樣的條件下瘋狂發展起來的。但是，這只不過是把危機延伸到未來發生而已。一旦發生不確定因素，對未來失去信心，危機就不可避免。美國政府2007年提高貸款利率成為影響信心的因素，引發了次貸危機，因此這次危機表現出來的不是有效需求不足，而是有效需求過於旺盛。這次危機的基本邏輯就是：資本主義內在矛盾→有效需求不足→相對過剩→透支消費→違約率上升→危機。

②有學者認為，不僅由於德國、日本等資本主義的崛起，也由於發展中國家民族經濟的振興，美國的製造業競爭力近30年來不斷下滑，利潤率下降趨勢難以遏制。由於資本擴張的內在衝動，資本主義主導的全球市場上，製造業生產能力過剩已經是不爭的事實。為了避免長期的蕭條，以美國為首的西方資本主義國家開始推行新自由主義。一方面減少國民福利，加重對本國勞動人民的剝削；另一方面借助金融自由化，進一步實現對發展中國家人民的剝削，並將危機引向發展中國家。這一過程中，資本擴張與購買力相對縮小之間的矛盾日益激化，美國政府求助於信貸擴張，助推金融衍生，促使透支消費。反過來，金融衍生品的泛濫與虛擬資本投機相互作用，不斷炮製金融泡沫，製造虛假需求，以維持經濟增長。至此，美國經濟開始脫離傳統的投資推動型的經濟增長模式，轉向為泡沫驅動型的增長模式。一旦虛擬資本價值泡沫破裂，真實的市場需求信息就顯現出來。經濟危機必然以金融危機為首發，展開其他危機延遲的演繹。

③有學者認為，全球化和金融化是資本主義發展的必然趨勢，以美元為中心的世界貨幣體系主導著金融化乃至於全球化，這意味著全世界共同面臨現代美國資本主義經濟增長模式的巨大風險。因此，要避免或者緩解危機造成的全球影響，需要培養與之抗衡的新的世界貨幣體系。新的世界貨幣體系應該有新興民族國家的聲音，而不是資本主義一個聲音，這自然非一朝一夕就能實現。這一方面需要各個民族國家抓緊時間振興經濟，這是爭取多元發言權、奠定新的世界貨幣體系的基礎；另一方面，以公有制為主體、發展生產力為根本任務的社會主義國家經濟的迅速崛起，也能在根本上避免相對過剩這個危機根源，這是世界最終擺脫危機困擾的希望之路。

（五）中國現階段的產能過剩和結構性失衡

中國現階段的產能過剩是社會主義市場經濟出現結構性失衡的典型表現。它對社會再生產的順利進行產生了不良影響，阻礙了中國經濟的穩定增長和可持續發展。產能過剩的形成原因是多方面的。

首先，世界性經濟衰退對中國現階段的產能過剩產生深刻影響。從2008年下半年開始，美國金融危機對中國經濟造成嚴重衝擊，2008—2009年，經濟增長明顯變緩，GDP增速由2007年的14.2%下落到2009年的9.2%，國際需求萎縮和國內總需求不足加劇了工業部門的產能過剩。中國經濟開始出現低增長。2014年GDP增速降至7.4%。[①] 為了應對2008年的金融危機，中國出抬了一攬子的經濟刺激政策，使得生產能力迅速提高。這些政策對於增加就業和維護社會穩定起到了重要作用，但也加大了產能過剩的風險。

其次，產能過剩也是市場經濟內生的結果。其一，對於處在快速發展階段的發展中國家而言，企業所要投資的產業常常具有技術成熟、產品市場已經存在、處於世界產業

---

① 參見國家統計局《2014年國民經濟和社會發展統計公報》。

鏈內部等特徵，因而全社會很容易對有前景的產業產生共識，在投資上出現「潮湧現象」，導致產能過剩。其二，「窖藏效應」，企業在決策過程中，或者因為信息的不完全面發生預期偏差，或者因為退出障礙，往往傾向於做好相關生產要素的儲備，以防止由於未來需求上升而造成生產能力不足的問題發生。從而，廠商理性跨期決策行為的結果可能形成生產能力的過剩或者生產要素的閒置。廠商對未來的需求預期和利潤預期，強化了產能過剩形成的窖藏效應，為產能過剩埋下隱患。其三，「博弈效應」，行業中優勢企業為了保持市場份額，維護市場地位，傾向於通過設置進入壁壘，阻止其他企業進入該領域競爭。其中「在位企業」通過已有的市場份額、市場影響力、以及雄厚的資金實力擴建產能，以彰顯自身在行業中的主導地位或者重要影響力，但同時它們也因此失去了「船小好調頭」的優勢，在經濟發生波動的情況下，很容易被過剩產能綁架，在產能過剩的道路上越走越遠。目前中國產能過剩多集中在重化工業，與由這些行業投資大、生產週期長、生產規模化顯著導致的高進入壁壘使得企業具有強烈的壟斷特徵有關。在需求下降時，即使發生虧損，一方面企業難以在短時間內對巨大的生產能力迅速做出調整；另一方面，為了保持市場份額以及行業地位，企業仍然生產。

再次，政府與市場的關係出現偏差，也是造成中國現階段產能過剩的原因之一。從產能過剩的教訓來看，最突出地表現在政府過於干涉投資和增長，加重了產能過剩的負擔。這表現在三個方面，其一，地方政府以 GDP 為導向的考核機制，各個地方都在盡一切可能招商引資，努力追求 GDP 增長，實現所謂跨越式發展，最終導致生產項目在全國各地遍地開花，尤其是同一生產項目在各個地區同時上馬，出現了結構趨同，進而出現了產能過剩。其二，各級政府的財政補貼措施，在促進某些重點產業發展的同時，也埋下了產能過剩的隱患。尤其是一些得到政府財政補貼的國有企業往往很難退出市場，進一步加重產能過剩的包袱。其三，扭曲的稅制結構不僅是中國經濟增長動力不足的重要內因之一，還導致部分產能過剩行業繼續過度投資，使得本已經自身難保的行業雪上加霜。以生產性增殖稅和營業稅為主的稅制結構的特點是無論企業產能水平高低、盈利與否，一旦開始開工投產，就要按生產規模向地方政府繳納增殖稅和營業稅。因此，長期以來，地方政府競相熱衷於增加企業投資。一些地方政府還在自己權限內向企業提供稅收優惠政策，如減免所得稅、增殖稅的地方分成部分，以及減免地方稅費等。還向中央政府遊說出抬區域性政策來向企業提供減免稅，動用中央政府的稅收「奶酪」來吸引企業投資。另外，一些地方政府為保護地方利益、增加地方財政收入，在實際操作中存在著某種程度的「經濟割據」，不完全市場分割現象也由此產生。「經濟割據」不僅阻礙了商品的正常流通，干擾了經濟的正常循環，使部分產能過剩行業的產品在國內難以進入合適的消費市場，更重要的是還為低水平重複建設埋下了伏筆，使低水平產能得以生存甚至過度擴張。而增加地方財政收入則成為地方政府投資膨脹、增產擴能的主要誘因。

產能過剩是現階段中國社會再生產過程失衡的典型表現，嚴重威脅著中國經濟的平穩發展。因此，李克強總理在 2016 年政府工作報告中強調，「著力化解過剩產能和降本

增效。重點抓好鋼鐵、煤炭等困難行業去產能，堅持市場倒逼、企業主體、地方組織、中央支持，運用經濟、法律、技術、環保、質量、安全等手段，嚴格控製新增產能，堅決淘汰落後產能，有序退出過剩產能。採取兼併重組、債務重組或破產清算等措施，積極穩妥處置『僵屍企業』。」① 政府從政策層面主推重在提升供給結構以實現供需平衡的「供給側改革」，旨在通過對生產結構的調整，使其與中國已經升級了的中、高端需求結構相匹配，從而促進社會再生產的順利進行，為經濟增長注入活力源泉。「加強供給側結構性改革，增強持續增長動力。圍繞解決重點領域的突出矛盾和問題，加快破除體制機制障礙，以供給側結構性改革提高供給體系的質量和效率，進一步激發市場活力和社會創造力。」②

---

① 李克強. 政府工作報告 [EB/OL]. [2016-03-05]. news.xinhuanet.com/fortune/2016-03/05/c-128775704.htm.
② 李克強. 政府工作報告 [EB/OL]. [2016-03-05]. news.xinhuanet.com/fortune/2016-03/05/c-128775704.htm.

第六章　剩餘價值的分配

一、本章內容簡介

在現實經濟生活中，超過勞動力價值的價值——剩餘價值，是以產業利潤、商業利潤、銀行利潤、借貸利息和地租的形式存在於各資本家手中的。

第一節分析了產業資本家集團內部同一生產部門不同企業之間為獲取超額剩餘價值的競爭，以及不同部門之間為追逐更高利潤率的競爭。競爭必將導致利潤率的平均化，因此平均利潤從本質上講是剩餘價值的轉化形式。隨著平均利潤的形成，商品的價值轉化為生產價格。

第二節分析了隨著商品資本獨立化為商業資本，商業資本家是依據什麼、怎樣以商業利潤的形式瓜分產業工人創造的剩餘價值。

第三節探討了借貸資本的形成和銀行資本的產生以及借貸利息、銀行利潤的來源及其本質；並研究了在信用製度發展的基礎上，資本和財富的虛擬化及其對經濟發展的影響。

第四節通過對資本主義農業土地所有權特點的分析，闡明了資本主義地租的本質及其形式，分析了資本主義不同地租形式產生的條件和原因。

二、本章主要知識點

(一) 平均利潤和生產價格

1. 剩餘價值轉化為利潤

（1）成本價格和利潤。

不變資本（c）和可變資本（v）是資本家為生產剩餘價值墊支的生產成本，即成本價格（K）。當剩餘價值被看成成本價格以上的增加量，作為全部預付資本的產物時，剩餘價值轉化為利潤。利潤（P）和剩餘價值在量上完全相等，但又有不同的意義。

（2）利潤率。

利潤率是剩餘價值與全部預付資本的比率（$P' = m/C$）。

利潤率與剩餘價值率不但在數量上不同，而且二者反應的經濟關係也不一樣。利潤率的高低受多種因素的影響。

2. 利潤轉化為平均利潤

利潤率的平均化是通過部門內部的競爭和部門之間的競爭實現的。

按照平均利潤率獲取的利潤被稱為平均利潤。

$$平均利潤率 = \frac{剩餘價值總量}{社會總資本}$$

$$平均利潤 = 平均利潤率 \times 投入資本量$$

平均利潤率形成後，雖然平均利潤與剩餘價值在總量上仍然相等，但就某一部門來講，它實際獲得的平均利潤與它所創造的剩餘價值在量上已經發生了背離。同時，利潤率的平均化並不意味著不同部門的利潤率絕對平均，不排除個別資本家獲得超額利潤的可能。

3. 價值轉化為生產價格

（1）生產價格，平均利潤形成後，商品的價值就轉化為生產價格。

$$生產價格 = 成本價格 + 平均利潤$$

（2）生產價格形成後，商品按照生產價格出售。某些部門商品的生產價格可能與該部門商品的價值發生背離，商品的市場價格不再是圍繞商品的價值上下波動，而是圍繞生產價格上下波動，但這並不是對價值規律的否定，而是價值規律作用形式的改變。

(二) 商業資本與商業利潤

1. 商業資本的職能和運動形式

商業資本是產業資本中商品資本的獨立化形態。因此，商業資本的職能就是銷售商品，實現價值和剩餘價值。

商品資本獨立化為商業資本之後，有了自己的運動形式，即：$G—W—G'$。

2. 商業利潤的來源及實質

從表面上看，商業利潤來自於商業資本購買商品與出賣商品的價格差，但從本質上講，商業利潤只能是產業工人創造的剩餘價值的一部分。

3. 商業流通費用及其補償

商業流通費用，即商品流通過程中支出的各種費用，分為生產性流通費用和純粹流通費用兩類。生產性流通費用從已經提高的商品價值中獲得補償，純粹流通費用作為商品的一種加價進入商品價格，從銷售價格中獲得補償。

4. 商業資本的週轉

（1）商業資本週轉與社會再生產的關係。

（2）商業資本週轉的作用。

(三) 借貸資本、銀行資本與虛擬資本

1. 借貸資本及借貸利息

(1) 借貸資本即為了獲取利息而暫時貸放給職能資本家使用的貨幣資本。借貸利息即借貸資本家憑藉貨幣資本的所有權從職能資本家那裡獲得的一部分剩餘價值。

(2) 在借入資本進行生產或經營的情況下，平均利潤分割為利息與企業利潤。借貸利息只能是平均利潤的一部分。

2. 銀行資本與銀行利潤

(1) 銀行資本來源於自有資本和借入資本（吸收存款）。

(2) 銀行利潤來自於貸款利息與存款利息之差，從本質上講仍然是剩餘價值的轉化形式。銀行利潤在量上不能低於平均利潤。

3. 股票與股票價格

(1) 股票是股份公司發給股東的借以證明其股份數額並取得股息的憑證。

(2) 股票價格不外是一種資本化的收入。

$$股票價格 = \frac{預期股息}{利息率}$$

4. 虛擬資本

(1) 虛擬資本指以有價證券的形式存在，並能定期給它的持有人帶來收入的資本。虛擬資本是「現實資本的紙制複本」[1]。

(2) 虛擬資本與實際資本的關係：二者存在既統一又對立的關係。

(3) 虛擬資本的作用：一方面，虛擬資本的存在和發展有利於貨幣資本的有效配置，提高社會經濟的運行效率。另一方面，虛擬資本會導致財富虛擬化，並引發「泡沫經濟」等新經濟問題。

(四) 資本主義地租

1. 資本主義地租的本質

(1) 資本主義土地所有制有以下特點：一是土地所有權與土地使用權相分離；二是土地所有權與人身依附相分離。

(2) 資本主義地租的本質：資本主義地租是超過平均利潤以上的剩餘價值，即農業超額利潤；它體現了農業資本家和土地所有者共同剝削農業工人的經濟關係。

2. 資本主義地租的形式

根據地租形成的原因與條件的不同，資本主義地租被分為級差地租和絕對地租。

(1) 級差地租即與土地等級差別相聯繫的地租。

---

[1] 馬克思, 恩格斯. 馬克思恩格斯全集：第25卷 [M]. 中共中央馬克思恩格斯列寧斯大林著作編譯局, 譯. 北京：人民出版社, 1975：540.

① 級差地租產生的條件：土地自然等級的差別。
② 級差地租形成的原因：土地的有限性導致的經營壟斷。
③ 級差地租的兩種形態：根據形成級差地租的條件的不同，可將其劃分為級差地租 I 和級差地租 II 兩種形態。
（2）絕對地租是由於土地私有權壟斷而產生的地租。
① 絕對地租形成的原因：土地私有權壟斷。
② 絕對地租產生的條件：農業有機構成低於工業，農產品的價值就高於其生產價格。

3. 城市建築地段地租

城市建築地段地租是建築資本家為取得建築用地使用權而支付給土地所有者的地租，其形式、產生條件、原因和源泉與農業地租基本相同，但由於土地在建築業中具有特殊的功能和作用，因此建築地段地租又有自身的特點。

4. 土地價格

土地不是勞動產品，沒有價值，但有價格。土地價格是資本化的地租。

$$土地價格 = \frac{地租}{利息率}$$

三、重點問題解答

（一）利潤和剩餘價值的關係

如果將剩餘價值看成全部預付資本的產物時，剩餘價值就取得了利潤的存在形式。

剩餘價值和利潤在量上完全相等，即超過工人勞動力價值的那部分價值，但考察視角不同，意義也就不同。如果將超過工人勞動力價值的價值看成可變資本的產物，那麼其為剩餘價值，這裡可以清楚地看到剩餘價值的來源；如將其看成全部預付資本的產物，則被稱為利潤，不變資本和可變資本的區別也消失了，就看不到剩餘價值的來源。因此，剩餘價值是本質，利潤不過是剩餘價值的轉化形式。

（二）平均利潤率的形成及平均利潤學說的意義

在不考慮其他因素的情況下，等量資本投資在不同的部門，由於資本有機構成和資本週轉速度的不同，不能獲得等量利潤。但在現實的經濟生活中，資本無論投資在哪個部門，只要投資量相同，所獲得的利潤就大致相等於平均利潤。等量資本獲得等量利潤是通過競爭實現的，包括部門內部的競爭和部門之間的競爭。

競爭首先在部門內部進行。生產同種商品的生產部門分屬於不同的企業，不同的企業由於生產技術和經營管理條件不同，生產同種商品所耗費的勞動時間就不相同，從而

形成同種商品不同的個別價值。但商品不是按照個別價值出售而是按照社會價值出售的。生產技術和經營條件好的企業的商品的個別價值低於社會價值，企業可以獲得超額利潤。資本家為了追逐超額利潤，競相採用新技術、改善經營管理以降低商品的個別價值。競爭的結果是整個部門的平均有機構成提高，利潤率下降。商品按照社會價值出售後，一是使生產同種商品的不同企業所獲利潤率不一致；二是使生產不同商品的企業按照自己的社會價值出售商品，也獲得不一樣的利潤率，從而引起部門之間的競爭。

部門之間的競爭，即生產不同商品的企業，為追逐更高的利潤率而進行的競爭。在部門內部競爭的基礎上，有機構成高的部門獲得的利潤率低，有機構成低的部門獲得的利潤率高，於是導致資本由利潤率低的部門向利潤率高的部門流動。結果有機構成高、利潤率低的部門的商品供不應求，價格上升，利潤上升；而有機構成低、利潤率高的部門商品供過於求，價格下跌，利潤下跌。於是資本又流回到有機構成高的部門，直至資本無論投資在哪個部門所獲利潤率大致相同時，其流動才會暫時告一段落。這時的利潤率則為平均利潤率。按照平均利潤率分得的利潤稱為平均利潤。

馬克思平均利潤學說的意義在於：①揭示了等量資本獲取等量利潤的實質是剩餘價值在產業資本家集團內部的重新分配。平均利潤是剩餘價值的轉化形式。②它為生產價格理論奠定了基礎，而生產價格理論揭示了資本主義條件下商品的市場價值的形成機制，從而說明了市場機制對剩餘價值分配的作用。③馬克思認為，平均利潤的形成說明在資本主義條件下，工人不但受本企業資本家的剝削而與個別資本家相對立，而且受整個資產階級的剝削，從而與整個資產階級相對立。

（三）生產價格的形成是否違背了價值規律？為什麼？

平均利潤形成後，商品按照生產價格出售。商品的市場價格不再是圍繞價值上下波動，而是圍繞生產價格上下波動。然而，生產價格與商品價值並不完全一致。一般來講，有機構成高的部門，其商品的生產價格高於價值；有機構成低的部門，商品的生產價格低於價值；只有有機構成等於社會平均有機構成的部門，商品的生產價格與價值才大體一致。那麼，生產價格的形成，或商品按生產價格出售，是否是對價值規律的否定？答案是否定的。

價值轉化為生產價格，只是改變了價值規律的作用形式，並沒有否定價值規律。因為：① 從個別部門來看，資本家獲得的平均利潤與該部門工人創造的剩餘價值有可能不一致，但從整個社會來看，剩餘價值總量等於平均利潤總量。② 從個別部門來看，商品的價值與商品的生產價格不一致，但從整個社會來看，生產價格總額等於價值總額。③ 生產價格隨商品價值的變動而變動。

（四）商業利潤的來源及獲得途徑

商業資本家從事商品銷售活動，其目的是獲得商業利潤。從現象上看，商業利潤好

像來自於商業資本家購買和出賣商品之間的價格差，即來自於流通。然而，單純的商品買賣活動是不創造任何價值和剩餘價值的，只是實現商品的價值和剩餘價值。商業利潤不在流通中產生，其真正來源同產業利潤一樣，只能是產業工人在生產中創造的剩餘價值的一部分。

商業資本家所以能夠參與剩餘價值的分配，是因為商業資本獨立以後，分擔了產業資本的一部分職能，大大提高了產業資本在流通中的效率，為此，產業資本家必然將剩餘價值的一部分以商業利潤的形式讓渡給商業資本家。這種讓渡是通過商品購買價格和售賣價格的差額來實現的，即產業資本家按照低於生產價格的價格將商品賣給商業資本家，商業資本家再按照生產價格將商品賣給消費者，其差額就是商業利潤。

(五) 利息為什麼進一步掩蓋了資本主義的剝削關係？

利息是借貸資本家憑藉對資本的所有權從職能資本家那裡獲得的一部分剩餘價值。一般情況下，利息是平均利潤的一部分。

然而，由於借貸資本特殊的運動形式即 $G—G'$，因此，從表面上看，其運動不經過生產過程，也沒有商品流通過程，這種特殊的運動過程造成一種假象，利息好像是資本本身帶來的，與勞動無關。但事實上，在借入資本進行生產的情況下，平均利潤分割為兩部分：利息與企業利潤。職能資本家憑藉對資本的使用權獲得企業利潤，借貸資本家憑藉對資本的所有權獲取利息。故利息仍然是剩餘價值的轉化形式，只是由於其特殊的運動形式掩蓋了它與勞動的關係。

(六) 資本主義地租的實質，級差地租、絕對地租產生的原因和條件

任何社會的地租都是土地所有權在經濟上的實現。在資本主義農業中存在大土地所有者、農業資本家、農業工人三個階級，農業工人創造的剩餘價值在大土地所有者和農業資本家之間進行分配。農業資本家獲得平均利潤，而土地所有者獲得的地租則是超過平均利潤以上的剩餘價值，即農業超額利潤。因此資本主義地租體現了農業資本家和土地所有者共同剝削農業工人的經濟關係。

依據地租產生的原因及條件的不同，資本主義地租被劃分為級差地租和絕對地租兩種形式。

級差地租是指同土地自然等級差別相聯繫的地租。由於土地有肥沃、貧瘠之分，地理位置有好壞之別，等量資本投資在等級不同的土地上所獲得的收益就不相同，租賃不同等級的土地需要繳納的地租也不相同。因此，土地自然等級的差別就成為級差地租產生的條件。

級差地租產生的原因則是土地的有限性導致的經營壟斷，這種經營壟斷使農業中的超額利潤固定化了。① 工業中超額利潤是暫時的和不穩定的，只有少數先進企業才能夠得到。而農業中由於優等地是有限的，一旦農業資本家租賃了優等地，就獲得了對優等

地經營壟斷的權利，超額利潤就固定在優等地上。②農產品的社會生產價格是由劣等土地的生產條件決定的，而不是由農業中平均的生產條件決定，即經營劣等地的個別生產價格就是農產品的社會生產價格，因此只要經營比劣等地好的土地就能穩定地獲得超額利潤。

絕對地租則是由土地私有權壟斷而產生的地租。由於土地私有，即使租賃再劣等的土地也必須繳納地租，否則土地所有者寧願讓土地荒廢，因此土地私有權壟斷是絕對地租產生的原因。

絕對地租產生的條件則是因為農業有機構成低於工業，農產品的價值就高於其生產價格。而土地私有權壟斷阻礙了工業部門的資本向農業轉移，農業便不參與平均利潤的形成，即農產品是按價值出售商品，其價值高於生產價格的部分就形成絕對地租。

(七) 何為虛擬資本？虛擬資本的出現為什麼可能引發「泡沫經濟」等新經濟問題？

虛擬資本是指以有價證券的形式存在，並能定期給它的持有人帶來收入的資本。它是實際資本的紙製復本。「泡沫經濟」則是虛擬資本過度膨脹引起股票、債券以及房地產價格上漲而形成的經濟虛假繁榮的現象。

虛擬資本的產生使同一資本產生了兩種不同的運動，即作為虛擬資本基礎的實際資本在現實的再生產過程中運動，以及作為實際資本「紙製復本」的虛擬資本在證券市場上運動。當虛擬資本的價格變動與實際資本的價值變動嚴重偏離時，就可能會出現「泡沫經濟」等新經濟問題。

因為在有虛擬資本交易的情況下，貨幣供應量被分割為兩部分：一是成為商品和勞務的交換媒介，二是成為有價證券的交易媒介。在貨幣供應量一定的情況下，用於虛擬資本交易的貨幣越多，用於實際經濟的貨幣就越少，從而購買實際商品和勞務的總需求就越少，商品和勞務的價格水平就越低，貨幣購買力就越強。由於貨幣購買力是貨幣匯率的基礎，因此從長期來看，虛擬資本越是膨脹，貨幣購買力則越強，匯率越是被高估。此外，證券市場上存在的廣泛的投機行為，也將不斷增加虛擬資本的泡沫。虛擬資本過度膨脹、價格上漲預期逆轉，就會導致「泡沫經濟」破滅，引發嚴重的信用危機，使金融領域壞帳、呆帳大幅度增加，信用緊縮，造成經濟衰退。

四、疑難問題和學術爭鳴

(一) 平均利潤率趨於下降的規律

平均利潤率的高低主要取決於剩餘價值率和資本有機構成的高低。馬克思認為：資本累積有其客觀必然性，資本累積的不斷進行必將導致資本有機構成的提高，使可變資本在總資本中所占比重日益減少，不變資本尤其是固定資本所占比重日益增大。平均利

潤率必將趨於下降。

然而，馬克思關於平均利潤率趨於下降的預言並沒有應驗。在發達資本主義國家，平均利潤率一般維持在與過去沒有太大差別的水平上。那麼，這是不是證明馬克思在理論推導上有什麼錯誤呢？事實並非如此。這主要是由於這種推導的前提——先行工業化國家的經濟增長模式發生了未曾預料的變化。

馬克思關於「平均利潤率趨於下降」的理論推導，是基於經濟增長主要依靠物質資本的累積和其他資源的投入來推動的。這種依靠要素投入推動的經濟增長必將導致要素報酬遞減，投資效率下降。然而，到19世紀後期，先行工業化國家的經濟增長模式發生了轉變，經濟增長由以前主要依靠要素投入推動轉變為主要依靠人力資本的累積和效率的提高推動。人力資本與物質資本不同，它是遞增報酬的重要源泉。正是由於經濟增長方式的變化，在現實經濟生活中平均利潤率並不表現為下降的趨勢。

(二) 如何理解純粹流通費用的補償和獲利？

純粹流通費用是商品流通的必要費用。這部分費用雖然不進入直接生產過程，但進入流通過程，因而進入再生產總過程。因此純粹流通費用不但要求補償，而且也要求獲得平均利潤。但由於商業工人在商品買賣活動中的勞動不創造價值，只實現商品的價值和剩餘價值，因此，商業資本家墊支的費用從哪裡得到補償並取得利潤？馬克思通過對商業資本家墊支的幾部分資本的比較，解決了純粹流通費用的補償和獲利問題。

一般而言，商業資本家墊支的資本可以分為兩部分：用於購買商品的資本；墊支的流通費用。流通費用又可以分為兩部分：一種是由商品的使用價值的運動所引起的費用，即生產性流通費用，如運輸費、保管費、包裝費等；另一種是由商品的價值形態變化所引起的費用，即純粹流通費用，如用於買賣所需的商業場地費、紙張費、廣告費、簿記費和商業職工的工資等。這幾部分資本由於性質不同，其補償和獲利方式也有所不同。

首先，用於購買商品的資本，是一種墊付的貨幣資本，它會隨著商品的賣出而不斷收回；同時它作為預付總資本的一個組成部分，要參與利潤的平均化，獲得平均利潤。因此，這部分資本是通過利潤平均化的過程，「對產業資本的利潤做了一種扣除」[1]後而獲得商業利潤的。

其次，由於生產性流通費用所耗費的勞動是生產性勞動，是產業資本生產過程的延伸，同樣創造價值和剩餘價值，因此這部分費用是隨著商品價值的增加來得到補償，並獲得平均利潤的。

最後，純粹流通費用所耗費的勞動是非生產性的，不創造價值和剩餘價值，不能增

---

[1] 馬克思，恩格斯. 馬克思恩格斯全集：第25卷 [M]. 中共中央馬克思恩格斯列寧斯大林著作編譯局，譯. 北京：人民出版社，1975：319.

加商品的實際價值，因此也不能從商業資本家出售的商品的實際價值中得到補償。但是，對於商業資本家來說，作為預付資本的一部分，這部分費用也必須得到補償，而且必須參與利潤的分配，獲得平均利潤。商業資本家是把這部分費用作為商品的一種加價加到商品的售賣價格中，從而獲得補償的。商業資本家之所以能夠這樣做，是因為這部分耗費的勞動是社會必需的實現商品價值的勞動，或者說是社會總商品價值中，本身必須耗費的支出。從形式上看，純粹流通費用是通過商業資本家的商品加價來補償並獲利的；從實質上看，純粹流通費用是對社會總商品價值中的剩餘價值的扣除，即對社會總剩餘價值的扣除，它是通過商業資本參與利潤平均化的過程來獲得補償和利潤的。

(三) 市場價值的形成與「第二層含義的社會必要勞動時間」

市場價值亦即社會價值，是在市場競爭中形成的。一是賣方之間的競爭，形成社會有效供給；二是買方之間的競爭形成社會有效需求。供求間平衡與否會影響市場價值的形成。

當供求平衡時，部門內部競爭可以使商品的個別價值均衡化從而形成一個相同的市場價值。然而，供求平衡是偶然的、不平衡是經常的。而無論是供過於求還是供不應求，都會對市場價值的形成產生影響。

第一，供求關係的變化，引起市場價值形成條件的變化。即在供求平衡時，市場價值是由中等生產條件生產的、大量的商品個別價值來調節的。如果市場上供過於求，市場價格會下降，市場價值則由優等生產條件下生產的商品的個別價值來調節。如市場供不應求，市場價值就會由劣等生產條件下生產的商品的個別價值來調節。

第二，供求關係的變化，會引起一個生產部門市場價值總量的變化。供給是指提供給市場的商品，既具有滿足社會需要的使用價值，又具有一定量的市場價值，它代表該部門實際耗費的社會必要勞動。需求是指有一定支付能力的需求，代表著社會應該生產的商品總量，也代表著社會應該按比例投放在該部門的社會必要勞動時間。當生產部門實際消耗的社會必要勞動與應該投入的社會必要勞動一致時，商品的市場價值就能順利地實現。如果某種商品的產量超過了當時社會的需要，社會必要勞動的一部分就會被浪費掉，這部分商品的市場價值就不能實現。如果某種商品的產量小於當時的社會需要，這些商品必然要以高於它們的市場價值的價格出售。

商品的市場價值，由第一層含義的社會必要勞動時間和第二層含義的社會必要勞動時間共同決定。馬克思在《資本論》第一卷中分析的決定商品價值量的社會必要勞動時間是在生產同種商品的不同生產者之間形成的。它涉及的是同種商品生產上的勞動耗費，可稱為第一種含義的社會必要勞動時間。社會必要勞動時間還有另一層含義，即在生產不同商品的生產者之間形成的社會必要勞動時間。它涉及的是社會總勞動時間在各種商品上的分配，其說明的是不同商品的使用價值被社會接受的程度。馬克思說：「不僅在每個商品上只使用必要的勞動時間，而且在社會總勞動時間中，也只把必要的比例

量使用在不同類的商品上。」①

如果說第一層含義的社會必要勞動時間強調的是價值的決定，那麼第二層含義的社會必要勞動時間強調的是價值的實現。

(四) 關於絕對地租來源的探討

馬克思指出，土地私有權的壟斷是絕對地租產生的原因；農產品價值與生產價格的差額是絕對地租的來源；農業資本有機構成低於工業資本平均有機構成則是絕對地租產生的條件。上述論斷構成了馬克思絕對地租理論的主要內容。

誠然，任何形式的地租都是土地所有權在經濟上的實現。土地所有權壟斷會因為土地資源的稀缺性和重要性，繼續存在下去。作為土地所有權在經濟上的實現形式的絕對地租，也會繼續存在。但同時，隨著科技的進步，農業資本有機構成低於工業資本平均有機構成這種歷史現象，會發生根本性的改變，農產品價值將不再大於生產價格。那麼，馬克思所論述的那一層面意義上的絕對地租將不復存在。因此，針對絕對地租存在的必要性與存在的可能性之間產生的矛盾，經濟學界形成了以下觀點：

(1) 絕對地租消失論。這種觀點認為，絕對地租將隨著農業資本有機構成趕上或超過工業資本平均有機構成的過程而逐漸消失。因為，儘管土地所有權壟斷還存在，但由於農產品價格不能既為資本家提供平均利潤，又為土地所有者提供絕對地租，因此在這種條件下，絕對地租有可能消失。然而，土地所有者不可能不收地租讓農業資本家耕種土地，資本家也不可能忍受得不到平均利潤而投資農業。解決這個矛盾的辦法是土地所有者自己經營土地，以獲得平均利潤。

(2) 農業平均利潤和工資扣除論。這種觀點認為，土地所有權壟斷是決定絕對地租存在的唯一條件。農業資本有機構成超過工業平均構成的狀況雖可改變絕對地租的來源，但並不能動搖絕對地租的客觀存在。在新的條件下，絕對地租可以來自對農業平均利潤和工人工資的扣除。這種觀點來自馬克思的有關論述：「在英國的租地農民中，有一定數量的小資本家。他們由教育、教養、傳統、競爭以及其他條件所決定，不得不作為租地農民把自己的資本投到農業上。他們被迫滿足於平均利潤以下的利潤，並把其中的一部分以地租形式交給土地所有者。」②「真正農業工人的工資被壓低到他的正常平均水平以下，以致工資的一部分由工人手中扣除下來，變為租金的一個組成部分，從而在地租的偽裝下流到土地所有者而不是工人的手中。」③

(3) 農業壟斷價格論。這種觀點認為，在農業有機構成趕上或超過工業平均有機構

---

① 馬克思，恩格斯. 馬克思恩格斯全集：第25卷 [M]. 中共中央馬克思恩格斯列寧斯大林著作編譯局, 譯. 北京：人民出版社, 1975: 716.
② 馬克思，恩格斯. 馬克思恩格斯全集：第25卷 [M]. 中共中央馬克思恩格斯列寧斯大林著作編譯局, 譯. 北京：人民出版社, 1975: 706.
③ 馬克思，恩格斯. 馬克思恩格斯全集：第25卷 [M]. 中共中央馬克思恩格斯列寧斯大林著作編譯局, 譯. 北京：人民出版社, 1975: 707.

成後，原來意義上的絕對地租，即來自農產品價值與生產價格差額的絕對地租，就會消失，而來自農產品市場價格超過生產價格的絕對地租，會仍然存在。此時的絕對地租不再是農業工人創造的剩餘價值，而是通過壟斷價格轉移的其他部門工人創造的剩餘價值部分，是土地所有者向全社會徵收的「貢賦」。

（4）社會絕對地租論。這種觀點認為，土地資源是社會產品形成的基礎和條件。從社會產品生產的角度看，絕對地租不僅來自農業剩餘價值，也來自工業剩餘價值，是工農業剩餘價值或社會剩餘價值的「必要」扣除。這種扣除，是土地所有權壟斷、價值規律和平均利潤規律共同作用的結果。

該觀點還認為，由於農產品的特殊性和政府對農業的保護，即使出現農產品長期處於過剩狀態，大量劣等地也仍然滯留在農業生產領域中，調節著農產品的生產價格。各國政府以劣等地的生產價格為基礎，制定農產品保護價格。因此，當市場價格可以實現農產品生產價格時，農業絕對地租來自生產價格的一部分；當市場價格長期不能實現農產品生產價格時，農業絕對地租就不能完全來自農產品生產價格，而是來自政府對市場價格與保護價格差額的補貼。補貼雖仍是社會剩餘價值的扣除，但是政府進行國民收入再分配的產物。

（五）馬克思的地租理論與中國土地資源的營運

土地是一種稀缺的、不可再生的資源，是人類生存不可或缺的根本性條件。因此，珍惜土地、合理有效地利用土地資源顯得十分必要，特別是對於我們這樣一個人均土地佔有量較少的人口大國。馬克思的地租理論在土地資源的利用上給了我們重要的啟示。

1. 土地有償使用是合理有效利用土地資源的前提

馬克思說：「地租是土地所有權在經濟上借以實現即增殖價值的形式。」[1] 只要土地所有權存在，它就要在經濟上實現自己、增殖自己的價值。這種增殖自己的形式就是地租。並且，中國存在著土地所有權與經營權的分離，國有土地都是由各種經濟實體和行政單位佔有和使用的，集體所有的土地則由農業承包戶使用，土地所有權與經營權分離，自然會產生出租和承租問題，這種出租和承租關係的體現就是地租。

以上說明，土地的使用絕不能是無代價的。我們不但要把土地當作資源，而且要當作一種資產來運營，使它在經營中保值、增殖，並保持和提高自己的肥力。

過去很長一段時期，中國忽視土地所有權和地租的存在，抹殺土地資源的特點，無代價地使用土地，造成土地資源浪費，使土地資源銳減。據統計，1957—1994年中國耕地從16.7億畝（1畝=666.67平方米）減少到14.2億畝，37年淨減土地2.5億畝，平均每年減少676萬畝。我們賴以生存的基礎不斷被削弱。改革開放以後，中國進行了土

---

[1] 馬克思，恩格斯. 馬克思恩格斯全集：第25卷 [M]. 中共中央馬克思恩格斯列寧斯大林著作編譯局，譯. 北京：人民出版社，1975：698.

地製度的改革,依據所有權與經營權相分離的原則,在堅持土地公有制的前提下,實行土地使用權的有償轉讓,為合理利用土地提供了製度基礎。

2. 土地使用權轉讓價格的確定是合理有效利用土地資源的關鍵

在社會主義市場經濟條件下,土地使用權已納入商品流通範圍,實行有償使用,這就需要正確確定土地使用權轉讓價格。正確確定土地使用權轉讓價格,應以馬克思地租理論為基礎。只有形成合理的價格,才能促進土地的合理開發和利用。

(1) 土地使用費的確定,首先要考慮級差地租。在城市、城郊及經濟開發區的級差地租的確定中,位置具有決定性意義。應根據土地位置的不同情況,把城市土地劃分為若干地段、若干等級,根據地段、等級確定不同的租額和土地使用費。

級差地租 II 在城市土地使用費的確定中也有重要作用。如同一塊地原屬普通地段,由於追加投資進行改造,可以變成優質地段,在鋪設了新的交通路線和增設了新的基礎設施時就是如此。在這裡,土地效益的提高是追加投資的結果。由此而提高的級差地租 II,也應該考慮到土地使用費中去。

在農村,級差地租規律也起重要作用。在確定土地承包或者轉包費時,首先要考慮土地肥力的差別和地理位置的遠近,由此決定的級差地租 I 應列入承包費。在土地承包期間,由承包者或轉包者對土地的追加投資而形成的級差地租 II,在一般情況下,應歸承包者或轉包者所有,以調動其土地投資的積極性。

(2) 關於絕對地租。中國農村最差的土地是否也應提供地租,是一個值得討論的問題。但是在土地資源極端緊缺的情況下,如果最差的土地不提供任何地租,也會造成土地使用上的浪費,那麼,對這類土地收取較低的土地使用費,也是必要和合理的。

(3) 在一定情況下還會存在壟斷地租。如帶有特別資源的地段、帶有特別土質的地塊、處於城市特別地段的黃金地塊等,能提供遠遠高於普通地租的壟斷地租,在確定土地使用費時應特別加以考慮。

3. 對農業的保護是合理有效利用土地資源的保障

世界經濟的發展有一個共同的規律,在一定時期內靠農業的累積支持工業的發展,該階段稱為農業「哺育」工業階段;隨著工業的發展和壯大,到一定階段工業就會「反哺」農業,用它雄厚的資金和技術力量,支持農業發展;否則,工農業矛盾將會日益突出,結構性矛盾將會越來越大,因此現代許多國家都對農業實行保護政策。在中國,農業是國民經濟的基礎,但農業的基礎地位非常薄弱,因此更需要保護。如對基本農田的保護;加快農業後備資源的開發,發展大農業,拓寬農業生產路子;合理調整土地利用方式;依靠科技進步和增加農業投入提高土地質量;對農業實行購銷保護和財政金融支持等。這種對農業的保護是合理有效利用土地資源的保障。

(六) 對「虛擬資本」與「虛擬經濟」的理解

馬克思說的虛擬資本主要包括以下特點:① 它是一種定期領取收入的所有權證書;

② 這種所有權證書能夠買賣，是一種特殊商品；③ 這種特殊商品的市場價值是它所帶來的收入的資本化；④ 這種市場價值有多種與現實資本不同的獨立運動。

中國學者對虛擬資本有以下不同的理解：

（1）將虛擬資本定義為：「同實際資本相分離的，本身無價值卻可被作為『商品』進行交易的各種憑證。」[1] 根據這種定義，虛擬資本主要包括以下四類：一是股票和債券；二是政府債券；三是證券化資產；四是金融衍生物。

（2）有學者認為，「虛擬資本是資本的一種表現形式，它指同實際資本相分離的、本身無價值卻能夠帶來『剩餘價值』（它其實是對剩餘價值的一種分割）、具有獨立的價值增殖運動規律的各種憑證。它一般以貨幣、票證（本票、支票、匯票、大額可轉讓存單等）、股票和債券、金融衍生產品等形式存在。虛擬資本發展到現在，按照其虛擬化的程度，大致可分為四類：借貸資本（包括外匯）、股票和債券、證券化資產及金融衍生品。借貸資本主要出現在銀行和企業之間（外匯只有在出現借貸關係時才可被稱為資本，它一般出現在國際借貸關係中）；股票與公司債券是最明顯的虛擬資本，它們與實際資本呈一一對應關係。」[2]

（3）虛擬資本是指能帶來收入的，以有價證券形式表現的資本。虛擬資本主要有兩種形式：一種是信用形式上的虛擬資本，主要有期票、匯票、銀行券、紙幣、國家債券、各種證券抵押貸款等。同一筆貨幣被反覆使用便產生虛擬資本。另一種是收入資本化形式產生的虛擬資本，主要由股票、債券構成，以資本所有權證書的形式流通。同一張所有權證書或債權證書反覆交易就形成純粹的虛擬資本。在現代市場經濟中，股指期貨、外匯期貨等則是由股票、外匯交易衍生出的，可以說是虛擬資本的進一步衍生。[3]

關於「虛擬經濟」，中國經濟理論界有不同的理解，有學者將這些理解歸納如下：

（1）成思危認為「虛擬經濟是指與虛擬資本以金融系統為主要依託的循環運動有關的經濟活動，簡單地說是直接以錢生錢的活動」。關於「循環運動」，成思危說，當前，虛擬經濟的循環就是在金融市場上，先通過交換，把錢換為借據、股票、債券，然後在適當的時候，再通過交換把借據、股票、債券再變成錢，直接以錢生錢。這個說法的要點有三：一是用「虛擬資本」作定義項；二是「直接」以錢生錢的活動；三是在金融市場上實現。[4] 這種說法影響最大。

（2）虛擬經濟是涵蓋金融業的概念。王國剛認為，在經濟運動中，「虛擬經濟」是用於描述以票券方式持有權益並交易權益所形成的經濟活動的概念。在現代經濟中，它主要指金融業。虛擬經濟包括證券業、資本市場、貨幣市場、銀行業、外匯市場等，是

---

① 劉峻民. 從虛擬資本到虛擬經濟 [M]. 濟南：山東人民出版社，1998.
② 許均華，高翔. 虛擬資本與實際經濟關係 [J]. 經濟研究，2000（3）.
③ 逄錦聚，等. 政治經濟學 [M]. 2版. 北京：高等教育出版社，2003：94.
④ 成思危. 虛擬經濟與金融危機 [J]. 經濟界，1999（3）.

一個涵蓋金融業的概念。有學者還用「經濟符號」「符號經濟」表示「虛擬經濟」。

（3）虛擬經濟是資本獨立化運動的經濟。這種理解與第一種理解的根本區別在於，這種看法著眼於資本，迴避「虛擬資本」。陳淮認為，虛擬經濟是資本獨立化運動的經濟。資本以脫離實物經濟的價值形態獨立運動，是虛擬經濟的虛擬屬性的根本體現。虛擬經濟存在和發展的基礎是產權交易。市場經濟高度發展的標誌在於產權本身也成為市場交易的對象。[①] 宋逢明認為，金融是虛擬經濟的主要組成部分，而資本市場才是虛擬經濟核心的部分。

（4）新經濟即「虛擬經濟」。這種看法的理由是：新經濟的切入點便是虛擬空間和虛擬社會。姜奇平認為，重組信息空間意義上的虛擬經濟，才是新經濟意義上的虛擬經濟。把信息空間這個框架體系，套在國民經濟上，就形成廣義的虛擬經濟（或叫信息化經濟）。

---

① 陳淮. 關於虛擬經濟的若干斷想［J］. 金融研究，2000（2）.

第七章　壟斷資本主義的發展演變與經濟全球化

一、本章內容簡介

本章重點論述了壟斷資本主義的發展演變及其歷史趨勢，並通過剖析經濟全球化的發展及其社會經濟影響，為正確認識資本主義生產方式發展演變的規律以及經濟全球化趨勢下資本主義的歷史地位，提供了思路。

第一節主要論述了五個問題：①分析了生產和資本的集中與壟斷的形成原因，揭示了壟斷的實質；②對壟斷組織的形式及其在當代的新發展加以考察；③剖析了壟斷利潤和壟斷價格的含義及其制約條件；④重點分析了壟斷與競爭的關係以及壟斷競爭的特點；⑤分析了壟斷資本主義的基本經濟特徵及其變化。

第二節分析了國家壟斷資本主義的產生及其原因，介紹了國家壟斷資本主義的表現形式，分析了國家壟斷資本主義的實質及其作用。

第三節在闡明經濟全球化的廣泛發展及其原因、經濟全球化的性質特點和社會經濟後果的基礎上，進一步就經濟全球化趨勢下資本主義的歷史地位與發展前景，做了分析論證。

二、本章主要知識點

(一) 資本的社會化與壟斷資本主義的形成

1. 生產和資本的集中與壟斷的形成

(1) 生產集中是指生產資料、勞動力和商品的生產日益集中在少數大企業中，使生產規模擴大。

(2) 生產和資本的集中導致壟斷的形成。當生產和資本高度集中時，就必然會形成壟斷。生產集中是壟斷形成的物質基礎。

壟斷就是獨占，是少數大企業或若干企業通過一定的形式聯合起來獨占生產和市場。壟斷形成以後，就成為自由競爭階段之後的資本主義最深厚的經濟根源和社會

基礎。

2. 壟斷組織的形式及其發展

(1) 壟斷組織的基本形式包括：

①卡特爾是生產同類商品的大企業為劃分銷售市場而建立的壟斷聯盟。

②辛迪加是生產同類商品的企業為統一銷售商品和採購原料而建立的壟斷聯盟。

③托拉斯是由許多生產上有密切聯繫的企業合併組成的大型壟斷企業。

④康採恩是以實力最為雄厚的大企業為核心，把許多不同部門的企業聯合起來而形成的企業集團。

(2) 二戰後，壟斷組織形式有了新的發展。

3. 壟斷利潤和壟斷價格

壟斷利潤是壟斷企業憑藉對生產要素、技術專利等排他性的獨占權和市場勢力所獲得的超過平均利潤以上的超額利潤。

壟斷價格是指壟斷組織憑藉在經濟上的壟斷地位所制定的能夠帶來壟斷利潤的價格。它包括壟斷高價和壟斷低價兩種形式。壟斷價格是壟斷資本獲取壟斷利潤的主要手段。

4. 壟斷與競爭

(1) 壟斷與競爭的關係。壟斷在本質上是排斥競爭的，但壟斷又不能消除競爭，而只能與競爭共存。

(2) 壟斷競爭的特點。

(3) 壟斷競爭的基本形式。壟斷競爭的基本形式有兩種：一是壟斷資本與非壟斷資本的競爭；二是壟斷資本之間的競爭。

5. 壟斷資本主義的基本經濟特徵

(1) 私人壟斷資本和壟斷組織在社會經濟生活中占據了支配地位。

(2) 工業壟斷資本與銀行壟斷資本日益緊密地融合為金融資本和金融寡頭。

金融寡頭：銀行壟斷資本和工業壟斷資本日益融合在一起形成一種新型資本，就是金融資本；掌握這種龐大的金融資本的最大資本家或資本家集團（又稱財團）就是金融寡頭。

參與制：壟斷資本家通過掌握一定數額股票對企業實行控制的一種製度。金融寡頭利用參與制，達到控制和支配比自己的資本大幾倍、幾十倍甚至上百倍的他人資本，大大加強了自己在經濟上的統治地位。

(3) 資本輸出具有特殊的意義。資本輸出是資本的所有者、經營者或其國家政府，基於一定經濟利益或政治、軍事目的的對外投資。資本輸出按其形式可分為借貸資本輸出和生產資本輸出兩種類型。

(4) 國際壟斷同盟從經濟上瓜分世界。國際壟斷同盟就是資本主義各國的大壟斷組織根據協定成立的國際性的聯盟。它通過瓜分世界市場、制定壟斷價格、控制生產規

模、壟斷原材料來源、分割投資場所、組織聯合生產等，從經濟上分割世界。

(5) 主要發達資本主義國家從經濟和政治上控制世界。

(二) 國家壟斷資本主義及其對經濟的干預和調節

1. 國家壟斷資本主義的產生及其原因

國家壟斷資本主義是國家政權和壟斷資本融合在一起的壟斷資本主義。

國家壟斷資本主義的形成和發展不是偶然的。它是科技進步和生產社會化程度進一步提高的產物，是資本主義基本矛盾進一步尖銳化的必然結果。

2. 國家壟斷資本主義的表現形式

(1) 國家直接佔有壟斷資本。

(2) 國家與私人共有的壟斷資本。

(3) 國有壟斷資本與私人壟斷資本在社會再生產過程中的結合運動。

(4) 國家對社會再生產進行干預和調節。

3. 國家壟斷資本主義的實質及其作用

國家壟斷資本主義的實質仍然是資本主義和壟斷資本主義。

國家壟斷資本主義與以往資本主義的差別。

國家壟斷資本主義的作用和局限性。

(三) 經濟全球化與資本主義的歷史地位

1. 經濟全球化的廣泛發展及其社會經濟影響

(1) 經濟全球化的概念。

經濟全球化指生產要素的配置和經濟活動的開展，不但跨越了國界相對自由地以全球範圍為空間進行，而且使世界各國在生產、分配、交換和消費諸環節的相互聯繫和交織日趨緊密，向全球經濟整體的方向發展。它具有客觀必然性。

(2) 經濟全球化的主要特點。

經濟全球化發展到現階段，主要表現出以市場經濟為基礎、以生產力和新科技革命的迅猛發展為動力、以跨國公司為載體、以經濟發達的資本主義國家為主導等若干特點。

(3) 經濟全球化的性質。

經濟全球化從本質上考察，其性質具有二重性：一方面，它是生產社會化及經濟國際化在時間和空間上的多維度拓展，因而它反應了科學技術進步和人類社會生產力發展的客觀要求；另一方面，經濟全球化又是在當代資本主義的主導下進行的，由此，在現在及今後相當長的一個時期內，經濟全球化必然帶有資本主義生產關係全球性擴張的色彩。

(4) 經濟全球化的社會經濟後果。

經濟全球化是把「雙刃劍」，其對世界經濟的影響也是福禍相倚，有利亦有弊。

2. 經濟全球化趨勢下資本主義的矛盾及歷史地位

(1) 經濟全球化趨勢下壟斷資本主義的矛盾。

國家壟斷資本主義產生後，資本主義基本矛盾依然存在並支配著資本主義的發展過程。

(2) 資本主義生產關係的變化或自我調整。

在資本主義發展的歷史進程中，伴隨著社會生產力的發展，其生產關係先後經歷了三次大的調整變化。

這種調整和變化，是為適應社會生產力發展，資本主義生產關係所做的自我調整或部分質變。但它並不能從根本上消除資本與雇傭勞動間的對立關係，亦不能從根本上解決該社會生產方式的基本矛盾。

(3) 經濟全球化趨勢下資本主義的歷史趨勢。

壟斷資本主義的發展，為社會主義最終取代資本主義奠定了物質基礎。由壟斷資本主義向社會主義的過渡是一個相當長的歷史階段。

三、重點問題解答

(一) 壟斷是如何形成的？

壟斷就是獨占，就是少數大企業或若干企業通過一定的形式聯合起來獨占生產和市場。當生產和資本高度集中時，就必然會形成壟斷。生產集中是壟斷形成的物質基礎。生產和資本集中之所以會引起壟斷，是因為以下幾個方面的原因。

(1) 生產集中，使企業規模擴大，生產能力迅速膨脹。在一定時期的特定市場上，需求總是有限的。如果企業仍然遵循自由競爭的規律各自開足馬力進行生產，勢必導致生產過剩，利潤減少，也造成資源的浪費。為了保持與擴大利潤，大企業間有必要結成壟斷組織，瓜分市場份額，以調節生產。

(2) 把持了某個部門或某幾個部門大部分生產和銷售的少數壟斷企業之間容易達成協議，對產量和價格進行控製，以獲取高於自由競爭條件下的平均利潤水平的高額利潤；同時，正是企業的規模巨大，限制了資本在部門間和部門內的自由轉移，壓制了競爭，從而產生壟斷的趨勢。

(3) 生產集中使大企業規模巨大，資本雄厚，產品及企業形象在公眾中有一定地位。這對中小企業進入大企業的生產經營領域構成較高的進入壁壘，使自由競爭受到限制，逐步形成少數大企業寡頭壟斷的格局。

(4) 少數大企業之間勢均力敵。為了避免過度競爭造成兩敗俱傷的災難性後果，企業常常不得不謀求某種妥協，以這種或那種形式聯合起來結成壟斷同盟，壟斷或控製一個部門或幾個部門的生產和市場，以保證大家都能獲得高額利潤。

(二) 什麼是壟斷利潤及其來源？

壟斷利潤是壟斷企業憑藉其對生產要素、技術專利等排他性的獨占權和市場勢力所獲得的超過平均利潤以上的超額利潤。追逐壟斷高額利潤是壟斷企業生產的唯一目的和動機。

壟斷利潤來源於：①壟斷企業內工人創造的剩餘價值；②通過壟斷價格，將非壟斷企業工人和小生產者創造的一部分剩餘價值轉移過來；③通過壟斷價格和對外擴張，攫取的殖民地、附屬國和其他國家勞動者創造的一部分剩餘價值；④通過國家財政進行的國民收入再分配，攫取的國內外勞動人民創造的一部分價值。

在壟斷階段，壟斷資本可以憑藉其在生產和流通中的壟斷地位，長期獲得大量的壟斷高額利潤。因為在壟斷條件下，資本等生產要素在不同產業部門之間的自由轉移受到壟斷造成的一系列進入壁壘與退出壁壘的限制。這樣，在自由競爭階段充分發揮作用的利潤率平均化就難以發揮作用。

(三) 壟斷價格的特徵和制約因素是什麼？

壟斷資本獲取壟斷利潤的主要手段是規定壟斷價格。壟斷價格是指壟斷組織憑藉其在經濟上的壟斷地位所制定的能夠帶來壟斷利潤的價格。它包括壟斷高價和壟斷低價兩種形式：前者是指壟斷組織在商品銷售時規定的超過商品價值和生產價格的壟斷價格；後者是指壟斷組織利用其壟斷地位在購買和傾銷商品時人為壓低的價格。

但是，壟斷組織不能無限制地提高商品的售價，也不能任意壓低商品的價格。因為壟斷價格的制定要受到一系列因素的制約：一是要考慮商品的需求。如果商品價格定得太高，消費者會減少需求（在收入水平一定的情況下），或尋求低價的替代商品，從而迫使高價商品的價格下降。二是要考慮商品的供給。商品供給過多、超過需求，同樣會引起商品價格的下跌，這正是壟斷企業在制定壟斷高價時必須限制產量的原因。同時，為了不使高價成為誘導新資本進入該產業展開競爭的因素，壟斷價格也要定在能夠成功阻止其他資本進入的適當高度。因為壟斷不能完全排除競爭，在同一部門中常常存在幾個壟斷組織，它們之間的競爭在一定程度上對壟斷價格起著抑制作用。三是要考慮產品的成本。過高的價格必然會導致產品銷售量與產量相應減少，引起設備利用率下降和產品成本上升，最終使利潤減少。壟斷企業在制定壟斷高價時必須在價格和產量之間進行權衡，使之符合長期利潤最大化的目標。任何企業都不能不考慮市場容量而任意提高壟斷價格。

(四) 壟斷與競爭的關係是什麼？

壟斷是對自由競爭的否定。在沒有約束的條件下，壟斷總是會破壞自由競爭的市場規則，因此壟斷在本質上是排斥競爭的，但壟斷又不能消除競爭，而只能與競爭共存。

壟斷之所以不能消除競爭，是因為：①競爭是商品經濟的產物，壟斷的出現並沒有，也不可能消滅商品經濟，競爭規律必然存在並起作用；②任何壟斷都無法達到「純粹的壟斷」地步，壟斷組織與非壟斷組織並存、壟斷企業與「局外企業」並存是壟斷資本主義社會的一般現象；③各壟斷企業、各部門的發展由於技術的和經濟的原因總是不平衡的。因此，在大量中小企業競爭中成長起來的壟斷，不可能消除競爭，而只能是壟斷與競爭並存，並賦予競爭新的特點。

（五）壟斷競爭有何特殊性？

壟斷條件下的競爭改變了競爭的具體目的、手段和後果，有其新的特點和形式。

（1）壟斷競爭的特殊性：第一，壟斷企業競爭的目的是追求壟斷高額利潤等特殊利益，而不是一般的平均利潤甚至不是一般的超額利潤。第二，競爭的手段和方法更加多樣化。不僅有一般的價格競爭和傳統的經濟手段，如加強經營管理、使用先進設備、提高生產技術水平等，還包括促銷競爭、質量和服務競爭等在內的多種非價格競爭，甚至利用經濟以外的手段，如採取收買、訛詐、玩弄金融上的計謀，通過控製和利用政府採取政治軍事手段（包括公開使用暴力）等實現其特殊利益。第三，在競爭的主體上，分散的中小企業之間的自由競爭已經讓位於壟斷組織之間的競爭。第四，競爭不但在國內進行，而且擴展到國外。第五，由於壟斷組織力量強大，競爭的強度更大、更為激烈並具有更大的破壞性。總之，競爭產生壟斷，而壟斷又在相當程度上加劇了競爭。

（2）壟斷時期的競爭，從形式上看，既存在壟斷組織內部的競爭、各壟斷資本集團之間的競爭，又存在壟斷組織和中小企業之間的競爭。從性質看，既有壟斷競爭，又存在非壟斷的自由競爭。壟斷競爭成為主要的競爭形式並與自由競爭並存，反應了壟斷條件下資本競爭關係的新特點。這一變化不能不對資本主義經濟的運行機制及其後果產生重大影響。從市場經濟的觀點看，壟斷和壟斷競爭會破壞公平競爭原則，部分地使市場調節失敗，從而影響資源的最優配置，不利於工人、消費者和中小企業，造成社會資源的浪費和居民福利的損失。

（六）金融資本及其在當代統治形式下的新發展

（1）工業資本的集中和壟斷促進了銀行資本的集中和壟斷。這是因為大工業企業成為銀行資本充足存款的來源，為銀行業集中提供了物質條件。銀行業的集中和壟斷使銀行的作用發生了根本性的變化。現代社會化大生產中，工業企業常常需要銀行提供數量較大、期限較長的貸款，從而形成了工業企業對銀行的依賴；同時，銀行業的集中，使得大銀行有足夠的資本為企業提供數量大、期限長的貸款。由於企業的很多金融活動都是通過銀行進行的，銀行不僅有充分的條件來確切地瞭解企業的業務情況，還可以通過各種信用手段來影響企業經營的規模和方向，甚至最終決定企業的命運，從而在生產和資本的集中過程中起重要的作用。這時的銀行已經不是簡單的支付仲介者，而是萬能的

壟斷者。這樣通過金融聯繫，銀行壟斷資本和工業壟斷資本日益融合在一起形成一種新型資本，就是金融資本。掌握這種龐大的金融資本的最大資本家或資本家集團（又稱財團）就是金融寡頭。金融資本和金融寡頭的形成標誌著資本主義已從自由競爭階段過渡到壟斷階段。

（2）金融寡頭在經濟領域的統治，主要是通過參與制、發行有價證券、創辦新企業、改組中小企業等方式進行的；在政治領域，則採取人事聯合把壟斷勢力滲透到國家上層建築的各個領域。

（3）金融資本或金融寡頭在當代統治形式下的新發展，主要表現為：①統治的範圍進一步發展；②傳統的家族色彩淡化，股份法人壟斷化加強；③傳統的金字塔式垂直控製格局，讓位於以銀行資本為核心的現代金融資本網狀式聯合控製；④脫離實體經濟運轉的虛擬金融經濟得到快速發展，並對社會經濟的平穩發展產生不利影響。

（七）資本輸出的原因及其性質

（1）壟斷資本主義時期的資本輸出有其必要性，且成為該時期基本經濟特徵之一，除反應了社會生產力高速發展、生產國際化的客觀要求外，更具決定意義的是由經濟發達資本主義國家的壟斷統治所造成的。首先，過剩資本的出現，是資本輸出的物質基礎或必要前提。由於資本累積一般規律的作用，在壟斷條件下，發達資本主義國家國內市場相對狹小，形成資本過剩。在國內缺乏更為有利的投資場所的情況下，為了追逐高額壟斷利潤，這些「過剩」資本就必然要輸往國外。其次，壟斷競爭的激化是資本輸出的重要推動力。壟斷並沒有消除競爭，反而加劇了競爭。壟斷造成的大規模生產，使商品銷售和原材料來源問題更加尖銳，為此而展開的國際競爭不斷激化。資本輸出一方面可以帶動商品輸出甚至可以越過對方國家的貿易壁壘，在國外就地生產、就地銷售；另一方面把資本輸出到其他國家進行資源開發，亦可獲取比較優勢，保證相對廉價的勞動力或原材料的穩定來源。最後，壟斷資產階級國家的積極參與為資本輸出提供了可靠保障。

（2）發達資本主義國家的資本輸出，在本質上是壟斷資本獲取壟斷高額利潤，爭奪世界經濟霸權的重要手段。對東道國而言，外資的流入也帶來了某些先進的生產技術和管理經驗；資本輸出到經濟落後國家，客觀上加速了這些國家市場經濟和商品貨幣關係的擴展，還起到了彌補本國經濟發展的資金、外匯不足缺口的作用，因而在一定程度上是有利於其經濟發展的。

（3）值得注意的是，隨著經濟的發展和對外開放的擴大，自20世紀60年代以來，一些發展中國家也開始對外投資。除了部分石油輸出國組織的國家，發展中國家對外投資是它們加強國際經濟聯繫，充分利用國內、國際兩個市場和兩種資源，更有效地發展對外經濟貿易，獲取盡可能大的開放效應的有效途徑。

(八) 國家壟斷資本主義的性質及其作用

國家壟斷資本主義儘管有著多種形式，並在二戰之後得到空前發展，但並沒有從根本上改變以資本主義私有制為基礎的生產關係，其實質仍然是資本主義和壟斷資本主義。與以往資本主義的差別在於：在國家壟斷資本主義歷史階段，壟斷資產階級通過控制國家機器，充分利用國家政權加強對國內外勞動人民的剝削，以獲取穩定的高額壟斷利潤。作為一般私人壟斷資本基礎之上的、資本社會化最高形式的國家，已不但具有傳統的作為上層建築性質的國家政權的功能，而且已經與壟斷資本融為一體，以總資本家的身分直接參與社會再生產的總過程。但是，國家並不是單方面、無條件地服從某個或某些壟斷組織。在為壟斷資本服務的同時，它也要顧及非壟斷資本中小企業的利益以及普通民眾的利益，以此緩解社會基本矛盾，並保證壟斷資產階級的長遠利益。

國家壟斷資本主義的產生和發展，是資本主義生產方式範圍內壟斷資本主義生產關係的自我完善或局部調整，是壟斷資本主義由一般私人壟斷向國家壟斷的部分質變。一方面，它在一定程度上適應了現代科技革命和生產高度社會化條件下社會生產力的發展；另一方面，它又是壟斷資產階級利用國家機器干預社會經濟生活，緩解社會基本矛盾並保證其獲取壟斷高額利潤的新的形式。

國家通過國有壟斷資本與私人壟斷資本相結合，通過宏觀政策手段進行直接和間接的經濟調節參與社會再生產過程，改變了傳統的自發市場調節的運行機制，在一定程度上適應了生產社會化的要求，因而在一定時期有利於經濟的發展和某些社會矛盾的緩和。首先，國家對經濟進行調節和干預，通過國有壟斷資本的活動和各項經濟政策，特別是財政政策與貨幣政策的運用和經濟計劃的實施，能較大地影響經濟週期的變化，減弱經濟危機的程度和衝擊。其次，市場調節和國家調節相結合，有利於科學技術進步、局部比例和宏觀比例的協調、地區結構與產業結構的改善、生態環境惡化的緩解，有利於彌補單純市場調節的某些弱點。最後，國家調節使壟斷與非壟斷經濟成分的矛盾以及勞資矛盾得到一定的緩解，因而有利於經濟和社會的穩定。

國家壟斷資本主義又不可能從根本上解決資本主義生產方式的內在矛盾。第一，它不可能抑制私人壟斷資本生產的盲目性和對雇傭勞動者的剝削性，因而解決社會生產的無政府狀態。第二，它也無法從根本上改變資本主義社會生產資料的佔有關係以及貧富懸殊，因而解決生產相對過剩的矛盾。第三，它的宏觀調控政策、擴大政府開支以刺激經濟發展的政策手段，導致了巨額的財政赤字、通貨膨脹、通貨緊縮和經濟衰退交替出現，財政金融危機加劇。第四，在國際經濟領域，國家對國際經濟的干預，是伴隨著舊的國際政治經濟秩序對發展中國家的控制和剝削，以及對這些國家社會經濟的可持續發展的破壞而進行的。

(九) 由私人壟斷資本主義發展到國家壟斷資本主義的必然性是什麼？

國家壟斷資本主義的形成和發展是科技進步和生產社會化程度進一步提高的產物，

是資本主義基本矛盾進一步尖銳化的必然結果。具體來講，主要原因是：

（1）二戰以後經濟恢復的需要。英、法、日、德等國家，在戰後都面臨著恢復和發展經濟的迫切任務。而這僅靠私人壟斷資本是無能為力的，不能不借助國家的力量。西歐國家還以政府出面的形式，結成了經濟共同體，借助一體化的力量來發展經濟。這種區域性的國際壟斷聯盟標誌著國家壟斷資本主義發展到一個更高的水平。美國也必須擴大社會總需求以適應由於科技和社會生產的發展而急遽膨脹起來的社會總供給；同時，其推行單邊主義全球戰略，以及作為世界霸主而奉行遏制其他國家力量的擴軍備戰的冷戰政策，也都促使其加速了國家壟斷資本主義的發展。

（2）社會生產力的發展和生產社會化程度的提高，要求生產資料佔有形式發生變化，這是國家壟斷資本主義產生的物質基礎。壟斷的形成使資本關係的社會化程度得以提高。但一般壟斷資本主義生產關係，即個別的或集團的壟斷資本的生產資料佔有，仍然是少數人的佔有。隨著二戰後科學技術的巨大發展和社會分工的擴大與加深，生產的高度社會化，資本關係和生產力之間的矛盾也日趨尖銳。特別是現代化的生產規模巨大，需要巨額資本；重大科技項目的研究和開發往往是耗資巨大的系統工程，需要許多專業科技人員和科研單位進行更大範圍的廣泛協作；經濟結構有待調整和演變；科技和教育事業要求大力發展；環境和生態平衡需要治理；社會分工的發展要求打破國界、協調各國之間的經濟關係等。這些問題往往不是私人壟斷資本所能夠和願意解決的，這就不能不突破私人壟斷資本的局限，由作為「總資本家」的國家直接投資或與私人壟斷資本合資來解決。

（3）為緩解社會基本矛盾，應克服經濟危機，實現經濟穩定發展的需要。在資本主義社會，由資本主義經濟矛盾所決定的、生產的巨大膨脹和有支付能力的需求相對縮小之間的矛盾，使社會不斷爆發週期性的經濟危機。對於危機的發展和加深，要求借助國家的力量，借助政府的各種「反危機」措施，來消除危機所造成的影響。

（4）應對國際市場日趨激烈競爭的需要。二戰前，發達資本主義國家在國際市場上的矛盾主要是通過各國之間爭奪殖民地附屬國的戰爭形式表現出來的，國家壟斷資本主義的軍事性質尤為突出。二戰後，隨著舊殖民體系的瓦解，西方各國直接統治的地盤大大縮小，它們在爭奪原料產地、投資場所和商品的銷售市場等方面的鬥爭也更為激烈。因此，各國壟斷集團為在國際競爭中取得有利地位，必須依靠國家力量，發展國家壟斷資本主義。

（十）試述經濟全球化發展的特點及其社會經濟後果

經濟全球化發展到現階段，主要表現出以市場經濟為基礎、以生產力和新科技革命的迅猛發展為動力、以跨國公司為載體、以經濟發達的資本主義國家為主導等若干特點。

經濟全球化是把「雙刃劍」，其對世界經濟的影響也是福禍相倚，有利亦有弊。

從積極的方面看，經濟全球化的好處主要是：①經濟全球化可以在世界範圍內實現資源的最優配置，使一國經濟發展在既定條件下最大限度地擺脫資源和市場的束縛，生產效率得到明顯提高。②經濟全球化為發展中國家實現經濟發展和趕超發達國家提供了前所未有的大好機遇。經濟全球化帶來了國際分工的發展、產業的轉移和資本及技術等生產要素的流動以及規模經濟效應，對於發展中國家彌補資本、技術等生產要素缺口，利用後發優勢以迅速實現產業演進、技術進步、製度創新和經濟發展都是非常有利的。

從消極的方面看，經濟全球化的影響主要是：①不同國家從經濟全球化中獲得的收益不平等，因而國際關係中潛藏著各種危險。經濟全球化涉及政治、經濟以及社會發展的各個領域，而構成這種關係的基礎——舊的國際經濟關係就是不平等的、體現為建立世界經濟和國際貿易體系的方式不平等，貿易條件、金融、投資和技術轉移不平等，因此經濟全球化所帶來的利益和損失的分配也是不平等的。在全球治理機構尚未形成、超國家主權的基礎還不夠牢固的情況下，經濟全球化發展會引發世界性的多方面的衝突和相當大的震盪。②經濟風險國際傳導機制的強化，是經濟全球化發展給世界經濟帶來的消極影響的另一個突出方面。經濟全球化趨勢下金融自由化和全球化的發展，使得發生在一些國家和地區的金融動盪和危機，迅速向全球蔓延，進而引發並形成全球性的金融危機。③經濟全球化還使各國政府的宏觀調控遇到新的困難。經濟全球化和與之相應的國際經濟一體化，在增強了一系列國際經濟組織以及超國家行為主體的經濟和政治協調功能的同時，勢必在某種程度上使各國政府宏觀經濟決策的獨立性和國民經濟宏觀調控能力削弱，並給許多國家特別是發展中國家對外開放進程中經濟的穩定和可持續發展帶來巨大的不確定性。

由此可見，利用經濟全球化提供的有利條件，積極促進經濟全球化朝著有利於實現共同繁榮的方向發展，趨利避害，使各國特別是發展中國家都從中受益，是世界各國特別是發展中國家所不得不面臨的一個重要問題。

(十一) 如何正確理解資本主義歷史地位的二重性？

(1) 資本主義經濟製度是一種以生產資料私有製為基礎、以資本家無償佔有雇傭工人剩餘勞動為特徵的剝削製度。作為人類歷史發展的一個階段，相對於資本主義的其他社會經濟製度，資本主義製度有著歷史進步性的一面。其一，資本主義為商品經濟的最廣泛發展提供了條件。其二，商品經濟所固有的市場競爭和價值規律的內在要求，以及資本對剩餘價值和超額利潤的瘋狂追逐，為科學技術的進步和社會生產力的迅猛發展，提供了強勁的動力。其三，資本主義擺脫了奴隸社會和封建社會對勞動者的超經濟強制，以及勞動者對統治階級的人身依附，實現了自然經濟瓦解後人類社會歷史上首次人的法律上的平等和人身自由，為勞動者生產積極性的提高、勞動者素質及勞動技能的提高以及科技進步創造了必要條件。

(2) 相對於人類社會的全面發展，資本主義製度又有著其消極落後的一面，這主要

反應在資本主義生產方式固有的基本矛盾的存在及發展上:

生產力與生產關係的矛盾在資本主義生產方式中表現為生產的社會化與生產資料資本主義私人佔有這一基本矛盾。這一基本矛盾在自由競爭的資本主義時期,是在資本累積的過程中,通過平均利潤的下降、資本和人口的相對過剩以及生產過剩的經濟危機表現出來的。

壟斷資本主義時期,生產和資本國際化加強,資本主義大國爭奪世界市場、投資場所和原料產地的鬥爭激化。資本主義國家之間的矛盾,資本主義國家與殖民地、半殖民地之間的矛盾,各大資本集團之間的矛盾,成為這一時期資本主義矛盾的新的特點。

儘管當代資本主義經濟又有了令人矚目的新發展,但資本主義經濟規律如資本累積規律、價值規律、發展不平衡規律等仍在發揮作用。同時,在資本主義內在規律的作用下,高新技術發展和全球化趨勢的加強引發了科學技術和生產力的迅猛發展與經濟體制的矛盾、生產發展與分配不公的矛盾、經濟與社會發展不協調的矛盾、物質生產高水平與文化危機的矛盾,等等。這些矛盾及其引發的社會經濟的失調和危機日益突出,且有向全球蔓延的趨勢。

由自由競爭的資本主義到壟斷資本主義,再發展到國家壟斷資本主義,是資本主義生產關係所進行的局部調整。儘管這在一定程度上適應了社會生產力的進一步發展,但它並沒有從根本上改變資本主義社會的性質,也不可能從源頭上解決資本主義這一社會生產方式所固有的矛盾。向新的能促使人類社會發展更好的社會生產方式的轉換,是歷史的必然。

四、疑難問題和學術爭鳴

(一) 壟斷價格的出現是否表明價值規律不起作用了?

壟斷價格是指壟斷組織憑藉在經濟上的壟斷地位所制定的能夠帶來壟斷利潤的價格。它一般高於或低於商品的價值或生產價格。雖然壟斷高價和壟斷低價都偏離價值,但壟斷價格的形成並不違背價值規律。它只是進一步改變了價值規律作用的表現形式,使商品的市場價格比較長期地、穩定地背離生產價格和價值。從全社會來看,整個社會的商品價值,仍然是由生產它們的社會必要勞動創造的。壟斷價格既不能增加也不能減少整個社會所生產的價值總量,它只是對商品價值和剩餘價值做了有利於壟斷資本的再分配。從整個社會看,商品的價格總額仍然等於商品的價值總額。

(二) 平均利潤和壟斷利潤的主要區別是什麼?壟斷利潤的出現是否改變了利潤率平均化規律?

平均利潤和壟斷利潤的區別主要體現在以下方面:

(1) 形成過程的區別。前者是自由競爭時期資本在部門間自由轉移流動的結果；後者是壟斷資本憑藉壟斷地位所獲取的。

(2) 數量上的區別。前者按資本和平均利潤率獲得；後者則大大高於前者。

(3) 來源上的區別。前者是社會剩餘價值總額按資本重新分配，來源於全社會產業雇傭工人所創造的剩餘價值。後者主要來源於四個方面：壟斷企業內部工人創造的剩餘價值；非壟斷企業工人創造的剩餘價值與小生產者價值的轉移；其他經濟欠發達國家創造的一部分價值；政府財政收入再分配的轉移。

壟斷利潤的出現並不是對利潤率平均化規律的否定，而是使平均利潤二重化。利潤率平均化規律表現為在壟斷部門和非壟斷部門兩個層次範圍內發生作用，並形成兩種不同水平的平均利潤率。

(三) 如何認識壟斷所產生的積極效應和消極效應？

西方經濟學界主流經濟理論認為壟斷帶來帕累托低效率。[1] 壟斷企業以壟斷價格為前提獲取壟斷利潤，在制定壟斷高價時必然限制產量，因而使消費者的利益受到損害。依靠壟斷的地位即可長期獲得利潤或超額利潤，使得壟斷企業不僅往往缺乏技術創新的動力，還可能會成為技術進步的阻礙。

與此相反，也有觀點認為壟斷有著促進技術進步的一面。[2] 熊彼特認為，在巨型公司和不完全競爭中存在著創新與技術進步的動力源泉。還有研究表明，具有壟斷性質的技術專利製度是促進技術進步、科技創新的製度保證。

在此基礎上，反壟斷應當把社會整體效率作為基本目標，把消除市場禁入、保持有效競爭放在重要位置，以有利於形成市場有效競爭前提下企業規模經濟優勢，並打擊濫用市場優勢地位的行為。

(四) 跨國公司迅速發展的原因及其特點有哪些？

跨國公司是指在兩個或兩個以上國家或地區，通過直接投資或股權收購建立分支機構，從事跨國生產經營活動的企業。

(1) 二戰後跨國公司廣泛而迅速的發展有其深刻的經濟與政治原因：一是發達資本主義國家生產和資本的高度積聚和集中形成相對過剩資本，為了追逐高額壟斷利潤，到境外尋求投資機會。二是壟斷競爭激化的結果。三是現代科技革命的發展提供了有利的技術條件。四是國家壟斷資本主義成為國際經濟的干預和協調的重要支柱。

自20世紀60年代以來，一些發展中國家的跨國公司也開始出現，並得到一定發展。這是發展中國家加強國際經濟聯繫，充分利用國內、國際兩個市場和兩種資源，更有效

---

[1] 範里安·H. 微觀經濟學：現代觀點 [M]. 費方域，等，譯. 上海：上海人民出版社，1994.
[2] 蔣澤中. 企業兼併與反壟斷問題 [M]. 北京：經濟科學出版社，2001.

地發展對外經濟貿易，獲取盡可能大的開放效應的有效途徑。

（2）跨國公司的發展一般具有如下特點：一是以其全球性戰略安排作為經營目標；二是經營方式上趨於多樣化和本土化；三是所有制形式更趨多元化，即企業組織形式上經歷了由單一的全資子公司到控股公司，再進一步到非股權安排的合作經營的多元化轉換。

（3）隨著經濟全球化的發展，20世紀90年代以來跨國公司的發展又呈現出新的特點：一是跨國兼併規模巨大且成為跨國投資的主要形式；二是跨國強強聯合的兼併紛紛出現；三是包括同行業兼併和橫向相關行業兼併，以及跨行業兼併在內的各種兼併，所涉及的行業非常廣泛。

（五）如何正確認識當代資本主義「國有經濟」的性質？

主要以國有企業形式出現的當代資本主義「國有經濟」一般是通過兩條途徑建立起來的：一是國家財政撥款直接投資開辦建立企業；二是通過「國有化」，即國家高價收購或以其他補償損失的辦法，把某些私人企業收歸國有。國有壟斷企業不僅包括國家直接經營的國有企業，還包括許多租讓給私人壟斷組織經營的國有企業。這種國有經濟主要有兩種類型：一種是航空航天、軍事等新興產業，另一種是基礎設施和基礎工業部門，如電力、交通運輸、港口、郵電，以及煤炭、鋼鐵等傳統工業部門。在國有企業裡，國家是生產資料、壟斷資本的直接所有者，企業的各種生產經營活動由國家調節，而在社會資本再生產過程中，同私人壟斷企業的各種經營活動相結合。

當代資本主義「國有經濟」的產生和發展，並不是表明資本主義社會的生產資料實現了社會佔有，即全民的公共所有制。對西方國有經濟進行評價，關鍵問題就是怎樣把握和看待國家的本質。現代資本主義國家，不管它的形式如何，本質上都是代表資本家利益的，都是理想化的總資本家。西方的國有經濟本質上不過是國家這個總資本家代表私人資本家佔有生產資料，是為私有制經濟發展服務的手段。而且實際上在當代西方國家的所有制結構中，私有制仍然是基礎並占據統治地位，國有經濟和其他經濟成分只是一種補充形式。當然，西方的國有經濟也有其積極的意義。根據恩格斯的觀點，資本主義的國有化，是為社會本身佔有一切生產力做準備的階段。列寧也指出，國家壟斷資本主義為社會主義提供了完備的物質基礎，是走向社會主義的入口。

（六）如何看待當代資本主義企業股權分散化趨勢？

二戰後，西方國家在所有制或者財產產權關係上，出現了資本形式的多樣化和社會化趨勢，也就是通過發展國有企業、合作制、股份制、基金會投資等形式，使部分私人的財產權在更大的社會層面得到擴散。通過實行股份制，企業之間互相參股或者互相購買法人股的現象極其普遍，企業職工個人持股、社會個人購買股票的人數也在增加。

應該肯定，西方私企股權的這種分散化，是生產資料正在逐步走向社會佔有制的一

種體現形式。馬克思、恩格斯在《資本論》《社會主義從空想到科學的發展》等著作中，就曾經把資本主義社會中的股份制和股份公司，稱為揚棄單個私有資本、向生產者集體所有或者社會所有過渡的一種因素。馬克思還指出，股份資本從運行的形式上來說，是「社會資本」，股份企業是「社會企業」，這是作為私人財產的資本在資本主義生產方式本身範圍內的揚棄。① 儘管如此，我們也應看到，目前西方企業的股權分散化並沒有改變企業的資本家的私有性質，也沒有真正實現生產資料的社會公有制。因為判斷股份制企業姓「公」姓「私」的標準，主要看控股權是屬於社會還是屬於個人，而西方企業目前控股的仍只是少數壟斷資本家。社會上一些分散的家庭手中握著極少數股票，但又並不控股，不能說明生產資料真正實現了社會佔有。股權分散化在本質上只是極少數大亨寡頭搜羅社會資金的一種巧妙形式，其用意和目的在於，以較少的股票持有份額支配和控製更多的資本和勞動，降低自有資本的投資風險。股份制不過是少數人實現資本集中的最有效、最快速、最簡捷的形式和手段。②

（七）學術界關於當代資本主義變化特徵的不同觀點

概括地說，國內學術界關於當代資本主義的變化特徵有三種代表性觀點。

一是以李琮、仇啓華等為代表的國家壟斷資本主義的觀點③；二是以黃素庵等為代表的國際壟斷資本主義的觀點④；三是以高放為代表的社會資本主義的觀點⑤。

法國一些學者認為，當代資本主義發展到了金融壟斷資本主義階段。⑥ 另外，西方馬克思主義學者提出「晚期資本主義」理論。他們認為，在當代資本主義社會科學技術的進步變成了獨立的剩餘價值來源，用對科技工具理性的批判取代了對資本剝削的批判，否定了馬克思的剩餘價值學說；他們用政治危機、文化危機（合法性危機、合理性危機）淡化經濟危機，把現代資本主義的一切弊端都歸結為文化系統出了故障；他們試圖用改良主義的方法，如建立交往理論、後現代主義、重建社會主義體系等來解決晚期資本主義的各種社會矛盾。⑦

我們認為，生產的社會化與生產資料資本主義私人佔有這一基本矛盾，是商品經濟基本矛盾發展到一定階段的必然產物。它貫穿於自由競爭資本主義、壟斷資本主義和國家壟斷資本主義不同歷史階段的始終。20世紀80年代以來，特別是「冷戰」結束後經濟全球化的迅猛發展，在現代科學技術進步的強力推動下，資本主義經濟又有了令人矚

---

① 馬克思，恩格斯. 馬克思恩格斯全集：第25卷 [M]. 中共中央馬克思恩格斯列寧斯大林著作編譯局，譯. 北京：人民出版社，1975：493.
② 劉翠香，等. 關於當代資本主義幾個熱點問題的思考 [J]. 山東教育學院學報，2003（2）：36-37.
③ 李琮. 當代資本主義的新發展 [M]. 北京：經濟科學出版社，1998.
④ 黃素庵，甄炳禧. 重評當代資本主義經濟 [M]. 北京：世界知識出版社，1996.
⑤ 高放. 社會資本主義是資本主義的最高階段 [M]. 江漢論壇，2001（8）：27-32.
⑥ 李其慶. 西方左翼學者對當代資本主義的研究 [M]. 馬克思主義研究，2002（1）：64.
⑦ 孫蘭英. 資本全球擴張與當代資本主義新變化的特點及趨勢 [J]. 天津大學學報（社會科學版），2008（3）.

目的新發展，但資本主義經濟規律仍在發揮作用。同時，包括發達國家之間的矛盾、發達國家與發展中國家之間的矛盾、發展中國家之間的矛盾、國際區域組織內部的矛盾等，資本主義的矛盾也有了新變化。發達資本主義國家內部的經濟矛盾，也有許多新的表現。在經濟全球化和國際經濟一體化日趨發展、深化的今天，這些矛盾及其引發的社會各方面的失調和危機也日益突出，說明當代資本主義經常陷入由其內在矛盾引起的困惑之中。

（八）如何看待反全球化運動的興起及其社會影響？

反全球化運動是在經濟全球化帶來一系列負面影響的背景下產生的，其發展十分迅速，涵蓋領域廣泛，表現形式多樣，參與者涉及不同國家的不同階層人士。

從反全球化運動參與者的主張可以看出，反全球化運動是一種有廣泛社會基礎的特殊的國際運動。這個運動的鋒芒一開始就直接指向以美國為首主導全球化的七國集團，指向主要依照七國集團制定的規則推行全球化的國際組織——世界貿易組織、國際貨幣基金組織和世界銀行。對全球化的質疑和批判主要集中在主導當前經濟全球化的新自由主義，剖析這種全球化所帶來的消極影響和危害性後果。一些發達資本主義國家的共產黨人則把反全球化同他們反對資本主義制度、爭取社會主義的鬥爭逐漸結合起來，把鬥爭的矛頭直接指向世界資本主義制度及其國際經濟政治秩序。

從總體上而言，反全球化運動的興起，是對標榜公正與平等、繁榮與富足的全球化的一個極大諷刺。它的產生和發展，客觀上在一定程度是有利於減少或糾正經濟全球化所帶來的負面效應的。

（九）如何認識壟斷資本主義的發展為社會主義最終取代資本主義奠定了物質基礎？

首先，壟斷使資本主義生產走向全面社會化。壟斷使各產業部門形成了規模巨大的企業，並由此控制了各所在行業國內及國際市場產品生產、銷售和科研的主要部分。在國家壟斷資本主義階段，國家政權同壟斷組織的結合，經濟力量和政治統治的結合，跨國公司和形形色色的國際壟斷同盟的發展，以及由國家政權出面的國際經濟協調等，更使生產社會化和國際化達到空前程度。這在客觀上為向社會主義的過渡創造了物質基礎。

其次，壟斷使生產管理社會化大大加強。伴隨著壟斷特別是國家壟斷的發展，社會性組織管理機構不斷發展和完善。在銀行、交通、郵政通信等全國規模的組織管理機構廣泛擴展的基礎上，國民經濟各部門及社會再生產的各個環節上，各種現代社會管理機構和組織形式紛紛出現，這就為社會主義準備著社會性的組織管理機構。

最後，壟斷使資本社會化程度進一步提高。在股份制度和信用制度發展的條件下，資本所有權和使用權的分離成為一種普遍現象。尤其是國家壟斷資本主義統治地位的確立使資本的使用不僅突破了資本家個人的私有範圍，也突破了壟斷組織的私有範圍。它

們聯合起來為社會所使用,資本的社會化程度空前提高,使其成為資本變為公共佔有的過渡點。

(十) 為什麼說由壟斷資本主義向社會主義的過渡是一個相當長的歷史階段?

生產關係作為人們之間的社會關係,有著自己產生和運動的規律。當一定社會形態的生產關係最終形成之後,生產關係和生產力的矛盾必然會導致這一生產關係走向自己的反面,被一種新的更高級的生產關係所替代。但是,生產關係的這種變化並不能否認它本身經過局部調整,可在一定程度上緩和與生產力發展的矛盾。資本主義生產關係的發展變化也是如此。在以機器大工業為基礎的社會化大生產形成而最終確立資本主義生產方式的統治以後,股份公司的出現、壟斷的形成以及國家壟斷資本主義的廣泛發展,正是資本主義私有制基礎上生產關係的局部調整。離開了這種變化,就很難解釋:資本主義生產方式在形成後,為什麼在一個較長時期內還具有生命力,生產力在一定階段還有較快的發展。

此外,壟斷資本主義向社會主義過渡的長期性,還在於:

其一,壟斷資本主義是一個龐大的世界體系。由於種種原因,現在已經取得社會主義革命勝利的,都是資本主義未獲得較充分發展的國家,因而還不足以給資本主義世界體系以致命打擊。而在眾多經濟發達的資本主義國家,儘管已經具備了向社會主義社會轉化的物質條件,但還未出現階級矛盾的激化導致無產階級和人民大眾只有從推翻資產階級的統治中才能找到自己的出路這樣一種形勢。從目前情況看,由於當代資本主義適應於其生產關係的調整,而在理論和政策實踐上推行諸如國民經濟計劃化、福利國家和全民資本主義等改良主義手法,使其國內社會的階級矛盾總體上得以暫時緩和、在相當長的一段時期內,實現社會轉化的社會政治條件尚不成熟。因而社會主義在全世界範圍內最終取代資本主義,還將有一個長期的過程。

其二,已經實現了社會主義革命、初步建立了社會主義製度的國家,集中精力抓好經濟建設,創造出比資本主義更高的生產力,這不僅是解決社會主義社會主要矛盾的實際需要,也是體現社會主義製度優越性,進而從根本上戰勝資本主義的根本保證。作為現有的社會主義國家,原有經濟文化的落後、前資本主義經濟殘餘和小生產自發勢力強大等原因,使其在解放生產力和發展生產力方面,顯然面臨著長期而十分艱鉅的任務。

其三,社會主義革命和建設沒有一個統一的現成模式,其經濟製度和政治製度的鞏固及完善,有一個探索的漸進過程。作為壟斷資本主義的對立物──國際社會主義的力量,在自身的發展過程中發生曲折或失誤也是難免的。無產階級及其先鋒隊,如果不能從實際出發,創造性地把馬克思主義的基本原理和本國的國情及實踐相結合,就會在革命和經濟建設的過程中犯這樣或那樣的錯誤,甚至出現一時的倒退──在國際共產主義運動的歷史上,這種情況曾多次發生。這當然也會給壟斷資本主義更多的喘息機會。

儘管如此,從根本上看,人類歷史上最後一種人剝削人的製度最終過渡到社會主義

和共產主義，是歷史前進的必然。

（十一）怎樣認識經濟全球化條件下社會主義和資本主義兩種社會製度的並存發展？

（1）兩種社會經濟製度具有對立性。社會主義和資本主義作為本質不同的兩種社會製度，在政治、經濟和意識形態等方面存在著巨大的差別和明顯的對立，儘管這種對立在不同的歷史時期和國家背景下時而緩和時而激烈。

（2）兩種社會經濟製度具有統一性。社會主義和資本主義兩種不同社會製度的存在及其發展，都必須以能夠適應社會生產力發展為基本前提。作為人類社會生產力發展不可逾越的階段，商品生產和市場經濟發展進程中許多共性的規律和經驗教訓，是值得相互學習和借鑑的。社會化大生產條件下國際分工和國際經濟聯繫的廣泛發展，人類社會發展進程中所面臨的諸如全球生態環保和疾病防治等問題，亦離不開不同社會製度國家的交往與合作。

（3）兩種社會經濟製度具有轉換性。按照歷史唯物主義觀點，由資本主義向社會主義的轉換，是社會生產力發展到一定程度人類社會發展的必然。但是，這一過程又是曲折和反覆的，甚至難免出現社會主義國家倒退為資本主義國家的現象。不斷解決社會主義建設的重大理論與現實問題，探索出符合國際背景和本國實際的社會主義道路，創造出比資本主義更高的社會生產力，是社會主義國家值得高度關注的歷史使命。

第八章 社會主義經濟製度的建立及初級階段

一、本章內容簡介

本章主要分析和概述社會主義經濟製度的建立過程和基本特徵、社會主義初級階段理論的基本內涵及初級階段的基本經濟製度。

第一節介紹了中國社會主義經濟製度的建立，重點闡述了在科學社會主義理論的指引下中國社會主義經濟製度的建立以及對社會主義基本經濟製度的特徵和認識過程。

第二節闡釋了社會主義初級階段及其規定性，分別從「社會主義初級階段的提出」「社會主義初級階段質的規定性及其依據」「社會主義初級階段的主要矛盾和根本任務」等角度予以分析。

第三節在前面分析的基礎上全面分析了社會主義初級階段的基本經濟製度，重點分析了社會主義初級階段的所有制結構和公有制的主體地位。

通過本章學習，重點瞭解為什麼中國現在和將來較長一段時期處於社會主義初級階段，社會主義初級階段質的規定性及其依據，以及中國在社會主義初級階段的所有制關係和分配關係的基本特徵。

二、本章主要知識點

（1）馬克思和恩格斯對社會主義製度的設想：公有制必然代替私有制，無產階級通過革命奪取資產階級全部資本，把一切生產工具都集中在國家手中，全社會實行生產資料的社會所有制。此外，在農村實行集體所有制。未來社會將會消滅商品和貨幣，實行計劃經濟。

（2）中國特色社會主義：以共產主義的生產方式和社會形態為目標和結果，走一條非一般的資本主義的特殊發展道路，完成按一般規律本應由資產階級及資本主義製度來完成的歷史任務，實現國家經濟和社會的現代化。

（3）中國社會主義經濟製度的建立：沒收官僚資本，建立社會主義全民所有制；和

平贖買民族資本，壯大社會主義全民所有制；改造個體私有制，建立社會主義勞動群眾集體所有制。

（4）社會主義經濟製度是以公有制為基礎的新型經濟製度，生產資料公有制是社會主義經濟製度區別於資本主義經濟製度的最本質的特徵。迄今為止，社會主義經濟製度都是在無產階級掌握國家政權後，利用國家政權的力量，通過改造私有製度而建立起來的。

（5）社會主義初級階段不是泛指任何國家進入社會主義社會都要經歷的起始階段，而是特指我們這樣一個脫胎於半殖民地半封建社會的國家，在生產力落後、商品經濟不發達條件下建設社會主義必然要經歷的特定階段。社會主義初級階段基本經濟製度是以公有制為主體、多種所有制經濟共同發展。

（6）公有制：一個社會群體（或一個社會的全體成員或部分成員）共同佔有生產資料的所有制形式。其本質是生產資料的所有者可以自己或委託他人在全社會或社會的部分範圍內運用生產資料進行生產，並憑藉其對生產資料的所有權獲得經濟利益。

（7）社會主義公有制是生產資料歸社會主義國家的勞動者共同佔有和支配的一種新型的所有制。它的實現形式包括全民所有制、集體所有制、混合所有制經濟中的國有成分和集體成分。

（8）非公有制是中國現階段除了公有制經濟形式以外的所有制經濟結構形式，它是社會主義市場經濟的重要組成部分。

（9）個體經濟是由勞動者個人或家庭佔有生產資料，從事個體勞動和經營的所有制形式。它是以勞動者自己勞動為基礎，勞動成果直接歸勞動者所有和支配。

（10）私營經濟是以生產資料私有和雇傭勞動為基礎，以取得利潤為目的的所有制形式。

（11）外資經濟是中國發展對外經濟關係，吸引外資建立起來的所有制形式。它包括中外合資經營企業、中外合作經營企業中的境外資本部分以及外商獨資企業。

（12）股份制是一種以入股方式把分散的、屬於不同人所有的生產要素集中起來，統一使用、企業經營、自負盈虧、按股分紅的一種現代企業的資本組織形式和經濟組織形式。其基本特徵是生產要素的所有權與使用權分離，在保持股份所有權不變的前提下，把分散的使用權轉化為集中的使用權。

三、重點問題解答

（一）中國確定社會主義初級階段基本經濟製度的依據是什麼？

把以公有制為主體、多種所有制經濟共同發展作為社會主義初級階段的基本經濟製度確立下來，是由中國社會主義初級階段的國情決定的。

(1) 中國是社會主義國家，必須堅持以公有製作為社會主義經濟製度的基礎。

(2) 中國處於社會主義初級階段，生產力發展總體水平低、不平衡、多層次。為與這種狀況相適應，需要在以公有制為主體的條件下發展多種所有制經濟。

(3) 以公有制經濟為主體，多種所有制經濟共同存在、共同發展已成為中國現實經濟中客觀存在的事實。

(二) 如何認識社會主義初級階段及其規定性？

1. 初級階段的科學規定性

(1) 從社會性質來說，中國已經進入社會主義社會，這是共產主義的初級階段。

(2) 從發展程度和發展水平來看，中國的社會主義還處在不發達階段。

2. 初級階段的客觀依據

(1) 生產力發展水平：總的來說，中國人口多，底子薄，人均國民生產總值居於世界後列，同世界發達國家相比仍然處於比較落後的狀況。中國的經濟增長方式比較粗放，勞動生產率、經濟效益、經營管理水平不高；生產社會化程度低，市場經濟還不發達，自然經濟、半自然經濟還占相當大的比重；產業結構不夠合理，第三產業比重遠低於發達國家，城鄉結構、地區結構也不合理；國民經濟整體實力較差，國際競爭力不強；經濟建設與人口增長、資源利用、環境保護之間還存在較大矛盾。

(2) 生產關係的性質：生產資料公有制和按勞分配主體地位已經確立，實現共同富裕、避免兩極分化有了根本保證，並確立了中國經濟的社會主義性質。但公有制實現形式、公有制的生產資料與勞動者的結合方式、按勞分配具體實現形式以及效率與公平的關係等還不夠完善。

(3) 上層建築的性質：社會主義上層建築已經確立，社會主義基本政治製度已占社會統治地位，勞動人民當家做主，確立了中國社會的社會主義性質。但政治體制還有待改革，民主和法治兩個方面都還有待進一步完善。在具體的領導製度、組織形式和工作方式上，還存在一些缺陷，官僚主義、封建殘餘思想、腐敗現象還時有發生，有時還相當嚴重。

(三) 社會主義初級階段的主要矛盾和根本任務是什麼，為什麼？

(1) 社會主義初級階段的主要矛盾是人民群眾不斷增長的物質文化需要同落後的社會生產之間的矛盾。其中，矛盾的主要方面是落後的社會生產。

(2) 社會主義初級階段的根本任務：集中力量發展生產力。

①只有大力發展生產力，才能不斷鞏固和完善社會主義製度，最終建立共產主義製度。

②只有大力發展生產力，才能滿足人民群眾不斷增長的物質文化需要，實現社會主義生產的根本目的。

③只有大力發展生產力，才能建設高度的社會主義精神文明。
④只有大力發展生產力，才能維護國家主權和獨立。

總之，是否有利於發展社會主義社會的生產力，是否有利於增強社會主義國家的綜合國力，是否有利於提高人民的生活水平，是中國現階段考慮一切問題的出發點和落腳點。

（四）如何全面認識社會主義公有制經濟？

（1）社會主義公有制是生產資料歸社會主義國家的勞動者共同佔有和支配的一種新型的所有制，其本質是勞動者在全社會或社會的部分範圍內運用生產資料進行生產、並憑藉其對生產資料的所有權獲得經濟利益。它是社會主義生產發展的基礎和最根本的特徵，是全體勞動人民物質文化生活水平不斷提高的基本條件。

（2）社會主義公有制必須堅持公有制的主體地位：公有資產在社會總資產中占優勢；國有經濟控製國民經濟命脈，對經濟發展起主導作用。這是就全國而言，有的地方，有的產業可以有所差別。公有資產占優勢，要有量的優勢，更要注意質的提高。國有經濟起主導作用主要體現在控制力上。

（3）在現階段，中國社會主義公有制有多種實現形式。它不僅包括國有經濟和集體經濟，還包括混合所有制經濟中的國有成分和集體成分。公有制的實現形式可以而且應該多樣化，一切反應社會化生產規模的經營方式和組織形式都可以大膽利用。在符合「三個有利於」標準的前提下，要努力尋找能夠極大地促進生產力發展的公有制實現形式。

總之，全面認識社會主義公有制經濟，就微觀層面看，有利於培養和發展多元化投資主體，有利於實施跨部門、跨行業、跨所有制和跨國經營的大企業集團戰略，對推進國有企業改革、發揮國有經濟的主導作用，有著重要的作用；就全社會層面而言，有利於社會化大生產的進行，有利於保證勞動者在生產資料佔有上的平等地位，有利於保證社會生產目的和勞動成果分配的社會主義性質。

（五）在社會主義市場經濟條件下，如何理解「國有經濟在國民經濟中的主導作用主要體現在控製力上」？

（1）改變傳統觀念，國有經濟在國民經濟中的主導作用，不等於說國有經濟在國民經濟中所占比例越高越好，或在各類所有制企業中，國有企業的數量越多越好。

（2）國有經濟在國民經濟中的主導作用，主要體現在對國民經濟發展的正確導向和對經濟運行整體態勢的控制和影響上，而非在公有資產佈局的面面俱到上。國有經濟應支撐、引導和帶動整個社會經濟的發展，在實現國家宏觀調控目標中發揮重要作用。

（3）增強國有經濟在國民經濟中的控制力主要體現在以下幾個環節上：
①國有經濟在關係到國民經濟命脈的重要行業和關鍵領域占支配地位；

a. 涉及國家安全的行業；
b. 自然壟斷行業；
c. 提供重要公共產品和服務的行業以及支柱產業；
d. 高新技術產業中的重要骨幹企業。

②國有經濟應保持必要的數量，更要有分布的優化和質的提高。國有經濟在整個國民經濟中占主體地位和保持控製力，意味著國有經濟必須在數量上處於一定的水平，在國民經濟總量中佔有一定的比例；同時，必要的數量基礎只有與「分布的優化和質的提高」統一起來，才能從根本上增強國有經濟的控製力：一是體現為在重要行業和關鍵領域的支配地位，二是要有強大的科技能力和市場競爭能力。

③國有經濟的作用既要通過國有獨資企業來實現，又要大力發展股份制，探索通過國有控股和參股企業來實現。股份制的產權結構具有多元化的特點，股份制企業具備現代企業產權清晰、政企分開、權責明確和管理科學的製度特徵。因此要大力發展股份制，探索通過國有控股和參股企業來實現國有經濟對國民經濟的主導作用和控製作用。

④國有經濟在國民經濟中的主導作用，在國家經濟發展的不同階段，在不同產業和不同地區，可以有所差別。同時，根據不同時期的不同情況，國有經濟還應當不斷地調整經濟佈局，以發揮最佳控製效果。

（六）怎樣理解「使股份制成為公有制的主要實現形式」？

2003年中共十六屆三中全會《中共中央關於完善社會主義市場經濟體制若干問題的決定》提出，要適應經濟市場化不斷發展的趨勢，進一步增強公有制經濟的活力，大力發展國有資本、集體資本和非公有資本等參股的混合所有制經濟，實現投資主體多元化，使股份制成為公有制的主要實現形式。這是對公有制實現形式認識的重大發展。

要使股份制成為公有制的主要實現形式，其實踐推進的主要途徑就是大力發展混合所有制經濟。社會主義市場經濟的製度要求決定了必須推行股份制，鼓勵各類資本交叉持股、相互融合，大力發展國有資本、集體資本和非公有資本等參股的混合所有制經濟。

（1）發展混合所有制經濟能夠放大國有資本功能，增強國有經濟的控製力和影響力。通過發展混合所有制經濟，國有資本可以在股份制形式下吸引和組織更多的社會資本，擴大國有資本的支配範圍，放大國有資本的功能，正確引導國民經濟沿著良性軌道運行。

（2）發展混合所有制經濟有利於國有資產流動重組，實現國有資產保值增殖。股份制企業產權明晰的組織形式也有利於國有資本通過資本市場在不同行業和企業間的流動。發展混合所有制經濟，完善國有資本有進有退、合理流動的機制，還可以進一步推動國有資本更多地投向關係國家安全和國民經濟命脈的重要行業和關鍵領域，增強國有經濟的控製力。

（3）發展混合所有制經濟對於國有企業轉換經營機制，成為獨立的法人實體和真正的市場主體有著巨大的推動作用。在建立健全國有資產管理和監督體制的同時，進一步推行國有大中型企業的規範股份制改造，結合調整國有經濟佈局和結構，發展國有資本控股或參股的股份制企業。

（七）股份有限公司和股份合作制企業的比較

（1）股份有限公司又簡稱股份公司，它是把確定的資本劃分為若干等額股份，由一定人數的有限責任股東組成的公司。它的主要特徵是：

①股東對公司只負有限責任，即以投入的股金為限對公司的債務負責。公司全部資本劃分為若干等額的股份，以股票的形式在社會上公開發行出售。

②它是典型的財產或資本的組合公司，股東只有在持有股票時才是公司財產的所有者之一。

③股票可以在市場上隨意轉讓、買賣，公司對此不加以限制，股票的價格隨行就市。

④股東有法定最低人數的限制。

⑤公司財務必須公開。

⑥多數股份公司的股東不直接參與公司的經營管理，公司的所有者與經營者通常是分開的。

⑦股份公司的股東人數眾多，資本籌集較容易，競爭能力較強。

（2）股份合作制企業是兩個或兩個以上個人或組織，以各自的資金、實物、技術等生產要素為股份，自願組織起來從事生產經營活動的企業組織形式。

股份合作制企業遵循自願互利、民主管理、風險共擔、利益共享的原則建立起來。即入股財產仍歸入股者所有，新增資產歸入股各方共有；經營所得利潤可以按勞分配，也可以按股分配；經營風險由入股者共同承擔。這是一種由勞動者的勞動聯合和資本聯合形成的具有中國特色的企業財產組織形式。

股份合作制企業既具有股份制的某些特點，又具有合作制的某些特點。它避免了在合作中容易產生的合併財產和平調勞動力的弊病，同時把分散的生產資料集中起來，較快地形成新的生產經營規模。

（八）社會主義初級階段為什麼要鼓勵和支持非公有制經濟的發展，如何鼓勵和引導非公有制經濟的健康發展？

1. 社會主義初級階段鼓勵和支持非公有制經濟發展的原因

中國社會主義初級階段之所以要在壯大和發展公有制經濟的基礎上鼓勵和支持非公有制經濟的發展，從根本上說，是由生產關係一定要適應生產力發展狀況的規律決定的。

（1）社會主義初級階段生產力總體發展水平較低，部門、區域之間發展不平衡。

（2）生產力發展水平呈現出多層次。

①既有高度社會化的生產和經營，又有中等社會化的生產和經營，還有社會化程度很低的生產和經營。

②既有技術水平和自動化水平較高的大機器生產，又有半機械化、半手工操作的生產，還有落後的手工方式的生產。

總之，社會主義初級階段的非公有制經濟對滿足人們多樣化需要、增加就業、促進國民經濟的發展都有著重要作用。

2. 鼓勵和引導非公有制經濟健康發展的思路

中共十六屆三中全會提出了「不禁止則自由」的新思路，從而為非公有制經濟的發展掃清了製度性障礙，表現在以下幾個方面：

（1）大力發展和積極引導非公有制經濟，允許非公有資本進入法律法規未禁入的基礎設施、公用事業及行業和領域。

（2）非公有制企業在投融資、稅收、土地使用和外貿等方面與其他企業享受同等待遇。

（3）對非公有制企業既要改進監管，又要改進服務。

四、疑難問題和學術爭鳴

(一) 對股份制企業所有制性質的爭論[1]

中共十六屆三中全會後，經濟學界對所有制問題展開了新一輪的激烈討論和冷靜反思，焦點集中在如何判斷股份制企業的所有制性質。目前學術界對於既有公有資本又有非公有資本參股的股份制企業（A）和沒有國有資本和集體資本參股的股份制企業（B），並沒有達成共識，對其所有制性質及其能否成為公有制的實現形式，爭論非常激烈。為了便於討論，把上述 A 稱為「混合所有制企業」，把 B 稱為「公眾股份制企業」。當前，對這兩種股份制企業的所有制性質的爭論，大致可以分為三種觀點：

1. 泛公有制論

該理論認為在中國社會主義市場經濟條件下，要突破對傳統公有制的認識，社會主義公有制存在多種形式，有公有股參股的混合所有制企業和沒有公有股參股的公眾股份制企業都屬於新的公有制企業，都是中國公有制企業的實現形式。這種觀點也叫條件論，具體表現為：①新公有制論。厲以寧認為，在社會主義市場經濟條件下，社會主

---

[1] 李萍，劉金石. 十六屆三中全會後中國所有制問題最新研究綜述 [J]. 河南大學學報 (社會科學版), 2005 (5).

公有制企業有四種新形式。這四種新形式分別是：新的國家所有制，即經過改制後完全由國家獨資或幾個國家投資機構持股的股份制公司；由國家控股或國家參股的股份制企業，通常被稱為混合所有制企業；沒有國家投資的公眾持股企業，包括公眾直接持股和間接持股兩類，可稱為公眾所有制企業；公益性基金所辦的企業。②勞動者所有制論。於金富認為，要突破公有制只有國有制、集體所有制兩種形式的固有觀念，應當確立實行國制、集體所有制、股份制、股份合作制等多種公有制形式的新觀點；要擯棄個人所有等於私有的固有觀念，確立勞動者個人所有的社會聯合同樣是公有制的新觀點。③基本經濟製度論。湯在新認為，中國現階段的基本經濟製度是指「公有制為主體、多種所有制經濟共同發展」的經濟製度，公有制和非公有制都屬於社會主義社會的基本經濟製度。④公有資產增殖論。即只要能使公有資產實現保值增殖的股份制，都應視為公有制的實現形式。⑤共同佔有論。股份制企業的股東只有股權而無產權，它的財產權歸企業所有，是一種企業所有制。在社會主義製度下，不論是否有公有股參加，股份制都應定性為公有經濟，即社會經濟。⑥民有經濟論。王玨認為，混合所有制企業是具有民有性質的民有經濟，是一種新的公有制形式。⑦生產目的論。李連仲認為，在社會主義條件下，股份制的發展符合社會主義生產目的的要求，同時生產出各種產品以滿足社會的多種需要，也是公有制的實現形式。⑧民營經濟論。胡岳岷認為，黨的十六屆三中全會《中共中央關於完善社會主義市場經濟若干問題的決定》提出使股份制成為公有制的主要實現形式，不但為國有企業改革指明了方向，而且也為民營經濟證明了「公有制」的身分，只要是股份制形式就是公有經濟的重要組成部分。

2. 或公或私論

該理論認為股份制不等於公有制，要根據控股資本的所有制屬性判斷該混合所有制企業的性質，公有資本控股的企業屬於公有制，私人資本或外國資本控股的企業、沒有公有資本參股的公眾股份制企業則不屬於公有制，因此這派觀點也叫控股論。持這派觀點的學者較多，比如曉亮、蔣學模、衛興華、錢津、項啓源、張豐蘭、黃範章等。除了某些概念的具體表述差別之外，他們的觀點基本相同，都明確反對「新公有制論」，而且論述的依據、論述的方式也基本相似。第一，他們批評「新公有制企業」的概念錯誤地把所有制性質與企業的組織形式混為一談，認為公有制與股份制是兩個不同層次的概念。第二，他們基本都引用黨的十五大報告關於股份制的判斷，之後得出結論並認為要根據控股權的性質來界定股份制企業的性質：①對於混合所有制企業，公有資本控股的股份制企業屬於公有制性質，是公有制的實現形式。私人資本或外國資本處於控股地位的股份制企業屬於私有制性質，是私有制的實現形式，不是公有制的實現形式。②對於公眾股份制企業，沒有公有資本的參與，不屬於公有制企業，也不是公有制企業的實現形式。

3. 非公非私論

該理論認為股份制企業既不屬於公有制，也不屬於私有制，至於屬於哪一種所有

制，又有許多不同的理解。①對於混合所有制企業，有兩種不同的理解：認為混合所有制經濟本身不具有明確的社會經濟屬性，既非公有制經濟，也非私有制經濟，但它是由不同所有制的經濟主體通過資本聯合或經營聯合而成的一種新型的所有制形式；認為混合所有制不是新的所有制形態，只是一種過渡形式。②對於公眾股份制企業，郭飛認為，它既不屬於公有制，也不屬於私有制，而是屬於勞動者的個人所有制。他認為，公眾持股企業是指股權直接或最終歸自然人所有而且股權高度分散化的企業。假定股東絕大多數都是勞動者，勞動者擁有絕大多數股份，並且沒有公有資本或資本家相對控股，那麼這類股份制企業的性質既不屬於社會主義公有制，也不屬於資本主義私有制，而是屬於勞動者的個人所有制。

值得注意的是，持「泛公有制論」觀點的人，在論證自己的觀點的時候，也有人說「股份制企業既不屬於傳統的公有制，也不屬於私有制」。他們用「新公有制」「社會所有制」「公眾所有制」「公眾股份制」「勞動者股份制」「共有制」「共同佔有制」「民有制」「新集體所有制」，或者直接用「公有制」「集體所有制」等概念來描述股份制企業的「公有制性質」。本書把這種觀點歸屬於「泛公有制論」，而不是「非公非私論」。同樣地，持「控股論」觀點的人，在闡述自己的觀點的時候，也有人講「股份制企業既不屬於傳統的公有制，也不屬於私有制」。他們認為股份制是財產的社會組織形式，其本身並沒有姓資姓社的區別，但是股份制企業的所有制性質取決於控股資本的性質。本書把這種觀點歸屬於「控股論」，而不是「非公非私論」。

(二) 對「混合所有制經濟」的不同理解

黨的十六屆三中全會提出要大力發展混合所有制經濟。從目前國內關於所有制問題研究的最新狀態及其發展趨向看，對於「混合所有制經濟」的不同理解主要體現在下述兩個層面。

1. 關於混合所有制經濟的「混合」

有些學者把「混合所有制經濟」稱為「混合經濟」（衛興華，2004；何偉，2004），但是準確地說，混合經濟與混合所有制經濟是有所區別的。應當明確的是，黨的十六屆三中全會所提出的「國有資本、集體資本和非公有資本等參股的混合所有制經濟」顯然不是指「計劃與市場相結合」意義上的混合經濟，而是一個針對探索公有制的實現形式提出來的概念，指的是不同所有制經濟「混合」而成的一種經濟形態。

從國內當前已有的文獻來看，大部分學者都把「混合經濟」等同於「混合所有制經濟」，但是具體在對「混合」的理解上，又有兩種不同的觀點。

(1) 第一種觀點認為，混合所有制經濟指的是公有經濟和私有經濟的「混合」。公有經濟包括國有經濟和集體經濟，私有經濟包括私營經濟、個體經濟和外資經濟。

衛興華認為，所謂混合經濟，就是公有制經濟與私有制經濟相混合存在的一種經濟。如果是外資企業或私營企業組建的股份制，沒有公有制經濟參與，那麼它就是私有

制經濟的實現形式，並不是混合經濟，更不具有公有制性質。王宜新認為，由公有產權和私有產權混合生長的混合所有制經濟，是指由不同所有制的經濟主體、企業法人和自然人，通過資本聯合或經營聯合而成的一種新型的所有制形式。

（2）第二種觀點認為，混合所有制經濟除了公有經濟與私有經濟的「混合」，還包括公有經濟內部國有經濟成分與集體經濟成分的「混合」，以及私有經濟內部各種所有制經濟形式的「混合」。

何偉認為，混合經濟不僅是國有經濟和非公有經濟的混合，還包括各種不同公有經濟的混合。這樣界定混合經濟，說明只要不是單一的所有制都是混合所有制經濟，過去所講的全民所有制和集體所有制，也是兩種公有制混合所有制經濟。侯孝國和湯宪達認為學術界較為流行的觀點可以歸納為：混合所有制就是指兩種或兩種以上的基本所有制形式的聯合或結合形式，基本所有制形式指國民經濟總體所有制結構中的具體所有制形式，如全民所有制、集體所有制、個體經濟、私營經濟、外國資本主義經濟。

2. 關於混合所有制經濟的層次

（1）第一種觀點從微觀層次和宏觀層次兩個層面來理解混合所有制經濟。

曉亮把「混合所有制經濟」與「混合經濟」兩個概念區別開來，並且認為，混合所有制經濟指的是市場經濟的微觀基礎即企業的產權結構，由純粹單一的所有制轉化為由不同所有制性質歸屬的資本在同一企業內「混合」在一起。而混合經濟指的是一個社會的所有制結構，即在整個宏觀經濟中同時存在多種所有制形式和經濟成分。只有當社會上的所有制全部由單一的所有制組成時，才不是混合經濟。與這種觀點相近的是，何偉把不同資本所有者的資本在企業內的融合稱為「資本混合所有制經濟」，而把由多種不同所有制形式組成的社會生產資料所有制結構稱為「混合所有制經濟」。類似地，葛揚把不同所有制性質歸屬的資本在同一企業中「混合」的產權結構稱為「內生型混合所有制經濟」，把多種所有制和經濟成分並存的經濟結構稱為「外生型混合所有制經濟」。所不同的是何偉和葛揚並沒有區分「混合所有制經濟」和「混合經濟」兩個概念。

（2）第二種觀點反對把混合所有制經濟劃分為宏觀層次和微觀層次。

張旭認為層次所有制理論難以立足，因為如果說存在著所有制的不同層次，就無疑等於說可以在公有制的幌子下搞私有化。他還認為，混合所有制經濟是對所有制狀況的一種描述，而混合經濟是對所有制狀況具體實踐形態的一種概括，從屬於混合所有制，兩者是一個問題的兩個方面，相當於內容與形式的關係。現階段混合所有制就是「以公有制為主體，多種所有制經濟共同發展」，現實中各種經濟成分並存及其相互作用的表現形式就是所謂混合經濟。①

---

① 李萍，劉金石. 十六屆三中全會後中國所有制問題最新研究綜述 [J]. 河南大學學報（社會科學版），2005（5）.

(三) 經濟學的「哥德巴赫猜想」——學術界對馬克思「重建個人所有制」思想的紛爭

在《資本論》第 1 卷第 24 章「所謂原始累積」一章中，馬克思對重建個人所有制做了最為完整的論述：從資本主義生產方式產生的資本主義佔有方式，即資本主義的私有制，是對個人的、以自己勞動為基礎的私有制的第一個否定。但資本主義生產由於自然過程的必然性，造成了對自身的否定。這是否定的否定。這種否定不是重新建立私有制，而是在資本主義時代的成就的基礎上，也就是說，在協作和對土地及靠勞動本身生產的生產資料的共同佔有的基礎上，重新建立個人所有制。[①] 馬克思關於「重建個人所有制」的思想被稱為經濟學中的「哥德巴赫猜想」，中國學術界對這一問題眾說紛紜，時至今日仍未取得一致共識。[②] 綜合來看，大致可以歸納為以下三種主要觀點。[③]

（1）馬克思要「重新建立」的「個人所有制」，是指「生活資料的個人所有制」。

這種意見的主要依據是恩格斯在《反杜林論》中的解釋。恩格斯說，靠剝奪剝奪者而建立起來的狀態，被稱為以土地和靠勞動本身生產的生產資料的社會所有制為基礎的個人所有制的恢復。對任何一個懂德語的人來說，這也就是說，社會所有制涉及土地和其他生產資料，個人所有制涉及產品，那就是涉及消費品。持這種意見的人強調，恩格斯在《反杜林論》中對「個人所有制」的解釋是得到馬克思的讚同的，而且馬克思自己在《哥達綱領批判》中也認為，在未來社會「除了個人的消費資料，沒有任何東西可以轉為個人的財產」。[④]

與此觀點相反的學者（張興茂等）認為，馬克思把未來社會的所有制取代資本主義所有制看成一個否定之否定過程的終點，而這一過程的起點則是為資本主義所有制所否定的小生產者的生產資料所有制。既然起點是生產資料所有制，那麼終點也應是生產資料所有制，而不可能是消費資料所有制。而且，從歷史上看，消費品最終是由個人佔有的，資本主義條件下當然也是如此，所以，自然也就談不上「重建」的問題。

（2）馬克思要「重新建立」的「個人所有制」，是指生產資料「人人皆有的私有制」，即社會的生產資料歸每個社會成員私有，不存在有些社會成員有生產資料而有些社會成員沒有的現象。

這種意見認為，私有制有兩種類型：一是「部分人的私有制」，即社會生產資料只被社會上的一部分人所有；二是「人人皆有的私有制」，即「個人所有制」。馬克思批判

[①] 馬克思，恩格斯. 資本論：第 1 卷 [M]. 中共中央馬克思恩格斯列寧斯大林著作編譯局，譯. 北京：人民出版社，1975：832.
[②] 李葦，張雯雯. 析馬克思的「重建個人所有制」思想 [J]. 重慶郵電大學學報（社會科學版），2008（2）.
[③] 張燕喜，彭紹宗. 經濟學的「哥德巴赫猜想——馬克思『重新建立個人所有制』研究觀點綜述」[J]. 中國社會科學，1999（5）.
[④] 馬克思，恩格斯. 馬克思恩格斯選集：第 3 卷 [M]. 中共中央馬克思恩格斯列寧斯大林著作編譯局，譯. 北京：人民出版社，1975：11.

的是第一種類型的私有制，他並不反對人人皆有的個人所有制。持此觀點的人又把「人人皆有的私有制」等同於「社會個人所有制」，即「既是社會所有制，又是個人所有制」，並斷言其中個人所有制即生產資料「個人所有」，是馬克思和恩格斯「構想未來社會所有制的基本內核」。這種觀點把馬克思、恩格斯在《共產黨宣言》中的論述作為他們的依據：「共產主義並不剝奪任何人佔有社會產品的權力，它只剝奪利用這種佔有去奴役他人勞動的權力。」[1]

與之相反，一些學者認為，這種觀點同馬克思的思想完全背道而馳。究其原因，是對這裡的「個人」做了表面化的理解。馬克思的「個人所有制」中的「個人」是聯合起來的個人，是實現了社會結合的「個人」。因此，這個「個人所有制」根本不會是分割式的個人佔有生產資料。

（3）馬克思要「重新建立」的「個人所有制」，指的是生產資料的公有制。理由是：馬克思提出的「個人所有制」，是與在協作基礎上對土地及靠勞動本身生產的生產資料的「共同佔有」聯繫在一起的。因此，它與社會主義公有制應當是同一概念，二者無論是在內涵上還是在外延上都是一致的。但是，這種公有制不能認為就是我們曾實踐過的社會主義公有制，因為這種公有制並不能使社會每個勞動者切實地感受到他是生產資料的所有者。

持反對意見的學者認為，這種觀點雖然非常保險，但並不準確。因為：①從馬克思關於這種公有制所處階段的論述看，公有制→私有制→公有制是所有制演變的公式，它貫穿在人類社會發展的總過程中，這種否定之否定階段上的公有制是共產主義社會的所有制，而現在所論述的所有制還只是剛剛變革資本主義社會的社會主義社會及其過渡時期的所有制；②從馬克思對於這種公有制內涵的論述看，它指的是全社會佔有、社會全體成員支配，而現在所論述的所有制還只是自由人聯合體共同佔有的所有制；③從馬克思對這種所有制的環境的論述看，它要求國家消亡、商品貨幣消除、勞動成為人們生活的第一需要、人類已進入自由王國，而現在所論述的所有制所處的環境遠遠沒有達到這樣的地步。

此外，學術界還有以下意見：馬克思要「重新建立」的「個人所有制」，是指「勞動力個人所有制」；馬克思用「重新建立個人所有制」所表達的重點和要義，不是客觀財產的歸屬權，而是人的徹底解放；馬克思的「重新建立個人所有制」，是在充分發展的資本主義基礎上建立起來的高度發達的公有制，是「既是個人的又是公共的所有制」，是生產資料個人所有制與生產資料公有制的辯證統一；等等。於是，馬克思「重新建立個人所有制」的論述，成了一個無解的命題，構成了經濟學的「哥德巴赫猜想」。

---

[1] 馬克思，恩格斯. 馬克思恩格斯選集：第2卷 [M]. 中共中央馬克思恩格斯列寧斯大林著作編譯局，譯. 北京：人民出版社，1975：267.

(四) 馬克思、恩格斯關於未來社會經濟製度的基本設想

1. 關於未來的理想社會, 馬克思和恩格斯曾做過多種描述和表達

關於未來的理想社會, 馬克思、恩格斯曾經做過多種描述和表達: 有從生產方式的層次說的五種社會形態中的最後一種「共產主義社會」; 有從人與物、人與人的關係角度說的「第三種形態」, 即「建立在個人全面發展和他們共同的社會能力成為他們的社會財富這一基礎上的自由個性」; 有從所有制角度說的「生產資料共同佔有基礎上的個人所有制」; 有從管理和調控角度說的「計劃經濟」; 有從社會組織結構角度說的「生產者自由平等的聯合體」等。而且單是從社會組織結構方面來說, 也有多種不同的描述和表達, 馬克思用過「自由人聯合體」「生產者聯合體」, 恩格斯用過「生產者自由平等的聯合體」。

多種多樣、豐富多彩的表述說明一個什麼問題呢? 它說明馬克思、恩格斯心目中崇尚著一種理想的社會, 這種理想社會凝聚著人類世世代代對實現「天下為公, 世界大同」的美好憧憬。但是, 這種理想社會到底是個什麼模樣和怎樣才能實現, 則只能依靠人類在實踐中去創造。而在這個創造過程中, 人們可以有各種各樣的設計、設想、描述和表達, 也就是說, 這是一個可以也應該探討和研究的問題。

2. 馬克思和恩格斯對未來社會主義經濟製度的基本設想

馬克思主義創始人通過對生產社會化和資本社會化發展趨勢的分析, 得出了公有制必然取代資本主義私有制的結論, 並就未來社會提出了一些初步的設想。最初他們認為, 社會主義革命將在資本主義最發達的國家首先取得勝利, 因而可以通過無產階級取得政權的力量, 利用自己的政治統治, 一步一步地奪取資產階級的全部資本, 把一切生產工具集中在國家手裡, 實行單一的全民所有制。後來他們注意到, 許多資本主義國家的城鄉之間, 由於經濟政治發展不平衡, 農業中還存在大量的小農經濟。為此, 他們又提出了農業合作社的集體所有制思想。馬克思在寫作《哥達綱領批判》的前半年, 曾經針對歐洲國家的現實指出, 無產階級掌握政權後, 一開始就應當促進土地私有制向集體所有制過渡, 讓農民自己通過經濟的道路來實現這種過渡。[1] 恩格斯在逝世前所寫的《法德農民問題》一書中再次強調, 我們對於小農的任務, 首先是把他們的私人生產和私人佔有變為合作社的生產和佔有, 但不是採用暴力, 而是通過示範和為此提供社會幫助。[2] 上述設想是最早的關於社會主義取代資本主義之後兩種公有制並存的思想來源, 並被後來的蘇維埃政權付諸實踐。

雖然馬克思主義創始人後來認識到, 在落後的資本主義國家實行社會主義應該允許

---

[1] 馬克思, 恩格斯. 馬克思恩格斯選集: 第2卷 [M]. 中共中央馬克思恩格斯列寧斯大林著作編譯局, 譯. 北京: 人民出版社, 1975: 635.

[2] 馬克思, 恩格斯. 馬克思恩格斯選集: 第4卷 [M]. 中共中央馬克思恩格斯列寧斯大林著作編譯局, 譯. 北京: 人民出版社, 1975: 310.

兩種公有制並存,但是他們一直認為,在未來的公有制社會裡,將不存在商品貨幣關係。這大概是因為他們還沒有來得及深入考慮,在兩種不同的公有制之間將怎樣進行經濟交往和產品交換,也是由於他們當時對資本主義市場經濟無政府狀態這一嚴重缺陷的深刻認識。因此,馬克思主義創始人十分肯定地認為,未來社會將實行計劃經濟。馬克思在《資本論》中曾描繪過計劃經濟的情景:一旦自由人聯合體用公共的生產資料進行勞動,就會自覺地把他們許多個人的勞動力當作一個社會勞動力來使用,這時,勞動時間的社會的有計劃的分配,調節著各種勞動職能同各種需要的適當的比例,從而整個社會的生產將處於人的有意識、有計劃的控制之下。[1]

---

[1] 馬克思. 資本論:第 I 卷 [M]. 中共中央馬克思恩格斯列寧斯大林著作編譯局, 譯. 北京:人民出版社, 1975:95-97.

第九章　社會主義市場經濟體制

一、本章內容簡介

　　本章著重討論社會主義市場經濟體制，分為三節。
　　第一節介紹了經濟體制與經濟製度的關係，資源配置方式和經濟體制的關係，以及經濟體制的基礎知識。①按比例配置社會資源是一切社會化生產的共同規律，這一客觀規律在當代的具體實現形式主要有市場和計劃兩種類型。②計劃和市場作為資源配置的經濟手段，集權與分權作為國民經濟的組織管理方式，不具有獨立的社會或製度屬性，可以在任何所有制社會裡相互結合、混合使用，形成混合經濟體制。但是，當它作為反應經濟運行規律及其特點的經濟體制時，卻與社會經濟製度有著緊密的聯繫。
　　第二節闡述了中國社會主義市場經濟體制的選擇和建立完善過程，並分析了社會主義市場經濟體制的特徵和基本框架。①中國之所以選擇市場經濟體制，是基於中國計劃經濟體制的內在矛盾、社會主義存在商品經濟有其客觀必然性，以及中國社會主義初級階段促進生產力和世界經濟全球化發展的要求。當前深化改革、完善社會主義市場經濟體制的核心問題是進一步處理好市場與政府之間的關係。②中國的社會主義市場經濟體制是同中國社會主義基本製度結合在一起的市場經濟體制，具有不同於資本主義市場經濟體制的個性特徵。③從現代市場經濟體制的一般框架入手，在現代市場經濟體制模式的國際比較基礎上，提出了構建中國社會主義市場經濟的基本框架。其內容可以歸納為三個「製度」和兩大「體系」，即：既與社會主義基本經濟製度相適應，又符合市場經濟要求的現代企業製度；按勞分配為主體、兼顧效率公平的收入分配製度；更加公平、可持續的多層次社會保障製度；統一開放的市場體系和以間接手段為主的宏觀調控體系。
　　第三節討論了社會主義市場經濟運行中的經濟機制和市場體系相關知識。①市場運行機制的構成要素為價格機制、供求機制、競爭機制和風險機制。價格機制包括價格體系和價格形成機制，是市場機制的核心。而供求機制、競爭機制和風險機制是市場機制發揮作用的具體形式。市場機制的運行既有優點也有局限性。②市場體系是由諸多不同類型的市場構成的有機統一體，是市場運行機制發揮作用的前提條件。社會主義必須健全統一、開放、競爭、有序的現代市場體系。為加快現代市場體系的建立健全，要發展

各類生產要素市場，完善反應市場供求關係、資源稀缺程度、環境損害成本的生產要素和資源價格形成機制，規範發展行業協會和市場仲介組織，健全社會信用體系。③為了保證市場有序運行，國家依據市場運行規律制定了規範市場主體活動的各種規章製度（包括法律、法規、契約和公約等），即市場規則。它可以分為市場進出規則、市場競爭規則、市場交易規則和市場仲裁規則。

二、本章主要知識點

（1）資源配置：採用一定的調節機制，在不同用途和不同使用者之間分配各種稀缺性資源。基本的資源配置方式大體上分為自然配置、市場配置和計劃配置三種。

（2）計劃經濟：通過計劃配置資源的經濟體制。

（3）市場經濟：以市場為配置資源的主要方式的經濟體制。

（4）經濟機制：又叫經濟運行機制，是指在經濟運行過程中，經濟組織或經濟系統內部和外部各構成要素、各環節之間互相制約、互相作用的方式及其運行機理。經濟機制主要包括三個方面的內容：決策機制、信息機制和激勵約束機制。

（5）經濟體制：一定社會生產關係的具體形式，即生產關係的具體組織形式和經濟管理製度。

（6）經濟製度：一定社會居於統治地位的生產關係的總和，主要是生產資料所有制形式。

（7）社會主義市場經濟體制：在社會主義公有制基礎上，在國家宏觀調控下使市場機制在社會資源配置中發揮決定性作用的經濟體制。

（8）社會主義市場經濟體制的基本框架：包括建立符合市場經濟要求的現代企業製度，全國統一開放、競爭有序的完善的市場體系，以間接調控為主的國家宏觀調控體系，按勞分配為主體、兼顧效率公平的收入分配製度和更加公平、可持續的多層次的社會保障製度五個主要環節。

（9）市場機制：價格、競爭、供求等市場要素之間相互聯繫和作用的制約關係及其調節功能。

（10）市場體系：市場經濟中由商品市場和生產要素市場構成的有機體系。

三、重點問題解答

（一）經濟製度和經濟體制的含義

經濟製度是人類社會歷史階段的生產關係的總和。

經濟體制是組織和管理經濟的一整套具體製度和形式，是基本經濟製度的表現形式，是一定的生產資料所有制結構基礎上形成的整個國民經濟的組織管理製度和經濟運行機制。一定的經濟體制不僅是經濟製度的具體形式，還是生產力的組織形式。

經濟製度強調經濟利益關係，揭示人與人之間的深層次的所有制關係。經濟體制強調經濟組織關係，反應的是社會經濟中較淺層次的行為關係。

經濟製度是相對穩定的，它的變革取決於生產力與生產關係基本矛盾的狀況。而同一種經濟製度可以選擇不同的經濟體制，經濟體制是可以多種多樣的。

(二) 社會主義市場經濟體制的基本特徵

經濟體制改革確定什麼樣的目標，是關係到中國社會主義現代化建設全局的一個重大問題。這個問題的核心是正確地選擇資源配置方式，即處理好計劃和市場的關係。

社會主義市場經濟體制是在社會主義公有制基礎上，在國家宏觀調控下使市場機制在社會資源配置中發揮基礎性作用的經濟體制。具體地說，社會主義市場經濟體制使經濟活動遵循價值規律要求，適應供求關係的變化；通過價格槓桿和競爭機制的功能，把資源配置到效益較好的環節中去，並給企業壓力和動力，實現優勝劣汰；運用市場對各種經濟信號比較靈敏的優點，促進生產和需求的及時協調；針對市場自身的弱點和消極方面，國家對市場進行有效的宏觀調控。

社會主義市場經濟具有的一般市場經濟的共性主要表現在以下幾個方面：一是經濟關係市場化；二是企業行為自主化；三是宏觀調控間接化；四是經濟管理法制化。

社會主義市場經濟具有的特性，是指作為社會主義基本製度具有的規定性，也就是市場經濟體制同社會主義基本製度的結合而形成的製度性特徵。這是社會主義市場經濟體制特有的，也是社會主義市場經濟體制區別於資本主義市場經濟體制的根本特徵。這主要表現在以下幾個方面：

第一，在所有制結構上，公有制為主體，多種所有制經濟長期共同發展，不同所有制經濟的企業還可以自願從事多種形式的混合所有制經營。這裡有兩點必須明確：一是社會主義市場經濟以公有制為基礎，這是它區別於資本主義市場經濟的根本點，它決定著社會主義市場經濟的性質和發展方向。二是堅持公有制為主體，能防止財富佔有中的私人壟斷，從根本上保障分配公正；能有效利用公共資源，加快基礎產業、基礎設施和公共事業的發展；富有競爭力的國有制大型企業是實現科技進步的帶動力量；公有制經濟具有啟動快速和對國民經濟實施強拉動的功能，特別是公有金融體系本身具有宏觀調控手段的性質，而一個恰當的公有制的經濟結構，則能成為強化宏觀調控能力的體制保證。

第二，在分配製度上，按勞分配為主體，多種分配方式並存，兼顧效率與公平，逐步實現共同富裕。在社會主義市場經濟體制下，由於公有制經濟占主體地位，因此按勞分配在收入分配中占主體地位；要使市場對資源配置起決定作用，就必須相應地發展資

本市場、勞動力市場、土地市場、技術市場等生產要素市場，這樣就必然要承認按生產要素的貢獻分配收入。在社會主義市場經濟條件下，初次分配和再分配都要兼顧效率和公平，再分配更加注重公平，國家通過各種調節機制和社會政策防止在大力發展市場經濟的同時收入差距過分擴大，最終實現共同富裕的目標。這樣的分配原則和經濟目標，也是社會主義市場經濟體制區別於資本主義市場經濟體制的一個重要特徵。

第三，在宏觀調控上，社會主義國家將通過科學的宏觀調控、有效的政府治理，使社會主義市場經濟的發展服從社會主義發展的大目標，為提高人民生活水平、改善民生服務，為社會主義製度的鞏固和發展服務。社會主義市場經濟具有現代市場經濟的一般特徵，國家的宏觀調控和計劃指導是社會主義市場經濟的內在要求，也是其健康發展的必要條件。同時，社會主義國家代表全體人民的利益，政府在人民的授權和監督下行使宏觀調控的職能，有利於在科學發展觀的指導下，從全體人民的長遠利益和整體利益出發，完善宏觀調控體系，更加靈活有效地進行宏觀調控，實現經濟平穩、協調、可持續發展。

（三）中國建立社會主義市場經濟體制的必要性

（1）中國社會歷史上的特殊矛盾和特殊道路，是中國建立社會主義市場經濟體制的深層次原因。

新中國成立初期，在當時特定的國內外政治經濟大背景下，中國建立高度集中的計劃經濟體制，對於建構起一個獨立的、相對完整的國民經濟體系和工業體系，起到了一定的歷史的積極作用。但是，計劃經濟體制在社會主義實踐中逐步顯現出其內在的、固有的矛盾：

①組織結構上的條塊分割與社會化大生產的矛盾；
②政府權力的過分集中與生產者自主權缺乏的矛盾；
③平均主義的分配傾向與勞動效率損失的矛盾；
④社會資源的行政化配置與經濟失衡的矛盾；
⑤「一大二公」的所有制結構與生產力狀況之間的矛盾。

隨著中國社會主義經濟建設條件的變化，高度集中的計劃經濟體制越來越不適應進一步發展生產力以及現代化建設的需要。因此，對傳統計劃經濟體制的改革勢在必行。

（2）中國依然存在著商品經濟賴以生存的條件，是建立社會主義市場經濟體制的間接原因和社會主義經濟發展的內在要求。

市場經濟是高度發達的社會化的商品經濟，市場經濟的產生除了必須具備商品經濟的兩個基本前提，即社會分工和不同所有者的並存，還必須具備另外兩個重要條件，即社會化大生產和建立在此基礎上的資源與要素配置的市場化。這些條件都內在地存在於社會主義初級階段的經濟之中。

（3）進一步解放和發展社會生產力，是建立社會主義市場經濟體制的直接原因。

中國進行社會主義建設的首要任務是發展生產力、建立高度發達的社會主義物質文明。實踐證明，傳統計劃經濟體制的種種弊端束縛了生產力的發展，而市場經濟則是有效推動生產力發展的資源配置方式。因此，對傳統計劃經濟體制進行全面改革，選擇市場經濟體制，有利於解放和發展生產力。

(4) 世界經濟全球化、市場化發展，是建立社會主義市場經濟體制的外部原因。

市場化、信息化、全球化是當代世界經濟的三大趨勢，任何一個國家都不可能脫離世界經濟體系來發展自己的經濟。國際經濟體系的實質是國際範圍內的市場經濟，並在此基礎上形成了一整套國際慣例、國際規則，凡是參與國際貿易活動的國家都要按國際規則辦事。中國要積極參與國際貿易活動，參與國際分工和國際競爭，利用國內和國際兩個市場、兩大資源，就要實行市場經濟體制，與世界經濟接軌。

(四) 深化改革、完善社會主義市場經濟體制的核心問題：市場與政府的關係

隨著中國社會主義市場經濟體制的建立和發展，市場化程度大幅度提高，我們對市場規律的認識水平和駕馭能力不斷提高，宏觀調控體系更為健全，主客觀條件具備，我們應該在完善社會主義市場經濟體制上邁出新的步伐。

進一步處理好政府和市場關係，實際上就是要處理好在資源配置中是市場起決定性作用還是政府起決定性作用這個問題。經濟發展就是要提高資源尤其是稀缺資源的配置效率，以盡可能少的資源投入生產盡可能多的產品，獲得盡可能大的效益。理論和實踐都證明，市場配置資源是最有效率的形式。市場決定資源配置是市場經濟的一般規律，市場經濟本質上就是市場決定資源配置的經濟。健全社會主義市場經濟體制必須遵循這條規律，著力解決市場體系不完善、政府干預過多和監管不到位問題。黨的十八屆三中全會做出了「使市場在資源配置中起決定性作用」的定位，有利於樹立關於政府和市場關係的正確觀念，有利於轉變經濟發展方式，有利於轉變政府職能。當然，中國實行的是社會主義市場經濟體制，我們仍然要堅持發揮中國社會主義製度的優越性，發揮政府的積極作用。市場在資源配置中起決定性作用，並不是起全部作用，但市場作用和政府作用的職能是不同的。黨的十八屆三中全會全會決定對更好發揮政府作用提出了明確要求，強調科學的宏觀調控、有效的政府治理是發揮社會主義市場經濟體制優勢的內在要求，強調政府的職責和作用主要是保持宏觀經濟穩定，加強和優化公共服務，保障公平競爭，加強市場監管，維護市場秩序，推動可持續發展，促進共同富裕，彌補市場失靈。

(五) 中國社會主義市場經濟體制的基本框架

根據《中共中央關於建立社會主義市場經濟體制若干問題的決定》，構成社會主義市場經濟體制框架的主要環節是：

(1) 堅持公有制為主體，多種所有制經濟共同發展，進一步轉化國有企業經營機

制，建立產權清晰、責權明確、政企分開、管理科學的現代企業製度。

（2）建立全國統一、開放、競爭、有序、完善的市場體系，實現城鄉市場的緊密結合和國內市場與國際市場的相互銜接，促進資源的優化配置。

（3）轉化政府管理經濟的職能，建立以間接手段為主的完善的宏觀調控體系，保證國民經濟的持續、快速、健康運行。

（4）建立以按勞分配為主體、多種分配方式並存的收入分配製度，兼顧效率和公平，鼓勵一部分地區、一部分人通過合法經營和誠實勞動先富起來，走共同富裕的道路。

（5）建立更加公平、可持續的多層次的社會保障製度，為城鄉居民提供同中國國情相適應的社會保障體系，改善民生、增進社會福利，促進經濟發展和社會穩定。

（六）市場機制的核心——價格機制及其價格改革問題

價格機制是市場機制中對市場經濟起調節作用的機制。市場機制包含了諸如競爭機制、供求機制、價格機制、激勵機制等，價格機制是市場機制起調節作用的集中體現，是市場機制實現調節作用的樞紐。

1. 價格機制是市場機制的核心

市場機制是由供求機制、價格機制、激勵機制、競爭機制、風險機制組成的統一整體。在一定的價格水平下，價格又制約著稅收、利息、利潤、工資的變動，價格的變動直接取決於貨幣價值的變動，如人民幣貶值會促使價格上漲，反之則促使價格下跌。價格相對的穩定，又會制約著貨幣的發行量。因此價格的變動，不但直接影響其他價值形式的變動，而且也是其他價值形式變動的綜合反應。

從價格機制與其他機制的關係來看，雖然各種機制在市場機制中均處於不同的地位，但價格機制對其他機制都起著推動作用，在市場機制中居於核心地位。

2. 價格機制上存在的問題及其改革

隨著社會主義市場經濟體制的建立和完善，中國不但理順了價格體系，而且初步形成了與社會主義市場經濟相適應的價格形成機制和價格管理體制，價格機制在資源配置中發揮著主導作用。但是尚未形成反應市場供求關係、資源稀缺程度、環境損害成本的生產要素和資源價格形成機制。

價格改革的關鍵有如下三點：一是要在市場形成價格的基礎上，理順各種商品之間的價格體系，即比價體系和差價體系。

二是逐步實現主要由市場供求關係形成商品價格的機制，是發揮市場對資源配置起決定性作用的關鍵，是中國價格改革的目標。一方面要繼續放開價格，以進一步擴大市場調節價格的範圍。另一方面，要建立和完善價格法規體系，制止亂漲價、亂收費，實施反暴利、反傾銷等措施。

三是改革價格管理體制。價格管理製度是社會主義國家對商品價格進行管理和調節

的各種具體管理製度和管理形式的總稱。中國價格體系的不合理，同價格管理體制的不合理有密切關係。改革價格管理體制，就是要改變單一的政府定價方式，實行以市場形成價格為主的價格管理製度。即除極少數商品和有的公益性事業和勞務由政府統一定價外，其他商品和勞務都要逐步放開價格，由作為市場主體的企業來定價。政府統一定價是指由縣級以上政府的物價部門、業務主管部門，按照國家規定權限制定價格或指導價格。

(七) 市場體系的含義及其特徵

市場機制功能的發揮，要以完善的市場體系為基礎。完善的市場機制只能體現於相互依存、相互制約的各種市場的共同作用之中。現代市場體系是指與現代市場經濟相適應的、市場功能完備、市場機制能夠得以充分發揮的各類市場相互聯繫和相互作用的有機整體。這些市場既可以按交易主體結構、客體結構劃分，也可按空間結構和時間結構來劃分，它們之間內在關聯並構成有機體系。

市場體系的特徵集中反應在四個方面：

1. 統一性

市場體系的統一性是指市場體系無論是從構成上，還是從空間上均是完整、統一的。從構成上看，它不但包括一般商品市場，而且包括生產要素市場；不但包括現貨市場，而且包括期貨市場；不但包括批發市場，而且包括零售市場；不但包括城市市場，而且包括農村市場等。從空間上看，各種類型的市場在國內地域間是一個整體，不應存在行政分割與封閉狀態。部門或地區對市場的分割，會縮小市場的規模，限制資源自由流動，從而大大降低市場的效率。

2. 開放性

市場體系的開放性是指各類市場不但要對國內開放，而且要對國外開放，把國內市場與國外市場聯繫起來，盡可能地參與國際分工和國際競爭，並按國際市場提供的價格信號來配置資源，決定資本流動的方向，以達到更合理地配置國內資源和利用國際資源的目的；反之，封閉的市場體系不僅會限制市場的發育，還會影響對外開放和對國際資源的利用。

3. 競爭性

市場體系的競爭性是指它鼓勵和保護各種經濟主體的平等競爭。公平競爭創造一個良好的市場環境，以促進生產要素的合理流動和優化配置，提高經濟效率，而一切行政封閉、行業壟斷、不正當競爭都有損市場效率。

4. 有序性

市場體系的有序性是指市場經濟作為發達的商品經濟，其市場必須形成健全的網路、合理的結構，各類市場都必須在國家法令和政策規範要求下有序、規範地運行。市場無序、規則紊亂是市場經濟正常運行的嚴重障礙，它會損害整個社會經濟運行的效

率，容易導致社會經濟發展的無政府狀態。

(八) 如何健全中國的社會主義現代市場體系

經過改革開放30多年的實踐，中國社會主義市場體系已經初步建立，為在更大程度上發揮市場在資源配置中的基礎性作用，必須加快形成統一開放、有序的現代市場體系。其重點主要有以下四個方面：

1. 進一步發展、完善各類生產要素市場

一是完善金融市場體系，主要包括：

（1）擴大金融業對內對外開放，在加強監管前提下，允許具備條件的民間資本依法發起設立中小型銀行等金融機構。健全多層次資本市場體系，推進股票發行註冊制改革、多渠道推動股權融資，發展並規範債券市場，提高直接融資比重。

（2）完善人民幣匯率市場化形成機制，加快推進利率市場化，健全反應市場供求關係的國債收益率曲線。

（3）落實金融監管改革措施和穩健標準，完善監管協調機制，界定中央和地方金融監管職責和風險處置責任。建立存款保險製度，完善金融機構市場化退出機制。加強金融基礎設施建設，保障金融市場安全高效運行和整體穩定。

二是建立和健全統一、規範的勞動力市場。勞動力市場資源豐富，是中國的一大優勢。要形成城鄉勞動者平等就業的製度，使數以億計的農村剩餘勞動力平穩有序地向城市和第二、三產業轉移，以提高中國的社會勞動生產率。與此同時，還要發展各類人才市場，完善技術創新、管理創新等激勵機制和市場環境。

三是建立城鄉統一的建設用地市場。中國社會二元結構和城鄉差別長期存在的根本原因在於城鄉要素不能平等交換，公共資源沒有均衡配置。在明確賦予農民更多的財產權的條件下，建立城鄉統一的建設用地市場對加快完善現代市場體系具有特殊的重要意義。

此外，還要進一步發展技術、產權等生產要素市場。

2. 完善反應市場供求關係、資源稀缺程度、環境損害成本的生產要素和資源價格形成機制

目前，中國經濟運行中市場在資源配置中的基礎性作用還缺乏製度化的硬約束。在一些地方和一些領域，價格機制在資源配置中的基礎性作用常常得不到有效發揮。為此，今後應根據經濟發展需要和社會承受能力，按照價格機制的要求，完善反應市場供求關係、資源稀缺程度、環境損害成本的生產要素和資源價格形成機制。

3. 規範發展行業協會和市場仲介組織

市場仲介機構是介於政府和市場之間的組織，是建立社會主義市場經濟不可缺的重要環節。市場仲介組織包括會計師事務所、審計師事務所、律師事務所、公證和仲裁機構、專利事務所，信息諮詢公司，商品檢驗所，消費者協會，職業介紹所以及行業協

會和商會等。

　　為避免政府對企業的直接干預和行政壟斷，可引導企業組建行業協會，進一步提高企業的經營自主權。改革開放以來，中國行業協會有了較大發展。在社會主義市場經濟體制中，已經初步建立了「宏觀調控、行業協會商會自律服務、企業自主經營」的體制框架。但是，當前行業協會、商會還存在政企不分、政會不分等問題，還不能適應改革發展新形勢和新任務的要求，規範和發展相對滯後，存在不少問題和困難。這些問題若不盡快加以解決，勢必影響行業協會、商會的健康成長，影響經濟體制的深化改革和建設事業的持續發展。因此，應當按照市場原則和國務院《關於規範和發展行業協會的若干意見》等有關政策法規進一步加強自身的發展。

4. 健全社會信用體系

　　社會道德意義上的信用，是指人們在為人處事及進行社會交往中應當遵循的道德規範和行為準則。它要求人們遵守諾言，以取得他人的信任。經濟學意義上的信用，是指以價值償還為條件的價值運動的特殊形式。它主要存在於交易雙方非同一時空的交易過程中。信用是現代市場經濟的基石，完善的信用體系也是社會主義市場經濟內在運行不可或缺的重要組成部分。

　　目前，中國社會信用體系的發育程度仍然較低，遠不能適應發展社會主義市場經濟的需要。社會信用缺失，嚴重破壞了市場秩序，增加了市場交易成本，降低了交易效率，成為市場體系健康成長的重大障礙。

　　與社會主義市場經濟的要求相適應的社會信用體系，應以道德為支撐，以產權為基礎，以法律為保障。

四、疑難問題和學術爭鳴

(一) 對計劃經濟體制的反思

　　雖計劃經濟體制存在具體形式和模式選擇的不同，主要有蘇聯模式和蘭格模式[1]（模擬市場，被認為是蘇聯模式的改進）等多種形式，但其暴露的問題和產生的根源大致相同。

　　現實計劃經濟體制的經濟績效表現出五大弊病：

　　（1）短缺經濟：匈牙利經濟學家雅諾什·科爾奈（Janos Kornai）在其名著《短缺經濟學》中指出了短缺現象[2]，提出了「投資饑餓症」「軟預算約束」、政府「父愛主義」等短缺經濟理論，揭示了有效需求過旺導致短缺的宏觀過程，短缺造成的經濟恐慌

---

[1] 約瑟夫·斯蒂格利茨. 經濟學 [M]. 2 版. 黃險峰, 張帆, 譯. 北京: 中國人民大學出版社, 2002.
[2] 雅諾什·科爾奈. 短缺經濟學 [M]. 張曉光, 等, 譯. 北京: 經濟科學出版社, 1986.

和貧困令親歷者記憶猶新。

　　（2）強幅振盪：經濟波動大，宏觀控製失靈。
　　（3）封閉自守：收斂或閉鎖的社會風氣，經濟蕭條，思想僵化。[1]
　　（4）由於計劃主觀性或計劃失靈造成的資源配置的低效率。
　　（5）高度集權，地方和基層生產單位缺乏有效的激勵。

（二）國內外經濟學界對「社會主義經濟製度與市場經濟相結合」的理論探索

　　在對計劃經濟體制改革的實踐中提出了社會主義經濟製度與市場經濟相結合的問題。幾十年來，國內外經濟學界在理論上進行了不懈的探索。

　　波蘭經濟學家奧斯卡·蘭格從經濟計算的角度第一次提出了通過「模擬市場」來解決公有制經濟中的資源有效配置問題。他設想，可以通過「人工過程」在公有制經濟中建立起能達到瓦爾拉均衡的前提條件，從而有效地解決社會主義經濟的資源配置問題。圍繞建立瓦爾拉均衡的前提條件，蘭格提出通過「試錯法」來確立價格，以求把社會偏好變成市場規則。蘭格模式在理論上拓寬了人們的視野，給後人以深刻的啟迪，但他的「市場」只是建立在一系列假定條件之上的「模擬市場」，或稱「模擬價值系統運行」，而不是實在的市場經濟運行。

　　波蘭經濟學家布魯斯從分析決策的角度，將市場機制部分地引入了公有制經濟。按照布魯斯模式，作為微觀經濟運行主體的企業，其決策權已經「物歸原主」，從而運行過程可以部分地受市場機制的調節。這樣一來，市場機制已經衝進了公有經濟的大門。但是，在布魯斯模式中，統一的經濟整體被分割為許多獨立的板塊，這些板塊中分別通行著不同的規則（部分行駛「市場軌」，部分行駛「行政軌」）[2]。至於市場經濟在整體上能否與社會主義經濟製度相結合，布魯斯並沒有論及。

　　捷克斯洛伐克經濟學家奧塔·錫克從企業獨立利益的角度把市場機制引入他的社會主義理論。他認為，在社會主義條件下，不同的勞動存在著較大的差別，因而存在企業的物質利益。企業利益與社會利益的矛盾，只有通過市場機制來調節；否則，這種矛盾不會得到最優的解決。在他的模式裡，除了宏觀分配，其他經濟活動全部按市場機制來運行。

　　1980年匈牙利經濟學家科爾奈從經濟協調結構的角度，提出了著名的ⅡB模式，即有宏觀控製的市場協調。按照這一模式，在社會主義條件下，對經濟活動的協調是有宏觀控製的市場協調，同時保留部分直接的、間接的行政協調作為補充。ⅡB模式的可貴之處是保持了邏輯的一貫性，即它堅持只有市場協調才是「最優解」。從蘭格模式、布魯斯模式、錫克模式直到科爾奈模式，一個比一個更多地向「價值系統」逼近。

---

[1] 哈耶克 F A. 個人主義與經濟秩序 [M]. 鄧正來，譯. 北京：北京經濟學院出版社，1989.
[2] 弗·布魯斯. 社會主義經濟的運行問題 [M]. 周亮勛，等，譯. 北京：中國社會科學出版社，1984.

在尋求社會主義經濟製度與市場經濟結合的過程中，中國經濟學界做出了自己的貢獻。早在20世紀50年代，中國經濟學界的開拓者就探討社會主義與商品經濟及其市場機制的關係問題。中國共產黨十一屆三中全會之後，隨著改革開放的深化，中國實際上已經逐步從計劃經濟向社會主義市場經濟轉變。這個轉變遇到了「計劃經濟才是社會主義」「市場經濟則是資本主義」的觀念障礙。在這種背景下，一場新的、意義更為深遠的理論突破開始在中國大地上醞釀、形成。在這一過程中，中國提出過「有計劃的商品經濟」「計劃經濟與市場調節相結合」「計劃與市場的內在統一」等見解。隨著改革的深入，人們終於認識到：市場在資源配置中起基礎作用的市場經濟，是社會化大生產所必需的。在理論界探討的過程中，鄧小平同志於1979年指出，市場經濟只存在於資本主義社會，只有資本主義的市場經濟，這肯定是不正確的。社會主義為什麼不可以搞市場經濟，這個不能說是資本主義，社會主義也可以搞市場經濟，社會主義利用這種方法來發展社會生產力，把這當作方法，不會影響整個社會主義，不會重新回到資本主義。儘管當時還是講計劃經濟為主，但把市場經濟同社會主義聯繫起來，無疑具有極其重要的思想啟動意義。1992年年初鄧小平同志在南巡講話中，更加明確地指出，計劃經濟不等於社會主義，資本主義也有計劃；市場經濟不等於資本主義，社會主義也有市場經濟。[1]他對社會主義社會可不可以搞市場經濟這個長期爭論不休、阻礙中國前進的問題，給出了肯定的回答。

　　國內學術界普遍認為，社會主義作為一種社會製度有其質的規定性。社會主義的本質，是解放生產力、發展生產力，消滅剝削，消除兩極分化，最終達到共同富裕。傳統的經濟理論，把計劃經濟當成社會主義的本質特徵，是不科學的。實際上，計劃調節多一點還是市場調節多一點，不是社會主義或資本主義的本質特徵。市場經濟作為在資源配置中起基礎作用的經濟，屬於資源配置方式的範疇，而社會主義經濟製度即以公有制為基礎、多種所有制並存，則屬於基本製度範疇，兩者不存在根本性的矛盾。研究社會主義製度與市場經濟的結合，需要走出一個理論上的誤區，即認為市場經濟的基礎只能是私有制。這種理論是不符合實際的。儘管市場經濟是從小商品生產者的私有制發展而來的，但它不能長期建立在這種私有制的基礎之上，因為這種私有制不能為市場經濟的發展提供更廣闊的基礎；相反，它會限制市場經濟的進一步發展。市場經濟在其發展過程中曾出現過壟斷資本主義私有制，這種私有制也並非市場經濟所要求的理想的產權關係。壟斷是競爭的對立物，是限制競爭的，而競爭是市場經濟得以發展的一個必要條件。現代經濟運行的實踐顯示，支撐現代市場經濟大廈的，是一種新型產權製度，即以產權主體多元化和利益多元化為特徵，以股份公司為典型形式的新型產權製度。

　　在社會主義初級階段，存在著以公有制為主體的多種形式的所有制和多元產權主體，相應地，也存在著多元的物質利益主體及各主體之間物質利益的差別。在這種產權

---

[1] 鄧小平. 鄧小平文選：第3卷 [M]. 北京：人民出版社，1993.

結構和利益格局中，廣大勞動者、各類出資者以及各種利益主體的物質利益都是得到承認和保護的，因而參加經濟活動的各利益主體能保持積極性和創造性，這是現代市場經濟活力的根本源頭。可見，社會主義製度下，多元財產關係的產權結構和物質利益差別與現代市場經濟所要求的一般基礎是基本吻合的，二者可以結合，並使市場經濟為社會主義建設事業服務。

研究市場經濟與社會主義製度的結合，不但應當瞭解市場經濟的一般基礎，而且應當把握社會主義條件下市場經濟的特殊性，即它是同以公有制為主體、多種所有制並存的社會主義基本經濟製度結合在一起的。中國經濟體制改革的目標是建立社會主義市場經濟體制，而不是搞資本主義市場經濟。

當然，說市場經濟可以與社會主義製度相結合，並不意味著二者之間沒有矛盾。由於在市場經濟中經濟決策是由許許多多微觀經濟主體分散做出的，很難保證其經濟決策與整個社會發展的方向、目標相銜接。在市場經濟中有這樣的可能，作為經濟決策主體的企業和個人單純從追求自己的局部利益出發考慮問題，便潛伏著局部利益和社會利益的矛盾。正因為這樣，實行市場經濟也需要由政府從人民的根本利益和長遠利益出發來進行協調。

(三) 計劃與市場兩種調節手段有機結合

市場機制是指價格、競爭、供求等市場要素之間相互聯繫和作用的制約關係及其調節功能。它作為市場經濟的運行機制，具有自發性、事後性和微觀性等特點。市場機制作為調節手段的長處是能夠使經濟活動遵循價值規律的要求，適應供求關係的變化，通過價格槓桿和競爭機制的功能，把資源配置到效益較好的環節中去；同時，給企業以動力和壓力，實現優勝劣汰，促進技術和管理進步；對各種經濟信號反應比較靈敏，促進生產和需求及時協調。但是，它也有明顯的弱點和消極作用，如對經濟總量的平衡、大的結構調整、生態平衡和環境保護的調節顯得無能為力，並可能引起貧富兩極分化和經濟自發波動等。

計劃機制是計劃指標、經濟槓桿和經濟政策等計劃要素之間相互聯繫和作用的制約關係及其調節功能。它具有自覺性、事先性、宏觀性等特點。它的長處是：能夠在全社會範圍內集中必要的財力、物力、人力進行重點建設；進行經濟預測，制定國民經濟發展戰略，在宏觀上規劃資源配置，進行總量控製、重大結構調整和生產力合理佈局；可以合理調節收入分配，兼顧效率與公平；可兼顧經濟、社會、環境協調發展。但它對微觀經濟活動、複雜多變的社會需求難以發揮作用，容易產生計劃脫離實際、經濟主體利益受到損害、動力不足、效率低、資源浪費等缺陷。

社會主義市場經濟體制在國家宏觀調控下讓市場對資源配置起基礎性作用，實現計劃與市場兩種調節手段的優勢互補，充分發揮兩者的優點和長處，更好地發展社會生產力。計劃與市場兩種手段相結合的範圍、程度和形式，在不同時期和不同地區可以有所

不同。

(四) 中國學術界關於經濟體制改革的主要理論認識

1. 關於改革性質和方向

社會主義經濟體制改革，是在堅持社會主義製度的前提下，改革生產關係和上層建築不適應生產力發展的方面。這種改革是在黨和政府的領導下有計劃、有步驟、有秩序地進行的，是社會主義製度的自我完善和發展。社會主義改革的根本任務就是發展社會生產力，促進生產發展，使人民生活改善和國家財力增強。

2. 關於改革的目標

改革目標是建立社會主義市場經濟體制。

3. 關於改革的道路和方式

(1) 改革的道路是漸進式改革。在這個過程中，要妥善處理幾個關係：

①整體推進和局部突破的關係。改革是一個系統工程，因此必須統一規劃，配套進行。中國只能在整體規劃的前提下，分領域、分部門、分地區、分行業等有重點、有步驟地不平衡推進。

②體制內改革和體制外推進的關係。中國選擇受計劃體制束縛較小的非公有經濟進行突破，在允許、鼓勵、支持、引導的政策下，使之加快發展。在這種態勢下，再加快公有制經濟特別是國有經濟體制的改革，充分發揮公有制經濟的優勢，形成以公有制經濟為主體、多種經濟成分並存的具有中國特色的所有制格局。

改革方式是整體推進和局部突破、體制內改革和體制外推進相結合。

4. 關於改革的方法論

(1) 堅持正確的改革目標，妥善處理改革、發展、穩定的關係，是漸進式改革的核心。

(2) 改革就是解放生產力，必須堅持「三個有利於」的標準。

(3) 改革啟動必須敢於打破舊的平衡，必須允許一部分人和一部分地區先富起來。

(4) 改革要從發展的需要出發，要促進發展，不要搞「一刀切」「一哄而起」。

(5) 改革是群眾的事情，必須尊重群眾的首創精神，著眼於調動群眾的積極性。

(6) 改革是破立結合，改革必須著眼於機制創新和製度創新。

(7) 改革是做前人未做的事業，要勇於實踐，大膽探索，對了的就堅持，錯了的就改正。

(8) 觀念轉換是改革的先導，解放思想、實事求是一個不停頓的過程。

(9) 要始終堅持實踐是檢驗真理的唯一標準的觀點，不做抽象的無謂的爭論。[1]

---

[1] 逄錦聚，等. 政治經濟學 [M]. 2 版. 北京：高等教育出版社，2004.

(五) 如何認識要素市場

要素市場是生產要素市場的簡稱，是指從事商品生產所必需的各種生產條件的交易市場。它主要由生產資料市場和勞動力市場兩大類構成。隨著社會主義市場經濟體制的確立，中國的商品市場日益完善，市場功能日趨擴大。資金、技術、勞動力、信息、房地產等漸漸地在市場上交易，並由此發展成了金融市場、技術市場、勞動力市場、信息市場、房地產市場等生產要素市場。這些要素市場構成的統一體，在整個國民經濟中起著十分重要的作用。

生產要素市場由以下市場構成：

1. 金融市場

金融市場是貨幣、外匯、貴金屬及有價證券的交易場所和一定空間內貨幣資金融通關係的總和。社會主義的金融市場以融通社會資金，促進國民經濟發展為目的，通常也稱為「資金市場」。但嚴格說來，資金市場只是金融市場的一個組成部分。

2. 勞動力市場

勞動力市場是中國勞動製度改革中出現的新生事物，人們對它的概念內涵、外延、形式等的看法仍不盡統一，但勞動力市場是客觀存在並迅速發展著的。它由三個基本要素構成：勞動力的供給、勞動力的需求和勞動力的價格。其主要形式有人才交流中心、各種類型的勞務服務公司、家庭服務公司和職業介紹所等。

3. 房地產市場

凡從事土地開發、房屋建設，或對開發建設後的房地產進行經營管理，以及提供諮詢服務、信貸保障、勞務支持等社會經濟活動的單位和部門，均屬於房地產業。它有三個組成要素：交易的主體、交易的客體和交易的行為。

4. 信息市場

信息產業部門（或個人）與信息需求者雙方進行有償轉讓交易的活動場所和信息商品交換關係的總和稱為信息市場。信息市場上，有企業診斷型信息交換關係；有諮詢型信息交換關係（如商業信息、金融信息等），有科技成果型交換關係（如專利機構經營的科技信息商品），有媒介型信息交換關係（如廣告機構等）。

5. 技術市場

技術市場就是買賣技術商品的場所，是以技術商品交換為核心的各種經濟關係總和。技術的商品化是市場經濟的內在要求。技術商品的交易形式主要有：技術買賣、許可證貿易、技術服務、技術的開發與貿易相結合、技術承包等。

第十章　社會主義市場經濟的微觀基礎

一、本章內容簡介

本章結合中國經濟轉型的實踐，闡述和分析市場經濟的微觀基礎。全章共分四節。第一節是全章的總論，主要闡述市場經濟微觀基礎的一般含義及形成條件，其他三節則分別闡述了市場經濟微觀基礎的三大構成要素：企業、個人和農戶。

第一節闡述市場經濟微觀基礎的構成、基本特徵和形成條件是其基本內容，其中，對市場經濟微觀基礎的基本特徵和形成條件的理解尤為重要。

第二節闡述微觀基礎中的企業，分兩大部分：一是一般性分析企業、企業行為、現代企業製度及其法人治理結構等；二是分析新中國成立以來企業的演變及轉型期中國國有企業的改革。

第三節敘述市場經濟中個人經濟行為及其選擇，其中分別分析了個人消費行為、個人儲蓄與投資行為、個人就業行為等。

第四節闡述市場經濟中的農戶，重點分析了農戶成為中國農村最基本的微觀基礎的原因、農戶的基本經濟特徵和中國農戶經營的發展方向。

二、本章主要知識點

(一) 市場經濟微觀基礎的含義與基本特徵

基本知識線索：從狹義的市場經濟微觀基礎開始，到深入理解廣義的市場經濟微觀基礎，其中應著重理解微觀基礎所具有的平等性、自主性、逐利性和自發性四大特徵及其相互關係。

(二) 市場經濟微觀基礎的形成條件

邏輯思路是：產權→產權界定→市場微觀基礎的形成。理解產權及其特徵，從而明確產權界定的實質和範圍，最後落腳到微觀基礎即市場產權主體的形成。

(三) 企業與現代企業製度

首先從概念上區分傳統企業與現代企業，進而理解現代企業製度及其基本特徵，法人治理結構是現代企業最重要的製度構造。從演進的角度，現代企業生長於傳統企業；而從製度升級的角度，現代企業已經遠遠超脫於傳統企業。

(四) 中國轉型期的國有企業改革

計劃條件下的國有企業轉變為市場條件下的國有企業，依賴於中國的市場化改革。但受傳統體制的影響，會衍生出內部人控製問題、國有資產流失問題和央企行政壟斷問題等，從而使國有企業在監管體制、治理機制和限制壟斷等方面的深化改革迫在眉睫。

(五) 個人經濟行為

個人是最基本的微觀主體。圍繞個人經濟行為及其選擇所展開的分析，既是基於個人經濟行為的自主，也是基於個人經濟行為選擇的自由。在此基礎上，個人的經濟行為是個人在有限範圍內尋求自身利益最大化的選擇方式。

(六) 社會主義市場經濟中的農戶

農戶有不同於其他微觀主體的自身特徵，理解農戶應結合中國農村土地的家庭承包責任制，即社會主義市場經濟中的農戶是承包集體生產資料、相對獨立進行農業生產經營的主體。傳統農戶的局限性，決定了中國農戶必須走合作化和農業規模經濟的道路。

三、重點問題解答

(一) 如何理解市場經濟微觀基礎？

(1) 市場經濟微觀基礎的含義。一般而言，市場經濟的微觀基礎即市場最基本的構成細胞，它是參與市場生產、經營、交換和競爭的基本單位，也是一切市場活動能夠展開的行為主體。我們可以從狹義和廣義兩個方面理解市場經濟的微觀基礎。狹義的微觀基礎僅是指市場的微觀經濟主體；廣義的微觀基礎則是指市場經濟中微觀經濟主體的總和以及這些主體所具有的基本特徵。

(2) 市場經濟微觀基礎的構成。構成市場經濟微觀基礎主要有三大主體，即企業、個人和農戶。除此之外，還應注意兩種情況：一是作為投資主體的政府或政府組織；二是在開放條件下，來自於國外的企業、個人和政府組織。總之，所有參與市場經營、交易和競爭的市場行為主體，都是市場經濟微觀基礎的構成要素。

(3) 市場經濟微觀基礎的基本特徵。市場經濟微觀基礎的基本特徵是內含於構成微

觀基礎的各市場主體的內在要求的，也是判斷某一微觀市場主體是否構成市場經濟微觀基礎的主要依據。微觀基礎的基本特徵包括平等性、自主性、逐利性和自發性四個既相互獨立又相互依存的方面。從這四個特徵可以看出，市場經濟微觀主體必須具備自主獨立與平等佔有的財產權利，服從利益目標的導向並能夠承擔相應的資產責任。其行為選擇一般會產生兩種結果：一是增進社會福利與自身收益；二是因其自發而又分散的逐利行為導致的整體的經濟波動。

（二）為什麼說明確的產權界定是市場經濟微觀基礎的形成條件？

（1）產權與產權界定。產權是法律形態的財產所有權，是一種通過製度強制而實現的對某種經濟物品的多用途進行選擇的權利。產權不同於製度形態的所有制，本質上是一種交易形態的財產權。它既可以通過交易平等地獲取，又可以通過交易自由地轉讓，在法律明確界定的範圍內，產權主體具有其權利的獨立性和排他性，但同時要對權利的行使承擔相應的後果。產權界定是指通過法律明確規定產權的主體和其相應擁有的財產權利範圍的過程和結果狀態。產權界定一般包括兩個方面的內容：一是產權主體的界定，二是產權範圍的界定。產權的界定實質上是通過社會契約的形式對微觀經濟主體財產權利的確認和保護。這可以產生三個強化微觀市場主體地位的作用：明確行為預期；懲戒侵權行為；減少交易成本。

（2）明確的產權界定對市場經濟微觀主體形成的重要作用。①市場經濟中的交換實質上是不同產權的交換，而交換的前提是必須使財產權利隸屬於不同的微觀經濟主體，產權界定中的產權主體界定就直接地為市場交換創造了前提條件，從而間接地決定了微觀基礎的形成。②產權界定中的權利範圍界定直接明確規定了構成微觀基礎的經濟主體的權利和義務範圍，使經濟主體知道自己可以做什麼並能獲得什麼樣的利益，從而給予了經濟主體對自己某種利益相對準確的預期，進而才有可能使經濟主體為了自己利益（自利性）選擇最優的、能使自身利益最大化的經濟行為。簡言之，明確的產權界定是市場經濟微觀主體行為選擇的動力基礎。③明確的產權界定也是微觀基礎平等性特徵和自主性特徵的製度性前提。在市場經濟中，明確的產權界定即明確市場主體的財產權保護和免受侵犯。作為微觀基礎的經濟主體享有法律賦予的某項產權時，他就可以理所當然地在法律的保護下，就該項產權平等地與其他微觀經濟主體進行交換，並可以對自己享有的產權自主地進行符合自己意思的處分。

（三）如何理解現代企業製度及其特徵？

現代企業不同於傳統企業，有兩個根本的質變：一是資本的所有權與企業的經營管理權發生分離；二是資本社會化導致企業規模擴大，在企業內部形成了職能化的管理層級組織。現代企業一般是指現代股份公司，其核心是其法人產權製度，即以社會化的結構性產權替代了原傳統企業的單一自然人產權。但是，現代企業對傳統企業並沒有進化

意義上的替代作用,在企業數量的分布上,現代企業也只是少數,這是因為一方面現代企業多是規模化、批量化的大企業;另一方面現代企業又都是資本社會化的股份制企業。由於資本和技術的門檻限制,也由於市場需求的多層次和多樣化,市場上大量存在的是傳統企業或中小企業。

現代企業製度是一種特殊的或相對獨立的企業組織製度。它代表了企業在演進過程中的製度構造、製度選擇和製度績效變化的方向。因此,現代企業製度也具有明顯的特徵。第一是它的法人產權製度,這是一種聚合性的以組織名義行使的財產權,與之相配套的是公司製度、證券及證券交易製度、公司治理機制等。第二是它的有限責任製度,即投資者以其投資額為限對企業債務承擔有限責任。這一方面有利於投資者預知和控製風險,使企業能夠更大範圍地獲取投資;另一方面也有利於企業相對獨立地行使其法人財產權。第三是其管理的職業化和職能化,管理者及其管理職能和投資者或資產所有者的分離,從而推動了企業管理的專業化,管理者的人格獨立。管理的組織化、職能化和專業化,是現代企業不同於傳統企業的重要特徵之一。第四是現代企業理念與戰略的製度化,這主要體現在企業文化和企業發展戰略的製度構建上。

(四) 怎樣正確認識現代企業的法人治理結構?

(1) 建立企業法人治理結構主要的理論依據是委託代理理論。委託代理關係的形成是基於資本的兩權分離,而委託代理理論企圖解決的是,在委託人和代理人之間存在利益目標差異與信息不對稱的情況下,如何實現委託人有效地監督和激勵代理人的問題。

(2) 什麼是企業的法人治理結構?它是指在企業所有權和控製權分離的情況下,為解決代理問題而設計的製度安排,其實質是解決所有權對控製權的制衡與配置問題,其目的是提高企業的運作效率。法人治理結構有效性的關鍵是怎樣解決代理成本的控製與最大限度發揮代理人積極性的一致性(或均衡)問題。

(3) 法人治理結構的內容主要包括三個層次,即企業內部治理機制、企業外部治理市場及有關企業治理的法律製度。企業內部治理機制是指在企業內部構造一個合理的權力結構,從而在股東會、董事會與經理人之間形成一種有效的激勵、約束與制衡機制;企業外部治理市場包括產品市場、資本市場和經理人市場三大市場,通過產品與價格競爭、企業控製權競爭、經理人替代的競爭等對企業經理人產生激勵約束作用;有關企業治理的法律製度是指國家為了保護投資者的利益,保證企業遵守國家法律和社會道德規範而制定的一系列法律法規和相關執行體系的總稱,它構成了有關企業治理的法律約束。

(五) 要使中國國有企業成為真正的市場經濟微觀基礎,需要解決哪些主要問題?

傳統國有企業存在的主要問題:①形成了取消(排斥)市場的行政導向機制,對企業的管理和控製是以行政命令(指令性計劃)的方式直接地進行的。②國有企業既有自

己的上級行政主管部門，又有自己固有的行政級別。企業管理者也主要是某一級行政幹部，而不是企業家，阻礙了企業家的生長機制。③形成了以低工資、全福利推動的企業型保障體制，以「企業辦社會」，形成「大而全」「小而全」的自我封閉機制和平均主義的分配製度。④導致了國有資產的低效或無效運行，而對國有資產流動嚴格限制的體制性障礙，又使大量國有資產變成低效或無效的存量資產。

中國國有企業經過近 40 年的改革，對政企不分、行政導向、企業辦社會等問題有了根本性的改進，但在國有企業深化改革的進程中，仍然存在以下需要解決的問題：①冗員問題。國有企業的冗員問題源於企業辦社會、企業辦保障的體制性積澱。但國有企業的改革必然涉及「減員增效」「減員轉制」的問題。若不能徹底解決國有企業的冗員問題，既難以實質性地解決企業的負擔，又難以實現企業資源的優化配置。②國有改制企業中內部人控製問題。一般而言的內部人控製問題有兩層意思：一是公司內部人員脫離了出資者有效的所有權約束；二是公司的控製權不能有效地轉移，即難以通過證券市場形成對代理權的競爭和接管。內部人控製問題既是國有產權模糊或缺位的直接結果，又是公司法人治理失效的直接表現，從而扭曲了國有企業公司化改造的既定目標。③佈局與結構問題。雖然經過多年改革，但是中國國有企業在佈局上仍然存在戰線長、主業多、分布廣的問題。一方面，大量的國有企業存在於競爭性領域，不利於在該領域形成公平、公正的市場競爭環境；另一方面，壟斷領域的國有企業具有越來越強的寡頭性和集團性，不利於該領域競爭活力的發揮，也不利於該領域資源的優化配置。④大型國有企業或國有企業集團的產權與治理問題。在這類國有企業中，仍然存在國有獨資和行政性壟斷帶來的諸如透明度低、效率低和權力失控等問題。⑤國有資產的保值增殖與監管問題。在央企做強做優做大的過程中，伴隨資產併購、兼併重組、海外收購等擴張行為的展開，由於缺乏對國有資產有效的預算管理與監督，國有資產的低效甚至無效運作與流失問題嚴重。

國有企業只有通過深化改革、解決以上問題，才能真正成為市場經濟微觀基礎。

(六) 怎麼正確認識中國國有企業進一步深化改革的目標與任務？

(1) 中國國有企業進一步深化改革的目標，就是要實現投資主體的多元化，健全和完善公司製度，使以規範的股份制為典型形式的現代企業製度成為國有經濟的主要實現形式。

(2) 為實現上述目標，應落實和完成以下任務：①繼續深化國有資產管理和監督體制改革，以塑造清晰的國有產權主體，切實保障國有資產的保值增殖。國家要制定法律法規，建立由中央政府和地方政府的專職機構分別代表國家履行出資人職責，享有所有者權益，權利和責任相統一、管資產和管人、管事相結合的國有資產管理體制。要堅持政府公共管理職能和國有資產出資人職能分開的原則，由國有資產管理機構獨立地對授權監管的國有資產依法履行出資人職責，維護所有者權益，完善國有資產有進有退、合

理流動的機制，以實現國有資產的保值增殖，防止國有資產的流失。要建立國有資本經營預算製度，使政府作為國有資產的出資人能夠以資本所有者身分取得收入，並用於公共性的財政支出，為此必須明確國有資本經營收益上繳國家公共財政的比例，這是國有資本經營真正從產權屬性上體現國有民享的要求。②進一步健全和完善國有股份制企業的法人治理結構，有效地解決內部人控製問題。一要改變國有股的股權結構，切實推進國有股的減持和流通，以逐步形成在資本市場上可以「用腳投票」的控製權替代機制；二要健全和完善獨立董事製度，以對內部人形成較為有效的製度性制約，從而保證董事會決策的公正性和科學性；三要協調和處理好「老三會」與「新三會」的關係，特別是要處理好其中黨委與董事會在企業重大決策問題上的權責關係，做到權責明確、分工合理、協調配合；四要建立和完善競爭性的職業經理人市場，以逐步形成在國有企業中以職業經理人取代「職業官員」的人力資本替代機制，職業經理人對董事會負責，以其專業化的管理素質立足於企業，從而真正推動企業的科學管理；五要深化國有企業的內部管理，一方面要建立國有企業內部的長效激勵約束機制，另一方面也要落實國有企業內部的投資經營責任制。③要進一步推動和完善對國有經濟的分類改革。在經濟市場化的條件下，國有資本要有進有退，在關係國家安全和國民經濟命脈的重要行業和關鍵領域，要增加國有資本的進入，當然也要通過建立現代企業製度塑造這類重要的國有企業的經營機制；而在其他競爭性行業和非關鍵領域，則應通過資產重組和公平競爭，堅定地使國有資本從這些部門中逐漸退出，以保持國有經濟的控製力。事實證明，國有經濟分布太廣、戰線太長，是其積弱的重要原因。因此，收縮其實是為了更有力的出擊。此外，還應為國有企業進一步製度創新創造一個良好的外部環境。尤其是應創造條件，逐步卸掉國有企業的「三大包袱」，即過度負債問題、企業辦社會問題和冗員分流問題，要建立和健全相應的社會保障體系來解決這些問題。

（七）如何理解個人經濟行為及其選擇？

（1）個人經濟行為及其選擇應具備的條件。首先必須有個人的主觀意願與偏好，其次應有相應的支撐，如個人產權、收入、資產等。在市場經濟條件下，個人具有經濟行為及其可選擇性，這是建立在個人人格自由、財產獨立的基礎之上的。個人是最基本的市場微觀主體，個人經濟行為的自由度越大，市場可拓展的想像空間也就越大。

（2）個人經濟行為的內涵。個人經濟行為是指個人根據自己現有的經濟資源（如可以用於勞動的時間、各種收入、既有資產等），合理地進行一系列的經濟活動，從而使自己最終得到最大的滿足或使自身的利益最大化。個人經濟行為實質上是對自身經濟資源重新選擇組合的過程，其方法是與他人交換。既然是個人的經濟行為，那麼個人根據自身條件和意願在其付出和收益之間所做出的有利於自己的選擇，就是理性的，但由於信息不對稱和製度設計的局限等因素的影響，個人經濟行為的選擇又總是不完全理性的。

(3)個人經濟行為的構成。個人經濟行為包括個人消費行為、個人儲蓄與投資行為、個人就業行為等。我們可以將個人消費看成個人在貨幣與商品以及各種類別的商品之間進行合理選擇的結果;儲蓄或投資可以被看成個人在當前消費與未來消費以及各類金融資產之間合理選擇的結果,其中,未來消費是指將一部分貨幣暫時不用於消費而先儲蓄起來,再加上未來預期可獲得的各種收入所進行的消費行為;就業行為則可認為是個人在工作所獲得的收入與不工作所享受的閒暇之間進行合理選擇的結果。個人經濟行為的選擇,既可以在同類經濟行為之中選擇,如選擇不同方式的消費、選擇不同的投資渠道等,也可以在不同經濟行為之間進行選擇,如在消費和儲蓄之間的選擇等。可見,個人經濟行為的選擇是可以有多種方式或多種組合的。

(八)為什麼農戶也是市場經濟的微觀基礎?中國農戶經營的主要問題和改進方向是什麼?

(1)農戶作為市場經濟微觀基礎,一方面是由於市場經濟的拓展會導致農業不可避免地走向市場化,另一方面則是由於農業自身的特點。農業不同於工業,家庭作為農業的主要生產單位是有其特殊的優越性的:①以家庭為基本單位的農業生產,有一個與工業生產不同的特點就是,家庭成員是主要的勞動者,非特殊情況下,無需雇傭大量的工人,因此家庭就是一個合作的生產團隊;②家庭又是一個以血緣、婚姻關係為基礎的非經濟因素起著超強作用的組織,家庭內部凝聚力強,家庭成員之間有著共同的價值取向和目標,家庭內部幾乎沒有交易成本,決策管理和分配收益的成本也比較低;③中國農戶作為市場微觀主體,採用的是家庭聯產承包責任制,其土地承包權和自主經營權都是明確的。

(2)中國農戶經營存在的主要問題有:①經營規模太小,平均每戶就耕種5~7畝[1]土地;②耕作方式落後,主要以手工勞動為主;③商品化率低,這是前兩個問題的邏輯結果,因為產出少,所以用於交易的不多;④經營管理水平極為落後,基本上是家長制的經驗式管理;⑤缺乏為農業服務的社會化服務體系,農戶是分散的、各自為政的。

(3)解決中國農戶經營問題的基本取向,即走農業規模化、產業化和市場化的道路。①加快城市化步伐,減少農村居民的人口數量和農戶數量,這樣直接的結果是農村的人均土地數量增加,單一農戶的土地使用量也會增加,這顯然是有利於農業向規模經濟的方向發展的。②採取類似合夥企業或合作組織的方式,由若干個農戶合夥共同承包一塊成片的土地或者由若干個農戶用自己的勞動力、資金和所承包的土地成立合夥組織。也可採取以農戶承包土地流轉或以土地入股的方式,建立超越於現存農戶的農村經濟合作組織。這種合夥組織與合夥企業相似,所有合夥農戶共同管理合夥組織的事務,共同生產同種類的農產品,對外各合夥農戶承擔連帶責任,對內按份承擔責任和享受各

---

[1] 1畝≈666.67平方米。

種權利。這樣就解決了單個農戶所不能解決的資金和土地稀缺問題，進而使農業的規模經濟成為可能。③在政府的扶持下，大力建設農業社會化服務體系，以在種子、農機、農耕、農業科技、農民培訓、農產品收購與加工等方面為農業、農村、農民提供全方位的服務。同時，政府還應在糧食的種植和收購上給予足夠的扶持和補貼，以促進農業的產業化和市場化。

四、疑難問題與學術爭鳴

（一）關於國有產權改革的「郎顧之爭」

「郎顧之爭」表面上看是香港中文大學教授郎咸平與原格林柯爾董事局主席顧雛軍之間的爭端，實則是一場關於中國國有產權改革的大論戰。事情的起因是在2004年8月9日，香港中文大學教授郎咸平發表了一篇題為《格林柯爾：在國退民進的盛宴中狂歡》的演講，指出顧雛軍在併購科龍、美菱等企業時，採用安營扎寨、乘虛而入、反客為主等七種手段，以9億元的付出鯨吞了136億元總值的企業，並引出了國有資產流失的嚴重問題。一周後，顧雛軍委託香港律師行向香港高等法院遞送了起訴狀，以他個人的名義正式起訴郎咸平對其進行的誹謗。

2004年10月21日，中國一群主流經濟學家集體出面支持顧雛軍，在北京華僑大廈舉行了一場名為科龍20年發展與中國企業改革路徑的研討會。會議的主流觀點認為，顧雛軍的併購行為是和中國企業改革路徑完全一致的，如果顧雛軍是對的，那麼中國企業改革路徑就是對的，反之亦然。

2005年4月29日，科龍電器年報報出6,000萬元巨額虧損。10天後，公司公告稱，公司因涉嫌違反證券法規被中國證監會立案調查。同年8月2日，科龍正式發布公告，證實顧雛軍等五名公司高管已被公安部門立案偵查並採取刑事強制措施。

事情到此似乎有了結論，但是，顧雛軍的入獄並不就代表國有產權改革不當。而反觀國有產權改革中涉及國有資產流失的種種問題，一味鼓吹國有產權改革的效率化取向，無視對國有產權改革中公平與公正問題的質疑，也是不妥當的。

崔之元（2008）對「郎顧之爭」有一個較深入的總結[1]，其中有幾個觀點值得我們注意：①在中國國有企業的產權改革中，國有資產的流失問題，在事實上是存在的。②針對有人提出企業的交易各方採取的是一個自由契約的交易方式，局外人沒有發言權，企業本身是自由契約的集合的觀點。崔之元認為，自由契約必須是在相對平等的主體間才能有效，而且近年來西方經濟學所研究的範圍已經遠遠超過了傳統製度經濟學和產權

---

[1] 崔之元. 郎咸平事件「郎顧之爭」的深層原因 [EB/OL]. [2008-05-26]. http://www.eeo.com.cn/zt/50forum/yanjiu/2008/05/26/101434.html.

理論的局限，強調企業是一種權力關係的組合，而不僅僅是契約的組合。③對國有資產的管理層收購（MBO），國內學者更強調了企業管理者人力資本的價值，但忽略了企業中員工人力資本的價值。這幾點概括起來就是，國有產權改革本身可能並沒有錯，但在國有產權改革的過程中確實存在問題。

中國國有產權的改革，實質上是一種針對公有性質的產權的改革，這裡面有幾個前提性問題可能是需要搞清楚的：①作為公有產權主體的民眾，對國有產權的改革應不應該有知情權或參與權？②國有產權的改革是不是只有資產併購或管理層收購的道路可走？這兩個問題實質上是要回答真正的國有產權的所有者主體是否對國有產權的重組和運作有最終的制約作用。如果說自由契約的交易方式對現代企業已經沒有純粹的意義，那麼，對於國有企業而言，企業改制則明顯是基於公有產權的權力關係的製度變遷，這其中如果沒有公眾的監督或參與，其過程的公正性是很難得到保證的。至於國有產權改革的效率，這是不容置疑的，但是，如果國有產權改革的效率僅僅是產量增加或利潤增長的效率，而沒有或缺乏製度效率和較明顯的社會福利的增加，那麼這種單純的經濟增長最終也是不可持續的。

我們認為，不管怎樣，把國有產權改革的效率化取向和國有產權改革應遵循的公平、公正原則對立起來，是有失偏頗的。國有產權改革的大方向應該堅持，但不等於國有產權改革本身能夠解決國有經濟的所有問題。在中國的轉型期、在中國國有經濟進一步深化改革的進程中，大型國有企業或企業集團產權改革的公正性和公平性，如涉及國有企業產權結構的構成、行政性壟斷和內部人控製問題的解決、國有企業紅利的分配、職工參與和共同治理等，都是迫切需要解決的問題，也是越來越引起社會廣泛關注的問題。

（二）央企是做大了還是做強了？

所謂央企即是指由國家國資委直接管轄的中央級國有企業。在2003年國資委成立之初，央企共有196家，經過十多年的發展，截至2015年年底，央企已合併為108家。從2014年的數據看，央企資產總額已達38.73萬億，其營業收入達25.11萬億，利潤總額達1.36萬億，均實現了倍增。至2014年，中國進入《財富》世界500強的企業已經達到100家，其中85%都是央企，而且還有三家央企進入了前十名。它們分別是排名第三的中石化，排第四名的中石油和排名第七的國家電網公司，但都是清一色的資源壟斷型企業。

以上數據資料表明，我們的央企的確是做大了，而且越來越大。按照國資委的目標，到2020年，還要進一步把央企合併為80家。但大等於強嗎？我們且看一組數據對比：2014年排名世界500強第三的中石化，其營業收入為4,572億美元，利潤為89億美元，員工為110萬人；同年排名第五的同為石化企業的埃克森美孚，其營業收入為3,962億美元，利潤為326億美元，員工僅9萬多人。由此可見，中石化的營業收入比

美孚石油公司多了610億美元，但利潤只有美孚的四分之一多，而員工是美孚的12倍多。央企大而不強既是事實，也是病態。

問題還有，能夠賺錢盈利的央企，絕大多數是壟斷性或政策扶持性央企，競爭性領域的央企又多是虧損的。

央企為何大而不強？這與政府主導的行政性合併、央企行政化運作、行政性壟斷等不無關係。因此，去行政化就是央企做強的基本前提。為此，黨的十八屆三中全會已對包括央企在內的國有經濟的進一步深化改革做出了新的戰略部署，提出了包括推進混合所有制改革，強化國有公司董事會的決策功能，在國企特別是央企引入職業經理人，建立國有資產投資公司以市場化方式運作國有資產，嚴格對國有資產的預算管理等新的重大改革舉措。依上述改革措施的推進與實施，逐步達到改善央企的產權結構，改進央企的經營管理機制，提升央企的市場競爭力，從而實現做強央企的目的。

總之，做大央企並不是目的。在做大與做強的關係上，做大是手段，做強才是目的。做強央企，即是要增強央企的市場競爭力，提升央企的盈利力，鞏固和強化央企的創新力，使央企能夠真正成為社會主義市場經濟的領頭羊。

(三) 農戶作為微觀主體是否代表農業經營未來的方向？

改革開放以來，中國農業由「大一統」的公社化經營迴歸到農戶經營，反而提高了農業的勞動生產率，但是，中國農戶的小規模、分散化及其傳統的農耕方式，又阻礙了農業的進一步發展。從美國等發達國家農業的情況看，農戶或現代化的家庭農場仍然是農業經營的最基本的組織方式，那麼，農戶經營是否就是農業發展不可替代的生產經營組織方式呢？對於這個問題的回答，可能關鍵是要區別傳統農戶與現代家庭農場。如果現代家庭農場還稱為農戶的話，那麼它也僅具有傳統家庭的外殼（如血緣等），而傳統農戶所有的經營者、生產者、消費者的三位一體的職能，都已經被分化、被替代或被徹底改變了。現代家庭農場與傳統農戶至少有了以下根本性的區別：①實現了土地經營的規模化和集約化；②較普遍地採用了雇傭勞動的生產方式；③基於家庭農場的合作化和社會化的經營方式；④政府支持下的農業科技和農機耕種已基本普及；⑤農副產品的大比重或大規模的市場交易。要達到這樣的水平，中國農戶的製度與組織變遷等，顯然還有很長的路要走。

現代家庭農場或以此為基礎的各類農業合作社，至少目前和今後相當長時期內仍然是世界農業發展的基本組織形態或生產經營單位。中國傳統農戶要實現這種根本性的變化，需要突破兩個現實的重大的瓶頸：一是占中國總人口絕大比重的農民的非農化；二是耕地在保有基礎上的流轉與相對集中。

中國農民非農化的困難在於，農民的相對數量和絕對數量都非常龐大，單純的城市化可能很難解決中國農民的非農化問題，而大力發展中、小城鎮，走城鄉統籌的道路，可能是一種現實的選擇。

對耕地的流轉與相對集中,更要面臨現有土地製度的某些障礙。現行農村土地製度有問題,需要改進和完善,這是比較公認的。但農村土地製度問題的癥結在哪裡,應該怎樣解決,是有較大爭議的。爭論的焦點在農村土地的所有權性質以及由此涉及的農村土地資源的有效配置問題。關於土地所有權性質,是一個極為敏感的問題,明確主張農村土地私有的觀點既不占主流,也沒有得到認可。但這並不等於農村土地集體所有制沒有問題。牛若峰等(2004)認為,農村土地的集體所有已名存實亡或發生變異,因為農村幹部利用其對集體所有土地的支配權,時常侵犯農民的權益。[1] 他主張將農地產權歸還農民,但考慮到農地私有可能使農民失去土地,認為建立健全農民土地權益的保障機制和有效的社會保障體系,是實行農地私有化的重要前提。但正是基於對農地私有、農民失地狀況可能產生的擔心,遂成為反對農地私有的觀點的重要理由。溫鐵軍(2005)認為,中國土地匱乏,人均耕地大大低於世界平均水平,故耕地的社保功能是第一位的,根本無條件以耕地的私有化來形成規模經濟。[2] 而秦暉(2003)認為,關於農地私有從而進行農地買賣,既不可能導致土地兼併(農民失地),也不會必然導致土地資源的優化配置。[3] 秦暉進而認為,關於土地權屬的爭議是沒有意義的,土地權益無論稱謂如何,只要界定明確並可通過市場交易實現其價值,就有了產權的一般屬性。

我們認為,關於地權的爭議,如果落腳在如何切實保障農民應有的土地權益,並防止以剝奪地權的方式來剝奪農民的合法權益,是有意義的。但是,無論從歷史,還是從理論與現實的角度看,土地資源或土地產權都不是一個完全的商品概念;從歷史看,皇權(王權)、諸侯對地權均可隨意予奪;從現實看,因土地區位的不可替代性,其也不可能作為商品完全自由買賣,否則將有可能損害公共利益。但是,我們不主張完全自由而無保障的土地自由交易或土地的私有產權,並不等於我們反對中國農民在現行的農村土地權屬及土地經營製度下,對其承包經營的土地具有佔有、使用、收益、流轉及作價入股的合法權益;恰恰相反,我們甚至主張通過製度創新,來切實保障農民基於地權的合法權益。哪怕其經營的農地因為國家的公共利益而被徵用,農民也完全應有要求得到合理補償的權利。總之,在黨的中共十七屆三中全會有關農村土地管理製度改革的政策指向下,保證農民對土地的長期承包,確立其對土地承包權的擁有和支配,促進其有效的配置與合理的流轉,限制對土地過度的商業化開發,可能是在現行土地製度下的現實選擇。

---

[1] 他們還認為,基於土地集體所有制的土地承包經營制也是一項不完善、不徹底的土地製度改革。參閱牛若峰等所著的《中國的"三農"問題:回顧與展望》。
[2] 溫鐵軍. 三農問題與世紀反思 [M]. 上海:上海三聯書店,2005.
[3] 秦暉. 農民中國:歷史反思與現實選擇 [M]. 鄭州:河南人民出版社,2003.

第十一章　收入分配、社會保障與居民消費

一、本章內容簡介

本章分為四節。第一節介紹了國民收入及其相關概念、初次分配與再分配的內涵、再分配的理由,說明了收入差距產生的原因和收入差距的度量方法,介紹了經濟發展中關於收入差距演變的「倒 U 假說」。

第二節講述了按勞分配與生產要素按貢獻參與分配的內涵及意義,說明了中國實行按勞分配為主體、多種分配方式並存的分配製度的原因,分析了收入分配中的效率與公平,探討了如何進一步深化中國分配製度改革、理順分配關係、形成合理有序的分配結構等問題;

第三節介紹了社會保障製度的含義、功能和主要內容,探討了中國社會保障製度的改革思路;

第四節分析了消費與生產、流通、分配的辯證關係,介紹了影響居民消費需求的主要因素,探討了消費需求與經濟發展的關係、建立擴大消費需求的長效機制,以及如何構建文明、節約、綠色、低碳消費模式等問題。

二、本章主要知識點

(一) 國民收入的兩種定義

按照馬克思主義經濟學和傳統社會主義國家國民經濟核算體系(即物質產品平衡體系,簡稱 MPS 體系)的理解,國民收入是指物質生產部門的勞動者在一定時期內(通常為一年)所生產的淨產品的價值,它是社會總產品價值的一部分。

按照現代經濟學和市場經濟國家普遍採用的國民經濟核算體系(即國民經濟帳戶體系,簡稱 SNA 體系)的理解,國民收入(NI)是指各種生產要素所得報酬的總額,它是國民生產總值扣除資本折舊和間接稅以後的餘額。

(二) 國民生產總值 (GNP) 與國內生產總值 (GDP)

國民生產總值是指一個國家或地區的居民在一定時期 (通常為一年) 內所生產的最終產品和勞務的市場價值總和。國內生產總值是指一定時期 (通常為一年) 內在一國領土範圍內生產的最終產品和勞務的市場價值總和。國民生產總值與國內生產總值的計算是有區別的。

(三) 國民收入的初次分配與再分配

按照 SNA 核算體系的理解，國民收入的初次分配是在提供商品或勞務的生產部門 (包括物質生產部門和非物質生產部門) 內部進行的分配，其核心是通過市場機制按照生產要素對生產的貢獻來進行的收入分配，而國民收入再分配則是指政府對初次分配結果進行調節的活動。

(四) 按勞分配與生產要素按貢獻分配

社會按勞分配的基本要求是：①在全社會範圍內，社會在對社會總產品做了各項必要的扣除之後，以勞動者提供的勞動 (包括勞動數量和質量) 為唯一的尺度分配個人消費品，實行按等量勞動領取等量報酬和多勞多得、少勞少得、不勞動者不得食的原則；②按勞分配所依據的勞動排除任何客觀因素，如土地、機器等生產資料的影響，只包括勞動者自身腦力與體力的支出；③作為分配尺度的勞動，既不是勞動者實際付出的個別勞動，也不是決定商品價值的社會必要勞動，而是勞動者在平均熟練程度和平均勞動強度下生產單位使用價值所耗費的社會平均勞動。

生產要素按貢獻參與分配是指生產要素所有者憑藉要素所有權，按照生產要素在生產中的貢獻參與收入分配的製度。生產要素按貢獻參與分配的基本要求是：①參與分配的主體是要素所有者，依據是要素所有權；②分配的客體是各種生產要素共同作用創造出來的財富；③分配的標準是生產要素在生產中的貢獻。

(五) 效率與公平

在經濟學中，效率通常是指資源配置效率，它描述的最優效率的狀態是：如果資源在某種配置下不可能由重新組合生產和分配來使一個人或多個人的福利增加，而不使其他人的福利減少，那麼這種配置就是最優效率狀態，這種狀態又被稱為帕累托最優狀態。

經濟學中通常傾向於從兩個方面來理解公平：

(1) 機會平等，指人們在經濟活動中有平等的機會按其貢獻獲得相應的報酬，社會向一切人提供相同的機會。

(2) 結果平等，指人們獲得的實際收入和擁有的財富平等。

(六) 社會保障製度

社會保障製度是國家依據一定的法律和規定，對遇到疾病、生育、年老、死亡、失業、災害或其他風險的社會成員給予相應的經濟的、物質的服務和幫助，以保障其基本生活需要的社會經濟福利製度。社會保障包括社會保險、社會救助、社會福利等內容。社會保障製度是社會化生產和市場經濟發展的產物，是人類經濟發展和社會進步的標誌，是維護社會安定、促進經濟與社會協調發展的需要。

(七) 社會保險

社會保險是由國家通過法律手段對社會全體勞動者強制徵繳保險基金，用以向其中喪失勞動能力或失去勞動機會的成員提供基本生活保障的一種社會保障製度。社會保險具有強制性、保障性、普遍性、互濟性和福利性等基本特徵。社會保險由養老保險、失業保險、醫療保險、工傷保險與生育保險組成。

(八) 社會救助

社會救助也稱社會救濟，是指國家和社會對無勞動能力和生活來源的社會成員以及因自然災害或其他經濟、社會等原因導致生活困難者，給予臨時或長期物質幫助的一種社會保障製度。社會救助是社會保障的最低層次，也是最後一道防線。社會救助的對象主要是那些陷於生活困境的社會成員，社會救助的內容主要包括救濟、救災和扶貧。

(九) 社會福利

社會福利是指國家或社會通過有關政策或立法，向全體社會成員提供的、旨在不斷提高其物質文化生活水平的資金保障和服務保障。社會福利體系包括社會補貼、職業福利和社會服務。

(十) 生產性消費和生活性消費

從人們耗費客觀物質對象的角度看，有兩種不同意義的消費：一種是生產性消費，即勞動者在生產過程中通過消耗生產資料創造出產品，這種活動本身就是生產活動；另一種是生活性消費，即人們為了滿足自身物質生活和精神生活的需要而消耗或享用生產過程創造出來的各種產品（包括物品和勞務）的行為或過程。包括經濟學在內的各門社會科學研究的消費，專指這種生活消費。

(十一) 消費心理和消費觀念

消費心理包括消費動機、消費購買選擇過程中的心理偏好以及在消費過程中和過程完結後的自我感覺與評價等，作為內在的主觀因素影響著消費需要。

消費觀念，即在一定的社會價值觀念、生活方式的基礎上形成的，具有相對穩定的消費意識，是影響消費需求的深層次的社會思想因素。由此形成的消費風俗和習慣，構成一個國家、民族及地區的消費者行為的外在條件，對居民消費需求產生重要的影響。

(十二) 消費環境

消費環境是指影響消費者心理和行為的各種外在因素，通常指消費的自然環境和社會環境。自然環境是人類消費的首要環境。無論何種社會形態，人類的生產、消費乃至生存都依賴於自然環境。

消費的社會環境是指消費過程面臨的各種社會因素的總和，它包括消費的社會經濟環境，消費的政治、法律和製度環境以及消費的文化環境等。

三、重點問題解答

(一) 國民生產總值與國內生產總值的計算區別

國民生產總值與國內生產總值的計算按「國民」原則和「國土」原則計算。國民生產總值按國民原則計算，包括本國居民在國內和國外的生產要素所獲得的收入，它不包括外國居民的生產要素在本國獲得的收入。而國內生產總值則是按國土原則計算，即不論本國居民還是外國居民，凡是在本國國土範圍內的生產要素所獲得的收入都計算在內，但不包括本國居民在國外的生產要素所獲得的收入。國民生產總值（GNP）＝國內生產總值（GDP）＋本國居民得自國外的要素收入－付給外國居民的要素收入＝國內生產總值＋國外淨要素收入。

(二) 為什麼要進行國民收入再分配？

國民收入再分配的理由主要有：

(1) 控製收入差距、促進社會公平的需要。市場機制進行的初次分配，通常會出現較大的收入差距。為了控製收入差距，緩解貧富分化，促進社會公平，政府應當出面進行收入再分配。

(2) 政府行使社會管理者職能的需要。政府作為社會管理者，需要保衛國家，維護社會秩序，支持教育、文化、衛生和社會公益事業，提供各種公共產品等，這些活動需要通過收入再分配（比如徵稅）來獲得所需要的資金。

(3) 政府進行宏觀經濟調控的需要。現代政府的一項重要職能是進行宏觀經濟調控，而收入再分配（比如徵稅、轉移支付等）為政府進行宏觀調控提供了途徑和資金。

(4) 政府為了協調地區發展、支持戰略性行業發展的需要。在地區發展不平衡的國

家，出於協調地區發展的需要，政府會進行收入再分配（如地區之間的財政轉移支付）。為了支持某些戰略性行業的發展（如某些高科技產業、先導產業等），政府需要通過收入再分配來籌集資金。

(5) 建立社會保障製度和社會後備基金的需要。這需要收入再分配來籌集資金。

(三) 中國為什麼要實行按勞分配為主體、多種分配方式並存的分配製度？

中國仍處於並將長期處於社會主義初級階段，實行按勞分配為主體、多種分配方式並存的分配製度，是與中國社會主義初級階段的基本國情相適應的。具體而言，實行這一分配製度的主要理由是：

(1) 中國現階段實行的基本經濟製度決定了必須實行按勞分配為主體、多種分配方式並存的分配製度。在生產關係中，生產資料所有制形式是生產關係的基礎，它決定了生產關係的其他方面。分配關係是生產關係的一部分，生產資料的所有制形式決定了分配關係，分配關係和分配製度要與特定階段的所有制形式相適應。在社會主義初級階段，中國實行以公有制為主體、多種所有制經濟共同發展的基本經濟製度，這就決定了在社會主義初級階段要實行以按勞分配為主體、多種分配方式並存的分配製度。

(2) 社會主義市場經濟體制要求實行以按勞分配為主體、多種分配方式並存的分配製度。分配製度是經濟體制的一部分，經濟體制必將在一定程度上影響和決定著收入分配製度。改革開放以來，中國探索和建立了社會主義市場經濟體制，需要發展勞動、資本、土地、技術、信息等要素市場，發揮市場對資源配置的基礎性作用，以提高資源配置效率。由於各種生產要素在生產中都做出了一定的貢獻，需要各種要素按貢獻參與收入分配，獲取相應的要素報酬，以調動要素所有者的積極性，優化要素配置。

(3) 社會主義初級階段實行按勞分配為主體、多種分配方式並存的分配製度，歸根到底是由生產力的發展狀況決定的。一定的生產力水平決定相應的生產關係，分配關係是生產關係的一部分，因此，生產力發展水平決定了相應的分配關係和分配製度。當前，中國社會主義初級階段的生產力發展具有總體水平低、不平衡、多層次的特徵，這是中國當前分配方式呈現多樣化的最深層次原因。

(四) 中國如何進一步深化收入分配製度改革，理順分配關係，形成合理有序的收入分配格局？

當前，在經濟體制改革和經濟發展進入新階段的背景下，我們需要進一步深化收入分配製度改革，理順分配關係，兼顧效率與公平，形成合理有序的收入分配格局。可以從以下幾個方面著手：

(1) 在初次分配領域，要健全和完善相關的製度、機制，著重保護勞動所得。

努力實現勞動報酬增長和勞動生產率提高同步，提高勞動報酬在初次分配中的比重。要完善資本、技術、管理等要素按貢獻參與分配的初次分配機制。實施就業優先戰

略和更加積極的就業政策，提升勞動者獲取收入能力。要深化工資製度改革，完善企業、機關、事業單位工資決定和增長機制。在增進效率的同時也增進公平。

(2) 完善再分配調節機制，強化政府對收入分配的調節職能。

當前，我們要按照再分配更加注重公平的原則，完善以稅收、社會保障、轉移支付為主要手段的再分配調節機制，加大稅收調節力度，強化政府對收入分配的調節職能。通過「提低」（即提高低收入者收入水平）、「擴中」（即擴大中等收入者比重）、「調高」（即調節過高收入）的思路，使居民之間收入差距較大的矛盾得到有效緩解，中等收入群體持續擴大，逐步形成「橄欖型」分配格局。

規範收入分配秩序，完善收入分配調控體制機制和政策體系，推動形成公開透明、公正合理的收入分配秩序。

(3) 堅持共同富裕的根本原則，實現發展成果由人民共享，千方百計增加居民收入。

堅持共同富裕是我們處理效率與公平關係的一個基本支點。要調整國民收入分配格局，加大再分配調節力度，著力解決收入分配差距較大問題，使發展成果更多、更公平地惠及全體人民，朝共同富裕方向穩步前進。實現發展成果由人民共享，必須深化收入分配製度改革，努力實現居民收入增長和經濟發展同步、勞動報酬增長和勞動生產率提高同步，提高居民收入在國民收入分配中的比重，提高勞動報酬在初次分配中的比重。

在全面建設小康社會的新階段，我們要堅持共同富裕的根本原則，兼顧效率與公平，按照統籌城鄉發展、統籌區域發展要求，逐步縮小城鄉差距、地區差距。要千方百計增加居民收入，在國內生產總值增長的同時實現城鄉居民人均收入的持續增長。要著力提高低收入者收入，逐步提高扶貧標準和最低工資標準，力爭中低收入者收入增長更快一些。要建立企業職工工資正常增長機制和支付保障機制，創造條件，多渠道增加居民財產性收入。要逐步縮小全國居民收入差距，讓全體國民更多、更公平地分享經濟發展的成果。

(五) 社會保障製度的主要功能是什麼?

(1) 提供社會安全網和減震器，維護社會穩定。社會保障為市場競爭中的失敗者和弱者編織了一張安全網，解除了人們的後顧之憂，為市場經濟的高效運行營造一個良好的社會環境。社會保障製度通過為社會弱勢群體提供物質幫助和經濟補償，減少激烈競爭和意外風險對他們的衝擊，保障他們的基本生活。可以說，社會保障產生的效應能增強社會成員的生活保障感、心理安全感，增加對政府和社會的信任感，從而可以起到維護社會安定的作用。

(2) 調節收入分配，促進社會公平。社會保障製度通過徵稅和轉移支付，把一部分人的收入轉移給另一部分人（老、弱、病、殘、傷等），起到了調節居民收入的作用。社會保障製度通過為老、弱、病、殘、傷等社會成員提供社會保險、社會救助和社會福

利，事實上就是進行收入的再分配，可以降低收入差距、增進社會公平。社會保障還具有增進社會成員之間機會平等的功能。

（3）促進經濟與社會的協調發展。社會保障製度有利於提高勞動力素質，保證勞動力再生產順利進行，促進經濟增長和社會發展。在生產過程中，勞動者不可避免地會遇到疾病、意外傷害以及失業的威脅，影響身體健康和正常的勞動收入，從而危及社會勞動力的再生產。而社會保障能為遇險的勞動者提供各種保障，使勞動力得以恢復，使勞動力再生產得以延續，從而促進經濟和社會的協調發展。

（4）調節國民經濟的運行。社會保障製度通過保障資金的籌集、支付以及投資活動，對國民經濟的運行產生調節作用。比如，當經濟衰退、失業率提高時，失業保險金給付的增加，抑制了個人收入減少的趨勢，增加了社會需求，刺激了消費，對經濟衰退起到自動緩解作用；而當經濟高漲、失業率下降時，失業保險金支付相應減少，這樣又可以抑制消費，緩解經濟過熱趨勢。

（六）如何進一步深化中國社會保障製度改革，加快建立覆蓋城鄉居民的社會保障體系？

當前，要堅持全覆蓋、保基本、多層次、可持續方針，以增強公平性、適應流動性、保證可持續性為重點，進一步改革和完善現行的保障製度，建立更加公平可持續的社會保障製度，全面建成覆蓋城鄉居民的社會保障體系。

（1）統籌推進城鄉社會保障體系建設，全面建成覆蓋城鄉居民的社會保障體系。

建立覆蓋城鄉居民的社會保障體系，要以社會保險、社會救助、社會福利為基礎，以基本養老、基本醫療、最低生活保障製度為重點，以慈善事業、商業保險為補充，加快完善社會保障體系。

（2）加快推進社會保險製度改革。

一是堅持社會統籌和個人帳戶相結合的基本養老保險製度，完善個人帳戶製度，健全多繳多得激勵機制，確保參保人權益，實現基礎養老金全國統籌，堅持精算平衡原則。二是推進機關事業單位養老保險製度改革。按照社會統籌與個人帳戶相結合的基本模式，改革機關和事業單位養老保險製度，破除養老保險「雙軌制」，同時建立體現機關事業單位特點的職業年金製度。三是整合城鄉居民基本養老保險製度、基本醫療保險製度。四是完善社會保險關係轉移接續政策，擴大參保繳費覆蓋面，適時適當降低社會保險費率。

（3）加快建立健全保證社會保障製度可持續發展的體制機制。

一是健全社會保障財政投入製度，完善社會保障預算製度。二是建立健全合理兼顧各類人員的社會保障待遇確定和正常調整機制。三是加強社會保險基金投資管理和監督，推進基金市場化、多元化投資營運。四是研究制定漸進式延遲退休年齡政策。五是健全社會保障管理體制和經辦服務體系，建立標準統一、全國聯網的社會保障管理信息

系統，實現精確管理和便捷服務。

（七）如何理解消費與生產的辯證關係？

消費是社會再生產過程中的一個重要環節。在社會再生產過程的生產、分配、交換和消費四個環節之中，生產是實際的起點，因而也是起支配作用的要素。消費是生產過程的結束，但又是下一個生產過程的起點，因而是整個再生產過程能夠繼續進行的前提條件；同時，消費是一切經濟活動的唯一目的、唯一對象。

（1）生產創造出消費，沒有生產就沒有消費。這是因為：第一，生產創造出消費對象，消費以生產作為前提條件，沒有生產，消費就沒有對象；第二，生產創造出消費的形式，不同形態的具體勞動創造出不同的消費對象，從而創造了不同的消費形式；第三，生產創造出消費的結構，現實的生產結構直接決定了現實的消費結構，生產結構的變動直接影響著消費結構的變動；第四，生產創造出消費者，生產不但為主體生產對象，而且也為對象生產主體，生產借助其產品，不但創造出懂得享用、耗費這種產品的消費者，而且培養和提高了人們的消費能力及其素質。

（2）消費創造出生產，沒有消費就沒有生產。這是因為：第一，消費完成生產行為；第二，消費再生產出勞動力，即再生產出勞動者，勞動者耗費、享用消費資料的過程，在很大程度上就是勞動力的再生產過程；第三，消費創造出生產的需要，需要的滿足是生產的原動力和最終目的。人們通過消費，再創造出需要，這是生產能夠持續存在與發展的原動力。

（八）如何構建文明、節約、綠色、低碳消費模式？

社會消費模式一般是指人們為了滿足生存、享受和發展需要，佔有、享用或支配消費物品和勞務的方式和特徵。與中國國情相適應，現階段著力構建的消費模式的特徵是「文明、節約、綠色、低碳」，其宗旨是實現消費的經濟效益、社會效益、文化效益和身心效益的和諧，即促進人自身和諧、人與自然和諧、人與社會和諧。

第一，構建和諧消費觀。引導城鄉居民樹立科學消費觀、誠信消費觀、公平消費觀、可持續消費觀、節儉消費觀和效益消費觀，注重文明和諧消費的公平正義性，發揚本民族消費生活傳統中的優良成分，尊重社會、尊重自然、尊重他人，為努力營造中國特色社會主義消費文化體系和消費模式提供思想導向。

第二，構建生態文明消費觀。生態文明以人與自然、人與人、人與社會和諧共生、良性循環、全面發展、持續繁榮為基本宗旨，以建立持續發展的經濟發展模式、持續健康發展的消費模式及和睦和諧的人際關係為主要內涵，倡導在人與社會和自然和諧發展基礎上，實現物質財富和精神財富的創造和消費，實現生產發展、生活富裕、生態良好的發展目標。

第三，構建文明、節約、綠色、低碳消費模式。這種消費模式與節約能源資源、保

護生態環境的產業結構及增長方式相適應，以保護生態需要、保護消費者健康為主旨，著力點在節約資源、保護環境上。要著重節約自然資源，著力推進綠色發展、循環發展、低碳發展，形成節約資源和保護環境的空間格局、產業結構、生產方式、生活方式。要著力保護環境，倡導培育綠色消費環境，重點加強水、大氣、土壤等污染防治，節約用水、減少廢水、廢氣和廢棄物排放，改善城鄉人居環境。

構建生態文明型消費模式是一項長期的任務，需要優化產業結構、發展循環經濟、發展綠色產業，加大從源頭上控製污染的力度；完善有利於資源節約和環境保護的產業政策、財稅政策、價格政策、信貸政策。同時制定相關法律法規，推進綠色消費產品生產、建立健康的綠色消費市場，維護綠色消費權益。

四、疑難問題和學術爭鳴

(一) 經濟發展與收入差距的關係

關於經濟發展與收入差距的關係，是最近幾十年經濟學界富有爭議的話題。美國著名經濟學家、統計學家庫茲涅茨在1955年提出了著名的「倒U假說」，解釋經濟發展中收入差距的演變趨勢。他根據經濟發展早期階段的普魯士（1854—1875年）、處於經濟發展後期階段的美國、英國和德國薩克森地區（1880—1950年）收入差距的統計資料，提出「收入分配不平等的長期趨勢可以假設為：在前工業文明向工業文明過渡的經濟增長早期階段迅速擴大，爾後是短暫穩定，然後在增長的後期逐漸縮小」（即收入差距的變動軌跡類似於倒寫的英文字母「U」）。在庫茲涅茨看來，發展中國家向發達國家過渡的長期過程中，居民收入分配的差距「先惡化、後改善」的趨勢是不可避免的。[①]

由於庫茲涅茨佔有資料和國別案例的不充分，他所提出的「倒U假說」是否具有普遍性，在經濟學界一直倍受爭議。有些經濟學家讚同這一理論，例如諾貝爾經濟學獎獲得者劉易斯在他的二元經濟結構理論中，也得出了與庫茲涅茨一致的看法。劉易斯認為，在經濟發展的初級階段，存在著傳統的自然農業經濟和現代工業經濟兩個部門，在前一部門勞動力大量過剩，累積只發生在後一部門的假設下。劉易斯認為經濟發展將主要表現為現代工業部門的擴張和傳統農業部門比重的相對縮小，實現這一目標的主要途徑是工業部門在擴張中對農業部門剩餘勞動力的吸收。由於經濟發展主要取決於儲蓄或資本累積，而儲蓄或資本累積又來源於資本家階級，因此資本累積和技術進步的全部收益都歸資本家階級。而這種分配方式的存在，是因為農業部門大量剩餘勞動力的存在決定了工業部門勞動者的工資在略高於維持生計的低收入水平上保持不變，而資本收益一直在增加。上述推理表明了初級發展階段兩種收入差距的擴大，一是資本家階級同勞動階級

---

① KUZNETS. Economic growth and income inequality [J]. American Economic Review, 1955, 45 (1).

之間收入相對份額的差額擴大，而且越來越大；二是在勞動階級內部，收入差距也擴大了，即現代工業部門工人的工資高於傳統農業部門農民的收入，但這一差距大致不變。劉易斯的二元經濟結構理論進一步指出，經濟增長中收入差距擴大的格局只是經濟發展初級階段的經濟規律。當經濟繼續發展，現代部門吸收的勞動力越來越多，工人的工資將逐步上升，勞動階級和資本家階級之間的收入差距將可能縮小或不變，社會總收入差距可能停止上升，處於穩定時期。當經濟發展進入較高級階段時，農業部門的剩餘勞動力逐步消失，勞動從無限供給變為稀缺要素，而資本要素則處於相對充裕的狀態。這時，工資上升，勞動階級的收益上升，而資產階級的收益則下降，整個社會總收入差距下降。

世界銀行的《世界發展報告》分別在 1985 年和 2000 年兩次發布了其研究報告。這兩次研究所用方法不同，其結論也不相同。1985 年《世界發展報告》利用剖面數據對 58 個國家的樣本進行了分析，其結果顯示低收入國家、中等收入國家、中上收入國家以及市場經濟工業國的基尼系數呈倒 U 形排列。2000 年《世界發展報告》利用時間序列資料對 65 個發展中國家的人均消費增長與基尼系數變化的相關關係進行了分析，認為各個國家的經濟增長與基尼系數變化並沒有系統的相關關係。

(二) 效率與公平的關係

1. 效率的內涵

在經濟學中，效率（Efficiency）是指社會充分利用了現有資源進行生產，提供了最大化的產出和效用滿足程度。它不是生產多少產品的簡單的物量概念，而是一個社會效用或社會福利概念。經濟學中關於效率的內涵通常包括技術效率、資源配置效率和製度效率。最常用的效率概念是資源配置效率，它是指在現有資源約束條件下，在不損害任何一個社會成員境況的前提下，已經不可能通過重新配置資源來使一個人或多個人的福利增加，這種資源配置就是最有效率狀態，也被稱為帕累托最優。在經濟學中，關於效率內涵的分歧是比較少的。

2. 公平的內涵

公平是一個複雜、多維而又充滿分歧的範疇，倫理學、經濟學、政治學、法學、社會學等多個學科都對公平展開了廣泛而深入的研究，產生了複雜、多維的公平理論。在經濟學中，公平是一個非常重要的、不可迴避的話題，它涉及我們對經濟現象的價值判斷、對個人或社會的經濟福利的評估。在經濟學的發展歷史中，一部分學者主張經濟學研究應當拋開或迴避價值判斷的問題，只著力於描述、解釋、預測經濟現象和經濟行為，他們把經濟學看成一門實證的、客觀的學問，因而他們認為經濟學不研究諸如公平這樣的價值判斷問題，這類研究屬於實證經濟學的範疇。另外一些學者則認為，經濟學研究經常要涉及價值判斷問題，特別是在評估經濟行為的結果、討論公共經濟政策的時候，諸如好與壞、合理與不合理、應該與不應該的價值判斷是不可迴避的，這類研究屬

於規範經濟學的範疇。筆者認為，收入分配既是一個實證經濟學的話題（比如需要描述收入分配領域的事實、變化，探討變化的原因，分析某些客觀聯繫等），也是一個規範經濟學的話題（比如需要判斷特定收入分配製度和收入分配差距是否合理、如何改進等），因此在研究收入分配這樣的經濟利益和經濟福利的問題時，公平與否的價值判斷是不可迴避的，而且是非常重要的。

什麼是公平？從公平的詞義來看，公平通常包含了公正、平等、正當、正義等多重含義。從英文詞彙來看，公平範疇涉及了Equity、Equality、Justice三個詞語。筆者翻閱了《現代英漢辭典》《朗文現代英漢雙解辭典》《美國傳統辭典》等辭典，其中Equity被翻譯為公平、公正，Equality被翻譯為平等、相等，Justice被翻譯為正義、正當、公平。從中英文對照的角度，公平與Equity最為接近。但是，人們在不同語境使用公平的時候，往往又包含了Equality（平等）和Justice（正義、正當）的含義，其原因是公平本身是一個多維度的範疇，人們從不同的角度看到了公平範疇的不同側面。

在人類的思想史上，功利主義者、舊福利經濟學、新福利經濟學、自由主義者都分別提出了自己對社會公平的判斷和理論。在當代，美國著名政治哲學家、倫理學家羅爾斯（John Bordley Rawls，1921—2002）提出了正義論。美國哲學家諾齊克（Robert Nozick，1938—2002）則提出了一種比較極端形式的自由至上主義，與羅爾斯展開論戰。在論戰中，他們提出了自己對社會公平、正義的系統理論。印度當代著名的福利經濟學家、1998年諾貝爾經濟學獎得主阿馬蒂亞·森提出了一種能力平等（Equality of Capability）公平觀，認為人們追求的目的是所有人都有能力享受他們認為有價值的生活方式，社會應該追求的是增加人們的機會，拓展他們選擇的範圍，使人們享受真正意義上的自由。在人類思想史中，關於公平、平等、正義的重要理論和思想是我們今天研究的起點和基礎，對我們今天思考轉型期收入分配中的公平問題具有重要的啟發意義。

3. 效率與公平的關係

很多經濟學家認為，收入分配中的效率和公平存在著明顯的交替性，即追求效率往往以某種程度的公平損失為代價，而追求公平則要以一定的效率損失為代價。[①] 現代經濟社會面臨這樣的兩難選擇：是以效率為主要目標，還是以公平為主要目標，抑或兩者並重？當效率和公平發生矛盾的時候，是以效率優先，還是以公平優先？是犧牲公平換取效率，還是犧牲效率換取公平？是把蛋糕盡可能做得大一些，還是把蛋糕分割得平等一些？面對這樣的兩難選擇，經濟學家們的觀點大致可以歸納為三種。

（1）效率優先。

這種觀點主張以效率優先，反對把收入分配平等作為社會福利最大化的一個必要條件。他們認為，效率是與自由不可分割的（這裡的自由指自由經營、自由競爭和要素的自由轉移），而這種自由是市場機制正常運行從而實現資源配置效率的前提條件。如果

---

① 阿瑟·奧肯. 平等與效率 [M]. 王奔洲、葉南奇，譯. 成都：四川人民出版社，1988.

追求公平犧牲了自由，必將破壞市場機制的正常運行，由此損害效率，那麼這種平等就是不可取的。同時他們認為，如果通過立法和行政手段，把一部分人的收入轉移給另一部分人，實際上是把一部分人的努力轉移為另一部分人的所得，把一部分人的偏好強加給另一部分人，這種做法本身就不公平。如果人們的所得是靠「平等」而不是靠努力來決定的，社會將缺乏激勵人們努力工作、增加產出的機制，社會將面臨巨大的效率損失。

（2）公平優先。

另一些經濟學家則認為，公平應當放在優先地位。他們認為，平等本來是人們的天賦權利，競爭引起的收入差別是對這種權利的侵犯。不僅如此，人們在市場上本來就沒有在同一條起跑線上開展競爭，各人擁有的資源不同，受教育的機會也不均等，競爭引起的收入差別不是由勤奮和懶惰造成的，因而是不公平的。再說，市場本身並不公平，一些經濟因素如市場中的壟斷和非經濟因素如對性別、種族、年齡、宗教信仰等的歧視也影響人們的收入，而由此產生的貧富差別便更不公平了。主張公平優先的經濟學家中還有人認為，不平等的收入有可能導致權利和機會的不平等（因為市場經濟中金錢可以和權力相交換，權力又可以成為收入和財富的源泉），這一階段的不平等將會帶來下一階段更大的不平等，社會應努力消除不平等，以便為人們帶來平等的權利和機會。

（3）效率與公平的兼顧。

這是一種折中的觀點，既不贊成效率優先，也不贊成平等優先，而是主張二者兼顧。他們認為收入過分不平等不是一件好事情，而收入完全平等也不是一件好事情。市場自發形成的收入分配有可能過分不平等而令人難以接受，但市場機制又有利於提高經濟效率，因而兼顧效率與公平的途徑是通過政府適度干預來彌補市場缺陷，改善收入分配的平等狀況。這些經濟學家試圖找到一條既能保持市場機制的優點，又能消除收入差距過分擴大的途徑，使效率和公平同時增進。

第十二章　社會主義市場經濟中的對外經濟關係

一、本章內容簡介

本章包括三節內容，主要分析和概述在經濟全球化背景下社會主義國家發展對外經濟關係的必要性、理論依據和客觀依據、中國對外開放的形式和戰略、開放條件下經濟宏觀總量平衡的條件和失衡的可能性以及國際貿易、國際投資、利用外資等理論和知識。

第一節闡釋了社會主義國家發展對外經濟關係的理論依據與客觀依據，並闡述在經濟全球化的時代背景下，社會主義國家發展對外經濟關係所具有的現實性和必要性。

第二節介紹了中國發展對外經濟的基本形式是對外貿易、對外資本交流、對外技術交流、對外承包工程和勞務合作、發展國際旅遊業等，並依次闡述其概念、理論依據、現實意義、發展路徑、所應堅持的原則、有關現狀與經驗總結。

第三節首先闡述了中國對外發展的戰略，並分析了開放經濟與一國的宏觀經濟運行存在的密切關係，並說明這一關係主要通過國際收支平衡、社會總供求與經濟結構之間的相互聯繫得以實現，同時認為調整中國的經濟結構、優化開放結構是提高中國對外開放水平的重要途徑。

二、本章主要知識點

(一) 對外經濟關係

對外經濟關係是指一個國家同其他國家和地區之間經濟聯繫的總稱。

(二) 國際分工

國際分工是指世界各國之間的勞動分工。它是社會分工發展到一定階段，國民經濟內部分工超越國家界限廣泛發展的結果，是國內分工的延續與補充。當一國國內社會分工和市場經濟發展到一定程度，商品交換就要突破一國的界限，產生國際貿易。

(三) 絕對優勢學說

亞當·斯密在《國富論》中提出了絕對優勢學說。他認為，由於各國自然資源的稟賦、勞動生產率有別，生產同種產品的利潤有高有低。從絕對利益考慮，國際分工對參與交易的雙方都是有利的。當一國相對另一國在某種商品的生產上效率更高，但在另一種產品的生產上效率更低，那麼兩國就可以專門生產自己有絕對優勢的產品，並用一部分來交換具有絕對劣勢的產品。這樣，由於每一個國家都有其適宜於生產某些特定產品的絕對有利的生產條件，如果它們去進行專業化生產，然後彼此進行交換，結果將對所有交換國家都有利。

(四) 比較優勢原理

大衛·李嘉圖認為國際分工的基礎在於「比較優勢」，即使在生產上沒有任何絕對優勢的國家，只要這個國家與其他國家在生產各種商品上相對成本不同，就可以通過專門生產其比較成本低的產品，以換取該國自己生產時相對成本較高的產品，在自由交換中仍存在比較利益。相對優勢理論發展了絕對優勢理論，在更普遍的基礎上解釋了貿易產生的基礎和貿易利得，更進一步說明了國際分工和國際貿易的積極意義。

(五) 要素稟賦論

赫克歇爾和俄林在古典政治經濟學的基礎上進一步發展了國際分工理論，提出了要素稟賦論。他們認為，由於各國除有不同的勞動生產率外，還有不同生產要素的稟賦與供給，從而影響特殊商品的生產成本。他們指出，在各國生產要素存量一定的情況下，一國將生產和出口較密集地使用其較豐富的生產要素的產品，進口較密集地使用其稀缺的生產要素的產品，這就是國際分工的理由。

(六) 國際價值

隨著國內市場向國際市場延伸，商品價值表現為國際價值。國際市場商品價值不是由個別供給國生產該商品的社會必要勞動時間所決定，而是由國際商品生產的必要勞動時間所決定。

(七) 國際市場價格

國際市場價格是在一定條件下的國際市場中的價格。它是國際價值的貨幣表現，圍繞國際價值上下波動。通常所說的國際市場價格，是指某種商品在國際市場上的一定時期內客觀形成的具有代表性的成交價格。

(八) 對外貿易

對外貿易是指一個國家或地區同其他國家或地區進行的貨物和服務交換活動。

（九）世界貿易組織

世界貿易組織（WTO）是根據烏拉圭回合多邊貿易談判達成的《建立世界貿易組織協定》於 1995 年 1 月建立的，取代了 1947 年的關稅與貿易總協定。世界貿易組織是多邊貿易體系的法律基礎和組織基礎。它規定了成員方的協定義務，以確定各成員方政府如何制定和執行國內貿易法律製度和規章；同時，它還是各成員方進行貿易談判、解決貿易爭端、發展貿易關係的場所。

（十）對外資本交流

對外資本交流是國家與國家之間的信貸活動和生產經營的投資活動。在現代經濟發展的條件下，無論是發達國家還是欠發達國家，它們都在大力進行對外資本交流活動，以促進本國經濟技術的發展。對外資本交流的方式主要有資本的輸出和資本的輸入，而對於中國來說，主要是輸入國外資本，即利用外資來進行現代化建設。改革開放 30 多年來，中國在吸收和引進外資方面取得重大成就。1979—2004 年，中國引進外資共計 74,362 億美元，其中外商直接投資 56,039 億美元。外商直接投資占 GDP 的比重從 1983 年的 0.2% 上升到 2004 年的 3.7%。

（十一）對外技術交流

對外技術交流是國家與國家之間的技術輸出和技術輸入活動，進行對外技術交流可以促進一國技術水平的提高，從而提高該國生產力水平。中國是發展中國家，經濟技術水平相對落後，工業設備中先進技術設備所占比重較小，因此中國更加需要發展對外技術交流，尤其是引進國外先進技術。

（十二）國際旅遊業

國際旅遊業是各國對國外旅遊者的旅遊活動提供服務設施和系列服務的行業。它主要包括旅遊業、飲食業、交通運輸業、商業、娛樂業等。

（十三）國際收支平衡

在國際收支平衡表上，反應國際商品流動的是經常收支項目，反應國際資金流動的是資本往來項目。一國的國際收支按照國際收支平衡表採用復式簿記法，借貸雙方總是平衡的。但就實際的對外經濟活動來說，收入與支出不可能總是相等的。一國的當期自主性交易收支不能相抵時，必須以調節性交易來彌補才能維持國際收支平衡。判斷一國的國際收支是否平衡，主要應看其自主性交易是否平衡。如果一個國家在國際經濟交往中其自主性交易相等或基本相等，不需要依靠調節性交易調節，那麼說明這個國家的國際收支是平衡的。

(十四) 開放結構

開放結構就是指一國的對外經濟結構，包括進出口結構、利用外資結構、對外投資結構、引進技術結構、開放地區結構等。

(十五) 進出口結構

進出口結構即一般外貿結構，它是由產業結構決定的。在經濟全球化的背景下，一國產業結構的形成，除了要受到本國的傳統生產力結構的制約，主要受到國際分工體系的影響。

三、重點問題解答

(一) 價值規律在國際市場中會發生哪些變化？

隨著各國國內市場向國際市場的延伸，商品價值表現為國際價值，商品價格也就轉化為國際價格。國際市場商品價值不是由個別供給國生產該種商品的社會必要勞動時間所決定，而是由國際商品生產的必要勞動時間所決定。它具體表現為：商品的價值由商品供給國在現有國際正常的生產條件下，用國際平均的勞動熟練程度和勞動強度製造該種商品所必要的勞動時間決定。這是價值規律的要求在國際市場上的延伸。在世界市場中，同一種商品所含有的社會必要勞動時間需要用唯一的尺度衡量。馬克思將這個衡量尺度稱為「世界勞動的平均單位」，用這樣的世界勞動的平均單位來計量的價值就是國際價值。

國際市場價格是在一定條件下的國際市場中的價格。它是國際價值的貨幣表現，圍繞國際價值上下波動。通常所說的國際市場價格，是指某種商品在國際市場上的一定時期內客觀形成的具有代表性的成交價格。在國際市場上，商品價格是經常發生變化的。影響國際市場價格變動的因素主要有三個：一是生產成本，二是供求因素，三是通貨膨脹或通貨緊縮因素。這種價格的變化反應了價值規律的作用形式在國際市場上的變化，因為商品的國際價格的變化最終仍然是圍繞商品的國際價值來進行的。由於商品的國際價值同商品的國別價值即不同國家的個別價值之間存在複雜的矛盾，各國商品只能進入世界市場並且成功地實現其價值，完成國別價值的多元化向國際價值的唯一性的轉化，這種矛盾才能得到解決。而一國的商品能否在國際市場上按照國際價值所確定的國際價格出售，往往會受到多種因素的影響，這說明價值規律對資源配置所起的基礎性作用在國際市場上與在國內市場上是有重大區別的。

(二) 影響國際市場價格變動的主要因素是什麼？

國際市場價格是在一定條件下的國際市場中的價格。它是國際價值的貨幣表現，圍繞國際價值上下波動。通常所說的國際市場價格，是指某種商品在國際市場上的一定時期內客觀形成的具有代表性的成交價格。

在國際市場上，商品價格是經常發生變化的。影響國際市場價格變動的因素主要有三個：一是生產成本，二是供求因素，三是通貨膨脹或通貨緊縮因素。這種價格的變化反應了價值規律的作用形式在國際市場上的變化，因為商品的國際價格的變化最終仍然是圍繞商品的國際價值來進行的。

(三) 中國對外開放的基本形式包括哪些？

中國對外開放的基本形式有對外貿易、對外資本交流、國際技術交流、對外承包工程和勞務合作、發展國際旅遊業等。

對外貿易是國與國之間進行經濟聯繫的一般形式，而國際分工是國際貿易產生的前提條件。對外貿易在中國經濟發展中具有舉足輕重的作用：一是可以彌補國內某些資源的短缺，優化資源的配置，促進經濟增長；二是可以利用國際分工，節約社會勞動，提高經濟效益；三是可以增加外匯收入，增加國內就業機會；四是有利於提高技術水平和管理水平，增強國家經濟實力；五是可以繁榮國內市場，滿足人們多方面的需要。

對外資本交流包括引進外資和對外投資。引進外資就是輸入外國資本，利用外資進行現代化建設，包括外國貸款和外商直接投資等。對外投資是本國企業「走出去」，向海外直接投資，興辦國際化企業。它有利於打破各國的貿易壁壘，實現就地生產、就地銷售，擴大本國商品和勞務的出口，協調和平衡國內經濟的供求關係。

國際技術交流包括引進技術和技術輸出。引進技術主要有三種形式：引進「硬件」、引進「軟件」和引進智力。技術輸出主要指本國向外國出口技術設備、技術「軟件」以及技術人才等。

對外承包工程和勞務合作的具體形式有：對外承建或承包建築工程，帶動勞務輸出；對外投資興辦企業，派出管理人員、技術人員和其他勞務人員；與外國簽訂勞務合作合同，派出各類勞務人員。

發展中國國際旅遊業主要是通過開發中國的各類旅遊資源，吸引國外旅遊者入境旅遊和消費，不僅可以增加外匯收入，還可以推動和促進與旅遊業相關的產業發展，促進國內產品的銷售，增加就業崗位，擴大中國的國際影響力。

(四) 世界貿易組織奉行的基本原則是什麼？

(1) 非歧視原則。世界貿易組織成員不對另一成員採取對其他成員不適用的優惠性或限制性措施。

（2）透明度原則。世界貿易組織成員方正式實施的有關進出口貿易的政策、法規、法令、條例以及簽訂的有關貿易方面的條約等必須正式公布；非經正式公布，不得實施。

（3）可預測性和擴大市場准入原則，即商品和服務貿易的可預測性和不斷擴大的市場准入。

（4）公平貿易原則。各世界貿易組織成員被要求在進行國際貿易交往中，應進行公平的貿易競爭，不得採取不公平的貿易手段進行國際貿易競爭或扭曲國際貿易競爭。

（5）關稅約束和關稅遞減原則。關稅約束是法定承諾不提升已有水平的關稅，把關稅約束在實際適用關稅以上的水平視為合法的讓步。

（6）禁止數量限制原則。原則上取消進出口數量限制。

（7）例外和實施保障措施原則。保障措施是一種在緊急情況下可以採取的進口限制措施，即當一個成員方某個產業部門因進口驟增受到嚴重損害或有嚴重損害的威脅時就可以實施進口限制。這種限制以提高關稅為主，數量上的限制只能在某些特定的情況下運用。

（五）中國利用外資的主要形式有哪些？利用和引進外資有哪些作用和意義？吸收和引用外資必須堅持哪些原則？

（1）中國利用外資的主要形式有：

①外國貸款。它包括外國政府、國際金融機構、外國商業銀行、出口信貸、民間商業貸款和發行國際債券等。外國貸款構成中國的對外債務，要用外匯或出口產品來償還本金和利息。

②外商直接投資。它包括中外合資經營企業、中外合作經營企業、中外合作開發資源企業、外商獨資企業等，中國對這些外來投資一般不承擔償還義務，而是由參加合營的雙方共負盈虧，共擔風險。此外，中國利用外資還採用補償貿易、來料加工、來件裝配、國際租賃等形式。

（2）積極而慎重地利用和引進外資，對像中國這樣的發展中國家來說，具有特別的重要作用和意義：

①利用和引進外資有利於彌補國內建設資金的不足和解決外匯短缺的困難，增加資金投入，加強能源、交通、環保等基礎設施的建設，加快經濟發展。

②有利於吸收國外先進的技術和裝備，推動國民經濟的技術改造和設備更新，優化中國陳舊的產業和產品結構，開拓新的經濟增長點，提高科技水平，提高勞動效率。

③有利於擴大勞動就業，增加就業崗位，培養人才，提高經濟管理水平。

④有利於開拓國際市場，擴大出口貿易，增加外匯收入。

總的來說，外資在發展中國經濟、提高技術水平、替代進口、擴大出口、保持外貿順差和國際收支平衡、增加外匯儲備等方面都發揮了積極的作用。

（3）正確吸收和利用外資，必須堅持以下重要原則：

①吸收和利用外資，要根據中國經濟發展的需要和償還能力以及國內資金、物資配套能力，量力而行，合理確定利用外資的規模、結構和流向。

②必須有利於提高綜合經濟效益。對利用外資要從各方面進行全面分析，對綜合經濟效益做出全面評價，然後做出正確決策。

③必須維護國家主權和民族利益，拒絕一切不平等和奴役性條件，堅持平等互利原則。

④充分發揮外資的作用，保證重點建設和現有企業的技術改造，有利於增強本國的經濟實力和自力更生的能力。

⑤改善投資環境，確保雙方經濟權益。

（六）引進國外先進技術對中國的現代化建設有哪些積極意義？中國引進技術的主要形式有哪些？應堅持哪些原則？

（1）引進國外先進技術對中國的現代化建設有著積極的意義：

①引進國外先進技術可以推進國民經濟的技術改造和設備更新，提高生產技術水平，提高勞動生產率。

②引進國外先進技術可以避免漫長的摸索過程，為縮小中國與發達國家在生產技術上的差距，趕超世界先進水平贏得時間。

③引進國外先進技術成果可以節省大量科研和開發試驗費用，彌補中國科研力量的不足。

④引進國外先進技術的過程，就是學習外國先進科學技術和現代管理方法的過程，可以促進中國科學技術研究和管理水平的提高。

總之，引進技術是一條花錢少、見效快、加速技術發展的有效途徑。

（2）中國引進技術的主要形式有三種：

①引進「硬件」，即進口各種設備。

②引進「軟件」，即通過技術轉讓、生產合作、科技合作、技術諮詢和技術服務等方式引進技術。

③引進智力，包括聘請外國專家來中國企業擔任顧問或領導，組織外國專家來中國講學、交流技術、選擇技術人員、學者到國外學習和考察等。

（3）引進技術必須堅持的原則：

①引進技術要注意最新技術、尖端技術和適用技術相結合，「硬件」和「軟件」相結合，重點是引進先進技術和關鍵設備，並以引進「軟件」為主。

②引進技術必須量力而行，講求經濟效益，避免不必要的重複引進。

③引進技術要與消化吸收、改進創新相結合。

④搞好綜合平衡，防止盲目引進和重複引進。

（七）國際勞務合作的產生和發展主要受到哪些因素的影響？

（1）各國之間要素稟賦不同是國際勞務合作產生和發展的主要原因。生產要素在國際分布的不平衡，是勞務流動產生與發展的基礎和前提條件。

（2）國際分工的發展和深化是國際勞務合作的重要原因。國際分工的深化使各國和地區間的經濟聯繫和互補性進一步加強。

（3）國際援助的發展。二戰後，為了推動發展中國家經濟的發展，世界銀行等一些國際性經濟組織向發展中國家提供了大批的國際援助，用以援建發展中國家的大型基礎設施和工農業生產項目。然而許多發展中國家缺乏技術設備和技術人才，無力自行施工和經營，不得不按國際慣例進行國際招標，吸引他國的技術、設備和技術管理人才。

（八）中國對外勞務合作的具體形式有哪些？發展對外承包工程和勞務合作具有哪些意義和作用？

（1）中國對外勞務合作的領域十分廣泛，主要是根據外方所需專業和工種的要求，提供工程技術人員、熟練技術工人或一般技術工人。具體形式有：

①對外承建或承包建築工程所帶動的勞務輸出。

②對外投資興辦獨資、合資企業所派出的管理人員、技術人員和其他勞務人員。

③與外國簽訂的勞務合作合同所派出的勞務人員。

（2）充分利用中國勞動力資源豐富的優勢，大力發展對外承包工程和勞務合作，對發展中國經濟有積極的意義和作用。意義和作用體現在：

①擴大勞動就業，使部分勞動者提高對不同自然條件、社會條件及不同技術要求的適應能力。

②可以直接學到外國的先進技術和管理經驗，提高中國的技術水平和管理水平。

③可以增加本國外匯收入，為國家提供建設資金。

④可以帶動國內相關產品的出口，促進有關行業的發展。

（九）什麼是國際旅遊業？發展國際旅遊業對於一國經濟發展的積極作用有哪些方面？當前中國發展國際旅遊業需要解決的問題有哪些？

（1）國際旅遊業是各國對國外旅遊者的旅遊活動提供服務設施和系列服務的行業。它主要包括旅遊業、飲食業、交通運輸業、商業、娛樂業等。

（2）發展國際旅遊業，對於一國的經濟發展有著多方面的積極作用：

①可以增加外匯收入。發展國際旅遊業可以以少量的投資在短期內獲取大量的外匯收入。

②可以推動和促進與旅遊業相關的許多經濟部門和行業的發展。國際旅遊業涉及國民經濟的許多部門和行業，其發展可以帶動這些部門和行業的發展。

③可以帶動商品出口。在旅遊過程中，外國遊客除了支付服務費以外，還會購買各種商品，這就等於增加了商品出口。

④可以增加就業。旅遊人數增加必然需要大量的服務人員和管理人員，這就為國內增加了就業機會。

⑤可以擴大本國在國際上的影響，從而有利於推動與各國在經濟、科技和文化等方面的交流，對促進本國經濟、科技和文化的發展和各國人民的友誼起著積極作用。

(3) 當前中國發展國際旅遊業需要解決的問題有：

①進一步提高服務質量，加強科學管理，以高質量的服務吸引更多的遊客，以科學的管理提高經濟效益。

②積極開發旅遊商品，提高創匯能力。

③改善和加強交通運輸、通信、住宿、餐飲等方面的基礎設施建設，為國際旅遊業的發展提供良好的基礎條件。

(十) 中國改革開放以來對外貿易體制經歷了怎樣的改革過程？

改革開放以來，為促進對外貿易發展，中國對傳統計劃經濟體制下的外貿體制進行了有步驟、分階段的改革：

第一階段 (1979—1987 年)。這一階段是外貿體制初步改革的階段。一是調整了對外貿易的管理機構，明確了政府部門對外經貿的管理關係。二是地方下放外貿經營權，各地方、有關部委成立了一批外貿公司，一些大中型企業也開始經營企業產品出口和生產所需物質的進口業務。三是外貿和生產企業開始由收購制改為代理制。這些改革取得了一定成效，但外貿體制的根本問題尚未解決。

第二階段 (1988—1990 年)。建立自負盈虧、放開經營、工貿結合、推行代理制的外貿體制。改革的核心是推動外貿企業實行自負盈虧。通過全面推行外貿承包經營責任制，中央和地方在外匯收入和使用上實行「分竈吃飯」，改變了過去財政統負盈虧、「吃大鍋飯」的現象。但由於受財政體制的束縛和整個經濟體制改革所處環境的影響，這種改革還是不徹底的。

第三階段 (1991—1993 年)。深化外貿企業內部機制改革，推動外貿企業轉換經營機制，促進外貿企業向實業化、集團化、國際化經營方向發展。

第四階段 (1994—2001 年)。中國共產黨十四屆三中全會在 1993 年 11 月通過了《中共中央關於建立社會主義市場經濟體制若干問題的決定》，確定了「堅持統一政策，放開經營、平等競爭、自負盈虧、工貿結合、推行代理制」的改革方向，通過改革外匯製度，強化匯率對外貿的調節作用，從而強化外貿企業自負盈虧的機制，完善外貿宏觀管理，加強外貿經營的協調服務機制。這些改革措施使困擾外貿發展的一些深層次的問題得到解決，有利於中國外貿體制向國際規範靠攏。

第五階段 (2002 年至今)。中國加入世界貿易組織 (WTO) 後，開始全面實行

WTO 規則，履行入世承諾，也借此推動外貿體制全面改革，同國際接軌。改革取得了明顯的成效，極大地促進了對外貿易的發展。但加入 WTO 以後，我們又面臨一些嚴峻的新問題，如出口產品自主創新不足，技術含量較低，總體質量低下，附加價值不高，粗放型的外貿發展方式難以為繼。同時，中國出現的巨額貿易順差使國際的貿易摩擦加劇，也反應了中國在經濟結構演變和經濟增長方式的轉變上，在建立創新型企業，提高企業效率、效益和核心競爭力等方面還存在較大的差距。

(十一) 如何理解經濟開放條件下的經濟結構及其調整？

開放結構就是指一國的對外經濟結構。對於一個開放型的國家來說，由於國內經濟結構是在適應國際經濟結構的基礎上建立的，從一定的意義上講，優化開放結構也是優化國內經濟結構。

開放經濟是一個龐大的綜合了多種因素的經濟體系。開放結構包括進出口結構、利用外資結構、對外投資結構、引進技術結構、開放地區結構等。

1. 調整進出口結構

進出口結構即一般外貿結構，它是由產業結構決定的。在經濟全球化的背景下，一國產業結構的形成，除了要受到本國的傳統生產力結構的制約，主要還受到國際分工體系的影響。

中國產業結構調整已經取得了一定的成果，但供求結構性矛盾仍然突出。為此，要著重解決以下幾個問題：

(1) 在三次產業的結構調整中加速發展第三產業，特別是加快信息服務、金融、科技、教育、旅遊、諮詢、物流等現代化服務業的發展。

(2) 在產業內部調整中以高科技改造傳統產業，實行信息化和工業化並舉，發展信息、生物工程，新材料和先進製造業等高新技術產業。

(3) 在產品結構調整中壓縮和淘汰技術含量低、附加值低、質量低的產品，增加技術含量高、附加值高的優質產品。

(4) 在產業組織結構調整中，一方面進一步推動按照市場經濟原則進行的企業兼併重組，建立更多國際競爭力強的企業集團；另一方面支持和發展眾多中小企業，特別是民營高科技企業。要實現國民經濟的戰略性調整，就要特別強調創新，包括技術創新、製度創新和管理創新，在創新中培育一批具有國際競爭力的跨國公司和國際知名品牌。

2. 改善利用外資結構

改革開放以來，中國政府與企業進行了廣泛的國際合作，積極引進外資，開展技術貿易。從總體來看，大規模外商直接投資使傳統產業和新興產業及產品結構得到有效的調整。隨著國際形勢的變化，要進一步改善利用外資的產業結構，鼓勵引入技術輻射力強、吸收就業率高、資源節約型的外資企業，鼓勵外資投向高技術產業、基礎設施建設、環境保護產業和服務業。改善利用外資的地區結構，鼓勵外資到中西部地區和經濟

欠發達地區投資。

3. 優化對外投資結構

目前中國對外投資的主要部分是國有大型企業在國外的金融、石油化工、建築工程等行業的投資。在培育具有國際競爭力的企業的同時，要鼓勵國內各種類型的企業到國外發展，鼓勵企業按照國際市場的需求在國外發展多種技術層次、多種產品、多種行業的跨國經營，參與國際資源分配。

4. 優化引進技術結構

在引進技術方面，既要注意引進先進的高新技術，也要注意引進適用技術，特別是節約資源、保護環境、有利於中小企業產品轉型升級的新技術。

5. 優化開放地區結構

要深化沿海開放，加快內地開放，擴大沿邊開放，實現對內對外開放的相互促進。要積極利用外資促成區域經濟協調發展，在政策上適度放寬中西部地區的外貿准入條件，利用外資促進中部地區崛起、西部大開發、振興東北老工業基地的戰略實施。

(十二) 開放經濟對宏觀經濟運行有什麼影響？

一國經濟運行是否平穩、順利，很大程度上由宏觀經濟運行中的社會總供求關係決定。社會供求關係相互適應、處於平衡狀態，是宏觀經濟運行順利的前提。但開放條件下社會總供求關係平衡的條件不同於封閉條件下社會總供求關係平衡的條件。簡單而言，在封閉條件下，總供求關係失衡靠國內總供求的相應增減來調節，增加投資可增加供給，增加收入可增加需求，市場的表現是比較直接的。但開放經濟的主要方面表現為國際的商品或服務流動和資本流動，即商品的進出口和資本的流出、流入，這兩方面存在著密切相關、互為補充的關係。因此，在開放條件下，社會總供求關係的平衡較為複雜。

1. 國際收支平衡與社會總供求

在一般情況下，商品和資本的進出對國內總需求產生下述影響：商品出口引起總需求擴大；而資本流入引起總需求的擴大，資本流出引起總需求的減少。商品和資本的進出對國內總供給會產生如下影響：商品進口引起總供給的擴大；而資本流入能增加進口，從而擴大總供給，資本流出會減少總供給。如果商品出口大於進口，總需求大於總供給，就需要增加資本流入和減少資本流出來平衡；如果商品進口大於出口，總供給大於總需求，就需要減少資本流入來平衡。這表現在國際收支平衡表上，就是要求資本淨流入等於淨進口，或資本淨流出等於淨出口，即國際收支中經常性項目貿易收支的逆差為資本項目的順差所抵消，或前者的順差為後者的逆差所抵消，實際上就是要求國際收支平衡。

2. 國際收支失衡對經濟的影響

國際收支無論出現順差或逆差都是國際收支失衡的表現。國際收支失衡是正常的，但是若一國國際收支表現出長期大幅度順差或逆差，則會對該國經濟甚至對世界經濟產

生不利的影響。

（1）國際收支出現大量逆差對經濟發展的不利影響主要表現在以下三個方面：①使本國累積的對外負債超過本國的支付能力，從而引起償還外債的困難，甚至出現債務危機；②耗盡一國的國際儲備，使金融實力減弱，本國匯率下降，損害該國在世界上的聲譽和地位；③由於出口收匯主要用於還本付息，無力進口本國經濟發展所需的生產要素，國民經濟的增長必然受到影響。

（2）國際收支持續大量順差對經濟發展的不利影響主要表現在以下三個方面：①國內總供給和總需求遭到破壞。持續大量的順差意味著出口大於進口，這對某些資源性出口國來說意味著國內經濟資源的掠奪性開採。②增大本國的外匯供給。在外匯需求一定的情況下，外匯供給大於需求，會使本幣匯率上升，也使國內基礎貨幣供給增加。前者不利於商品的出口，後者則會增加通貨膨脹的壓力。③一國國際收支順差意味著主要貿易夥伴國的其他國家逆差，如果順差國不採取必要的措施縮減順差，必然引起國際貿易摩擦，不利於國際經濟的發展。

（3）國際收支失衡會對外匯市場供求關係產生直接的影響，進而影響到國內的總供給和總需求。國際外匯的供求最終是由各國國際收支差額決定的。當一國國際收支為順差時，外匯供給大於對外匯的需求；當國際收支為逆差時，外匯供給小於對外匯的需求。外匯供給的這種此消彼長的關係造成了匯率升降，從而影響到該國商品的進出口和國內總需求。

3. 國際收支平衡與經濟結構

（1）開放經濟條件下，國內經濟與對外經濟（或國際經濟）之間存在著密切的互動關係。一國的經濟結構、國際分工格局和國際市場的供求關係相適應的程度，往往在決定一國的國際收支平衡狀況中有著更加重要的作用。

（2）在經濟結構中，產業結構是影響進出口商品結構層次和優化程度的最直接、最重要的因素，因此產業結構也是影響國際收支的一個決定性因素。在開放經濟條件下，一國的產業結構應當適應國際分工的要求，滿足國際市場對商品供求的內在需要，並且在國際市場發生變化時相應地發生變化，才能夠實現國際收支的基本平衡。如果一國的產業結構與國際分工和國際市場的需求脫節，或者在國際經濟結構發生變化時不能適應這種變化，那麼就可能出現國際收支失衡。

四、疑難問題和學術爭鳴

（一）二戰後，國際貿易出現了什麼新特點？

二戰以後，在新的科技革命和生產力提高的基礎上，在國際生產關係變化和國際分工深化的影響下，國際貿易出現了一些新特點。

（1）國際貿易發展迅速，不但貿易總額絕對增長，而且其增長速度在大多數年份超過了世界生產的增長速度。

（2）國際貿易中國別地位發展不平衡。二戰後發達國家在貿易中所占比例持續上升，而發展中國家所占比例則急遽下降。在發達國家和地區中，歐洲和日本對外貿易發展迅速，美國、英國則相對下降。在發展中國家中，石油輸出國的對外貿易發展迅速，非石油輸出國所占的對外貿易比值減少。而像「亞洲四小龍」這樣的新興工業化國家和地區的出口增長快於其他發展中國家和地區。

（3）國際貿易中的商品結構發生了重大變化。工業製成品的比重增加，初級產品的比重減少；在工業製成品貿易中，生產資料和耐用消費品的比重增加，紡織和輕工業品的比重減少；在初級產品貿易中，燃料的比重增加，原料和食品的比重減少。

（4）貿易區域集團化趨勢增強。由於世界經濟發展不平衡，多極化趨勢明顯，市場競爭激烈，貿易保護主義抬頭，單憑一個國家的力量發展經濟已不足，各種區域性貿易集團紛紛成立。集團內部各成員國之間降低關稅、消除或減少關稅壁壘、實行相互優惠待遇和多邊經濟合作等措施使得區域集團內部貿易急速增長，推動了國際貿易的發展。

（二）國際金融危機與中國的對外開放[①]

1. 中國對外開放遇到的新挑戰和新問題

2008年年末以來，受國際金融危機的衝擊和影響，中國對外開放面臨更加嚴峻的挑戰，開放型經濟的強勁增長勢頭受到抑制。受國際金融危機影響，全球跨國直接投資大幅縮減，外商直接投資流入量下降，也加大了中國國內增加投資、刺激經濟的壓力。

國際經貿環境不容樂觀，世界經濟不確定因素增加。貿易保護主義有所抬頭，發達國家多採取補貼方式，發展中國家多採取提高關稅和貿易禁令等傳統方式，濫用貿易救濟措施的現象也頻繁出現。同時，世界經濟出現了新的不確定因素，增加了中國統籌「兩個市場、兩種資源」的困難，增加了我們駕馭開放型經濟發展的難度。

堅持發展開放型經濟與保障中國持有的國際資產安全營運的新矛盾凸顯。中國不但擁有近兩萬億美元的官方外匯儲備和一萬億美元以上的海外國有資產，而且居民和民營企業也有不少外匯資產。由於這些國際性資產都以別的主權國家的貨幣計值特別是以美元計值，在國際金融危機影響下，美元和其他西方貨幣匯率波動更具有不確定性，從而對中國國際性資產的營運以及保值增殖產生不利影響。

2. 堅持擴大對外開放，應對國際金融危機

在對外開放遇到新挑戰和新問題的形勢下，我們不但不能動搖對外開放的基本國策，而且還應當堅定信念，通過擴大開放來尋求解決新矛盾、新問題的辦法。首先，實

[①] 根據遲福林的《危機挑戰改革——2009˙中國改革評估報告》以及劉海雲、劉建國的《應對金融危機應擴大內需與促進外貿並舉》整理。

踐已經證明，對外開放是強國富民的必由之路。當前遇到的挑戰和問題是前進中必然要出現的，如果停下來，對外開放就此打住，不但解決不了現在面臨的新問題，而且還將導致已經開創的開放型經濟新局面出現倒退。其次，經濟全球化趨勢沒有改變，我們仍然處於有利於對外開放的戰略機遇期。第一，推動經濟全球化的基本機制沒有改變，世界各國的經濟聯繫和相互依賴程度並沒有因為國際金融危機的影響而稍有減弱，反而有所加強；國際經濟的對話與協調機制以及各種多邊和區域組織對世界經濟的協調和約束作用也在增強。第二，雖然貿易保護主義有所抬頭，但貿易自由化仍然是世界經濟的主要潮流。第三，國際金融危機加劇了國際壟斷資本之間的矛盾，加劇了國際金融寡頭與各國人民的矛盾，但和平與發展仍然是當今世界的主題，國際經濟競爭與合作、改革國際經濟秩序以及談判與相互妥協等和平方式，仍是解決這些矛盾的主要途徑和手段。因此，我們仍然處在發展的戰略機遇期，只有繼續堅持對外開放並不斷提高對外開放水平，才能緊緊抓住這個戰略機遇。

從國際金融危機的變化趨勢看，當前對外開放面臨著較為有利的形勢，至少可以在以下四個方面實現戰略性突破：一是加強國際經貿合作，積極應對國際貿易保護主義；二是積極參與國際經濟秩序重建，維護國家利益；三是抓住國際產業調整的機遇，加快構建企業走出去的一整套戰略體系；四是積極創造有利條件，穩步推進人民幣國際化進程。

3. 應對金融危機中的擴大內需與促進外貿

本次金融危機造成西方主要經濟體經濟增長持續衰退，影響中國出口需求，進而對中國經濟增長形成衝擊。在此背景下，通過擴大內需消除外需下降對經濟增長的負面影響是順理成章的。胡錦濤總書記在紀念黨的十一屆三中全會召開30周年大會上指出，我們要切實實施好進一步擴大內需、促進經濟增長的各項措施，妥善應對國際金融危機以及來自國際經濟環境的各種風險，全力保持經濟平穩較快發展。但也應注意到，如果只強調內需也很容易形成重內需而輕外貿的傾向。這些傾向反應出當前對外貿看法的複雜性，在強調擴大內需的背景下容易被強化。實際上，考慮到中國的市場規模、經濟結構的多層次性、經濟發展的巨大潛力、中西部地區逐步形成的貿易比較優勢以及人均貿易量相對較小等因素，貿易持續增長是必要的；考慮到對外貿易對中國經濟增長起到的是發動機的作用，不是主體而勝似主體；考慮到在金融危機背景下發展貿易的機遇等，強調擴大內需與促進貿易並舉不但是應該的而且是必要的。

從長期來看，擴大內需與促進外貿是內在統一的。一方面，國內需求的滿足依賴國內外兩個市場，也就是說國內需求並不簡單就是國內經濟的自我循環。當一個國家內需擴大時，進口需求肯定加大，因此，就國內需求的滿足而言，內需包含著進口需求。另一方面，出口增加會帶動與出口行業相關的投資與就業，從而轉化為內需。為了擴大內需，加大對基礎產業、產業結構優化和產品升級換代的投入，增強產業的國際競爭力，也有利於擴大出口。總體而言，中國經濟增長是內外需高速擴張拉動的結果，而對外貿

易的急遽擴張更是成為經濟增長的引擎。顯然，應對危機保增長，調控總需求必須立足於經濟全球化的現實，內外需兼顧，將擴大內需與促進對外貿易並舉。

(三) 當前中國如何在進一步的對外開放中調整經濟結構？[1]

目前，世界上絕大多數經濟體屬於開放型經濟體。開放型經濟結構調整是有層次的。內需和外需的結構，投資、消費、出口三大需求結構，屬於第一層次；產業結構和企業結構屬於第二層次；而市場結構、貿易方式結構屬於第三層次。

結構調整的第一層次是調整內外需結構與三大需求結構。中央已經明確，要在千方百計穩定外需的同時，堅持擴大內需特別是消費需求的方針，逐步調整內外需結構，實現內外需協調發展和消費、投資、出口對經濟增長的協調拉動。我們要在思想觀念和方針政策上，引導老百姓從當前的「部分儲蓄、部分消費」為主向「量入為出的消費」和「適度借貸消費」轉變，進一步發揮消費對經濟增長的拉動作用。

結構調整的第二層次是調整產業結構和企業結構。在產業結構調整的過程中，對於傳統產業、勞動密集產業，應著眼於提升技術含量，形成特色工藝和知名品牌，提高附加值。對於資本或技術密集型的高科技產業、裝備製造業，要通過國家政策引導，支持自主創新，形成自主知識產權，不斷提高國際競爭力。對於有利於形成國際競爭新優勢的戰略性產業，甚至需要國家直接投入，形成自己的「拳頭」。企業結構分為所有制結構、大中小結構等。要繼續為中小企業發展營造公平、公正的環境，並給予特殊的扶持政策。對非公有制企業的認識與扶持，道理也大體如此。

結構調整的第三層次是調整市場結構和貿易方式結構。首先，關於調整市場結構，要實施市場多元化戰略，在鞏固傳統市場的同時，大力開拓新興市場。在新形勢下，應進一步拓展市場多元化戰略的內涵和外延，針對不同市場的特點，實行差別化的國際市場開拓戰略。對不同發達國家、發展中國家、國家群體的特點進行歸納總結，增強開拓市場的針對性和有效性。其次，一般貿易和加工貿易是兩種最主要的貿易方式，調整貿易方式的結構也主要是調節這兩種貿易方式的比例關係。事實上，這兩種貿易方式僅僅是管理方式不同，並無優劣之分。加工貿易監管流程比較複雜，當未來中國企業在出口和引資的國際競爭中不再主要仰仗成本和價格優勢時，加工貿易將逐步與一般貿易趨同。但是在現階段，仍要立足於簡化加工貿易管理辦法，擴大實施聯網監管的企業範圍，降低企業成本和社會成本。最後，在貿易方式結構調整中，還涉及貨物貿易與服務貿易結構、貿易與投資互動的問題。要從健全體制機制、完善促進政策等方面入手，逐步形成服務貿易與貨物貿易協調發展、貿易與投資良性互動的局面，逐步形成對外貿易、吸收外資和「走出去」這三個對外開放的基本方面共同發展、財政政策與貨幣政策及時跟進的局面。

---

[1] 石岩. 開放型經濟結構調整的七個問題 [J]. 經濟參考報，2009－07－29.

（四）如何認識對外貿易摩擦問題？[1]

1. 中國當前的貿易摩擦形勢

近年來，中國與許多貿易夥伴的貿易摩擦加劇，中國已成為世界上貿易救濟措施的最大受害國和受貿易摩擦影響最大的國家。中國與主要貿易夥伴的貿易摩擦呈現出以下的特點：

（1）反傾銷是中國遭遇最多的貿易救濟手段。隨著關稅等透明性貿易壁壘的拆除，反傾銷作為世界貿易領域中一個特殊措施被不少國家濫用，成為貿易保護的一個重要手段。中國現已成為國際反傾銷的主要指控對象和最大受害國，並且被訴傾銷產品的範圍也不斷擴大。

（2）技術性貿易措施是限制中國產品出口的主要手段。科技水平的不斷發展，使得企業和消費者對新的標準和技術法規的需求與日俱增。當建立在這種新標準和技術法規基礎上的各種合法評定程序、認可製度、檢驗製度成為限制外國產品進口的障礙時，技術貿易壁壘便隨之產生。

（3）反補貼、反規避、保障措施和特殊保障措施層出不窮。如果說反傾銷是國外對中國實施貿易救濟的傳統手段，那麼反補貼、保障措施、特別保障措施可以說是新興手段，且呈現數量激增、國別區域不斷擴大、行業領域相對集中、肯定性裁決偏高的特點。

（4）貿易摩擦所涉及的領域和產品的範圍不斷擴大。中國出口貿易摩擦涉及的商品涵蓋了中國出口產品的主要門類，貿易摩擦涉及的產品呈現出從勞動密集型產品向資本密集型產品轉移的趨勢。伴隨著中國產業結構和出口產品結構的升級，不斷有新行業和產品成為貿易摩擦的對象。此外，貿易摩擦逐步由貨物貿易領域擴展到服務貿易、投資、知識產權等多個領域，並由企業微觀層面向宏觀層面延伸。

（5）貿易摩擦的對象由發達國家向發展中國家蔓延。中國與發達國家貿易摩擦不斷增多的同時，與發展中國家的貿易摩擦也呈擴大趨勢。反傾銷措施一直是發展中國家對中國實施的主要貿易救濟手段。由於對中國產品傾銷的定性帶有主觀性，很多發展中國家在確定反傾銷稅的徵收幅度上也帶有很強的主觀性。

（6）貿易與環境問題日益突出。環境與國際貿易問題成為世界經濟領域關注的焦點之一。主要的原因有兩個：客觀上，環境與國際貿易的發展有不協調甚至衝突之處；主觀上，一些國家利用環境壁壘實施貿易保護。新的貿易保護主義在環境問題上的表現有：環境標準對出口商具有隱含的歧視性；實行內外有別的雙重環保標準；專門針對出口國家或商品制定環境條例；制定超出國際公認標準要求的環保標準等。這就使得原本針對國內的環境

---

[1] 根據譙薇的《中國對外貿易摩擦的原因及對策淺析》、張雁冰、崔強的《中國貿易摩擦的現狀及對策分析》、孟海櫻的《中國當前貿易摩擦形勢綜述》以及李翠的《試論對外貿易摩擦的現狀及對策》整理所得。

政策日益國際化和全球性。

2. 中國貿易摩擦趨高的原因

中國貿易摩擦之所以愈演愈烈，原因很複雜，既有外部的貿易保護主義和「中國威脅論」的因素，也有自身經濟結構、體制和政策的問題；既有政治、經濟因素，也有其他更為錯綜複雜的因素。但歸納起來主要有以下幾個方面：

（1）中國的崛起與外國貿易保護的碰撞是中國貿易摩擦趨高的主要原因。歐美等發達國家從自身利益出發，在進口貿易上紛紛實行貿易保護，導致世界貿易保護主義重新抬頭。

（2）過高的外貿依存度使中國對外貿易不可避免地進入國際貿易摩擦時期。隨著中國對外貿易的快速發展，占中國出口半壁河山的勞動密集型產品對國際市場的依賴程度大幅度上升。由於這些產品的出口增長方式仍以量的增長為主，表現為較短時期內數量大幅攀升，但價格增幅較小，有時甚至下降，很容易成為國外貿易保護調查的對象從而引發貿易摩擦。

（3）中國經濟自身的缺陷是貿易摩擦的直接原因。中國出口產品具有較強的價格競爭力，大多是勞動密集型加工產品，附加值不高，產品差異化不大。同時，中國出口商品的市場過於集中，這就很容易引起進口國的關注，引發貿易摩擦。此外，中國的對外貿易依存度過大、政府對貿易摩擦的應對機制不健全、有些企業被訴反傾銷後不積極應訴等也都加劇了國際貿易摩擦。

（4）中國經濟轉軌中存在的缺陷，減弱了中國在貿易摩擦中的抗衡力度。非市場經濟地位招致反傾銷泛濫、政府職能尚未完全轉變、國有企業的問題未得到實質性解決、國內市場秩序混亂、地方保護屢禁不止等，這一切都會使得中國貿易摩擦高發。

3. 應對當前中國貿易摩擦的策略

（1）建立技術性貿易壁壘預警與快速反應系統。相關政府部門要建立技術性貿易壁壘的預警和快速反應系統；要加強信息收集、分析、傳遞與協調，及時應對突發性事件的發生；要建立國外技術壁壘信息數據庫，及時發布預警信息；要積極為企業提供信息、諮詢服務；要充分利用通報諮詢製度的信息渠道，及時掌握更多的技術信息，為廣大出口企業服務。

（2）充分利用 WTO 爭端解決機制。作為 WTO 的正式成員，我們應該充分利用 WTO 爭端解決機制來維護本國的正當權益，避免他國對中國濫用貿易保護措施。

（3）盡快取得「市場經濟」地位。中國要利用外交策略，結合多邊和雙邊談判，力爭在「非市場經濟」問題上取得新進展，盡快獲得他國對中國市場經濟地位的認可。另外，要繼續支持企業申請行業市場經濟地位，逐步擺脫在反傾銷等國際摩擦中的被動局面。

（4）支持和培育具有自主知識產權和自主品牌的商品出口。目前知識產權保護及自主品牌建設已經成為中國對歐美發達國家出口的一根軟肋：一是知識產權保護意識淡

薄；二是企業自主創新能力不足。因此，加強中國企業的知識產權保護意識，加大技術創新的科研力度，培養自主品牌是中國企業規避貿易摩擦的當務之急。

（5）促進出口市場多元化、產品差異化，提高產品競爭力。一方面，通過出口市場多元化、產品差異化戰略來分散市場風險、適應市場需求是減少貿易摩擦的途徑之一；另一方面，減少貿易摩擦必須要增加產品附加值，提高產品競爭力。

（6）實施「走出去」的全球化經營戰略。有條件的企業應當走出國門，進行海外直接投資，實行跨國經營，在當地生產和銷售產品。這樣既可節約運輸及其中間環節的費用，又可以繞過該國的貿易壁壘，避免貿易摩擦。

（7）直面貿易摩擦，及時應訴，積極抗辯。一方面，在遇到貿易摩擦時，相關企業要及時應訴，積極抗辯以減少損失；另一方面，組建行業協會，充分發揮其在應對貿易摩擦中的作用。同時，進口商在國外對華指控的抗辯中的作用不可忽視，出口企業要積極聯合進口商，共同應訴，增加勝訴的可能性，減少損失。此外，要加快培養一批應對國際貿易摩擦的專門人才，從而能夠充分反應我方的意圖，維護我方的正當權益。

第十三章 宏觀經濟運行與政府的宏觀調控

一、本章內容簡介

本章分為三節。

第一節宏觀經濟運行，主要分析宏觀經濟運行中的核心變量——社會總供給和社會總需求在什麼因素的影響下發生變化，以及它們之間在經濟運行中所表現出的有規律的三種關係形態：總供求的基本平衡、總需求不足和總需求膨脹。本節還分析了與社會總供求關係密切相關的宏觀經濟運行中就業與失業、通貨膨脹與通貨緊縮兩大矛盾現象。前者體現著勞動力要素的供求關係，後者體現著貨幣要素的供求關係。

第二節市場經濟中政府的經濟職能，介紹了經濟學關於政府為什麼要介入市場的基本認識和政府在市場經濟中的主要經濟職能，分析了政府提供公共產品的性質和提供的方式，介紹了政府對市場經濟中微觀經濟主體實行管制的意義和內容。

第三節政府的宏觀調控，介紹了政府宏觀調控的目標和手段，著重介紹了宏觀調控政策中的財政政策、貨幣政策和產業政策以及政策的結合運用方式，分析了完善宏觀調控體系對於政府正確有效地履行宏觀調控職能的重要意義。

二、本章主要知識點

(一) 社會總供求的基本關係

（1）社會總供給指一個國家在一定時期內（通常為一年）向社會提供的最終產品和勞務的總量；社會總需求指一個國家在一定時期內（通常為一年）社會有支付能力的購買力總和。

（2）影響社會總供給和社會總需求有多種因素。

（3）經濟運行中呈現出社會總供求關係的三種主要形態。

(二) 勞動力的供給與需求

（1）勞動力供給指社會在一定時期內可以向社會再生產過程提供的勞動力資源、勞

動力供給的主體是具有一定質量的勞動者。勞動力供給要受到社會人口規模及人口結構、經濟發展水平和經濟體制等多種因素影響。

（2）勞動力需求指一定時期內社會再生產過程所能容納和吸收的勞動力總量，勞動力需求的主體是擁有資本和生產資料並從事生產或服務活動的組織及個人。經濟發展水平及產業結構和技術進步對勞動力需求產生影響。

（3）就業和失業是分析勞動力供求關係的兩個方面。失業產生的原因有多種，我們根據這些原因把失業分為不同的類型。

（三）通貨膨脹和通貨緊縮

（1）通貨膨脹指一國經濟中物價水平的普遍上漲。根據通貨膨脹不同的生成原因對通貨膨脹有不同的分類。通貨膨脹對經濟有多種影響。

（2）通貨緊縮指物價水平的持續性下跌。形成通貨緊縮的原因根本上是社會總供求的嚴重失衡，使影響價格的諸多因素發生改變，從而導致物價水平的下跌。急遽的持續的通貨緊縮對經濟有較大的負面影響。

（四）政府的經濟職能

（1）政府介入市場的原因是市場存在著明顯的缺陷，會出現市場失靈。
（2）政府在市場經濟中有多種經濟職能。
（3）公共產品是出自於滿足社會公眾的公共利益的需求，提供給社會公眾共同消費的物品，它具有非排他性和非競爭性。公共產品可分為純公共產品和準公共產品。政府的一個職能就是選擇適當的供給方式向社會提供公共產品。
（4）政府管制是政府依據有關法律，對市場主體的經濟活動和經濟行為進行規範和限制的行為。政府管制的理由也是因為市場缺陷。政府通過不同的管制政策和管制工具來實施管制。

（五）政府的宏觀調控

（1）宏觀調控指政府作為經濟調節的主體，運用一定的調節方式和手段，對宏觀經濟運行進行干預和調節，並通過調節市場去影響微觀經濟活動，以引導經濟運行達到一定的經濟目標的行為和過程。

（2）宏觀調控要確定一定的宏觀調控目標，並通過一定的宏觀調控方式和宏觀調控手段去實現。

（3）宏觀調控政策是政府為達到一定的宏觀調控目標而制定的方針、原則和行為準則，它通過各種調控手段的具體運用來體現。財政政策、貨幣政策、產業政策是最基本的宏觀調控政策，宏觀調控政策經常需要結合運用。宏觀調控體系是宏觀調控目標、調控政策及工具、政府調控體制以及有關法律法規所構成的宏觀調控系統，要完善宏觀調控體系

三、重點問題解答

(一) 影響社會總供給與社會總需求的因素有哪些？

1. 影響社會總供給的因素

影響社會總供給變化的因素主要有：①總需求規模。需求決定著供給，在需求約束或需求拉動的條件下，會引起供給抑制或供給擴大。②物價總水平。物價總水平與總供給量呈正相關關係。③一定時期內的資源可供量。有限的資源總是決定著潛在的總供給規模。④資源利用效率。資源利用效率與總供給規模也呈正相關關係。⑤政府及其政策。⑥進口和資本流入。進口和資本流入的增減影響著總供給規模的增減。

2. 影響社會總需求的因素

社會總需求包括投資需求和消費需求。影響社會總需求變化的因素主要有：①影響投資需求的因素有企業投資傾向、政府稅收和政府支出、貨幣供應量（通過利率變化和信貸規模的增減）、市場投資環境等。②影響消費需求的因素有居民收入水平、利率及儲蓄傾向（可表現為消費與儲蓄的比例關係）、物價水平及其預期（體現在居民對未來物價的預期高低與當前消費支出的關係上）、政府轉移支付等。③出口和資本流出的影響。出口的增減意味著總需求的增減，而資本流出意味著總需求的減少。

(二) 社會總供求關係的三種主要形態

社會總供給與社會總需求之間存在著非常密切的互為因果的關係，它們的相互關係表現為三種狀態：

1. 社會總供求基本平衡

社會總供求基本平衡指社會總供給與社會總需求之間處於一種基本均等、相互協調的態勢。它包括兩個方面：一是總量平衡，即在實物形式和價值形式的總量上，總供求基本平衡；二是結構平衡，即在實物形式和價值形式的結構上，總供求基本平衡。總供求基本平衡一般體現著國民經濟穩定而有活力的發展狀況。

2. 社會總需求不足

社會總需求不足即總供給過剩，生產總量大於有購買力的需求總量。在總需求不足的情況下，企業產品賣不出去，生產縮減，失業增加，國家稅收減少，經濟增長放緩、停滯甚至衰退，又引起投資和消費的進一步萎縮，可能形成通貨緊縮。

3. 社會總需求膨脹

社會總需求膨脹即總供給不足，生產總量滿足不了有購買力的需求總量。在總需求膨脹的情況下，企業產品不愁銷路，市場擴大，但企業可能因此而喪失創新的動力，形成競爭不足；經濟增長過快容易引起結構失調、效率下降、短線制約突出；在出現投資

基金和消費基金「雙膨脹」的情況下，信貸擴張，導致通貨膨脹。

(三) 為什麼說就業是勞動力供給與勞動力需求相吻合時的一種狀態？

就業是指一定年齡段內的人們所從事的為獲取報酬或為賺取利潤所進行的活動。就業需要具備三個基本要素：可供需要的勞動力、需要勞動力的就業崗位、願意就業的勞動者。勞動力供給即可供需要的勞動力，它來自社會的勞動力人口；勞動力需求來自社會能夠提供的工作崗位數量。顯然，勞動力供給和勞動力需求都不等於就業，因為社會的勞動力人口中，可能會包含一部分不願就業的人口或是因不同原因暫時找不到工作的人；而工作崗位中，可能會有因找不到合適的勞動力而暫時虛置的崗位，或是出現工作崗位少於勞動力人口的狀況。只有在勞動者願意工作並找到工作的狀態下，就業才成立。因此，就業是勞動力供給與勞動力需求相吻合時的一種狀態。但就業並不必然等於勞動力供給與勞動力需求在數量上的均衡，只有充分就業才表現了這種狀態。

(四) 根據失業產生的原因，失業分為哪些類型？

經濟學一般根據失業產生的原因，把失業分為三類：

1. 摩擦性失業

摩擦性失業指勞動力供求出現的短期失衡的狀況。在一些對勞動力的人身條件（如性別、年齡、生育狀況等）有特殊要求的行業，當勞動者的人身條件發生變化時，勞動者會暫時離開工作崗位；在勞動者尋找工作的過程中，也會出現因信息不靈或市場不健全等因素而暫時找不到工作的人；還有一些勞動者可能會由於要尋找更理想的工作而經常變換工作崗位，產生「自願性失業」。這些就是摩擦性失業。

2. 結構性失業

結構性失業指勞動力的供給與需求在結構上出現不相吻合而失衡的狀況。例如在產業結構發生變動時，當舊有產業的過剩勞動力不能被新興產業所吸收時，就會出現結構性失業；勞動力的供給結構不能滿足勞動力的需求結構，也就是所供非所需時，也會出現結構性失業。

摩擦性失業和結構性失業與勞動力在總量上的供求關係沒有直接聯繫，即便在勞動力的總供求處於均衡狀態時，它們也會發生，因此，這兩種失業又稱為自然性失業或正常失業。

3. 週期性失業

週期性失業指失業率與經濟週期相聯繫，在經濟衰退時，由於對勞動力的需求大幅度減少而出現的失業。在市場經濟中，勞動力的供求關係受到市場商品供求關係的影響，並且，同商品市場一樣，勞動力供求關係要受到勞動力商品的價格——工資的調節。由於工資具有剛性，因而社會工資水平不能隨時、經常地跟隨企業的盈利水平浮動，而只能與商品市場的週期性相關。在經濟衰退、商品市場蕭條時，國民經濟對產品

的總需求不足以創造出對勞動力的充分需求，企業面臨停工減產的困境，不能依靠削減工資，而只能通過裁減僱員來平衡投入產出關係。這時大量的非自願失業就是不可避免的，失業率迅速上升。

(五) 通貨膨脹的類型及其影響

根據通貨膨脹的生成原因，可以把通貨膨脹分為以下幾類：

1. 需求拉動型通貨膨脹

需求拉動型通貨膨脹指由過度需求的拉動而產生的物價水平的普遍上漲。從貨幣因素來看，如果貨幣供應量擴大，會引起投資需求和消費需求的增加，在商品供給不能滿足需求的情況下，物價必然上漲。從實物因素看，一旦需求超過了商品的供給規模，就會引起物價上漲。在國民經濟基本不存在潛在的生產能力的情況下，需求膨脹容易引發通貨膨脹。

2. 成本推動型通貨膨脹

成本推動型通貨膨脹指由於商品和勞務的供給者因成本上升而提高價格推動了物價水平的普遍上漲。從供給方面來看，自然災害、戰爭或資源供給條件以及某些生產條件的變化，會大幅度提高生產成本而導致供給大幅度減少，從而推動物價的快速上漲。但是，由供給因素或成本推動所形成的物價上漲，在供給短缺得到彌補後，價格就會回落或不再上漲。

3. 結構型通貨膨脹

結構型通貨膨脹指在經濟結構的變動與經濟發展並不同步的情況下，由某一產業部門物價上漲所引起的物價水平的普遍上漲。經濟結構的變動有時會與經濟增長和經濟發展不一致，有的產業或部門隨著經濟增長相應地發展較快，有的發展並不快，但是經濟發展所需要的產業或部門。當某個部門在國民經濟中的作用日益重要而本身發展又較緩慢時，這一部門的產品價格會趨於上漲，由此推動其他產品價格上漲。

通貨膨脹對國民經濟的影響是多方面的。總的說來，在高通貨膨脹率（以下簡稱「高通脹」）的情況下，對經濟的運行就會產生破壞性的影響。首先，在高通脹的情況下，價格信號被嚴重扭曲，生產者無法判斷價格高低的真實意義，從而導致供求關係的紊亂，加劇供求之間的矛盾。其次，在高通脹的情況下，貨幣的作用也被扭曲，由於物價上漲很快，貨幣迅速貶值，消費者因貨幣貶值而無法購買消費品，生產者因貨幣作用的扭曲其生產投資也會受到打擊。同時，經濟秩序遭到破壞，市場機制失靈，效率普遍喪失。最後，高通脹改變了收入分配格局，加劇了社會矛盾。高通脹使一部分生產者（因生產成本上升）和消費者（因購買力下降）收入減少，陷於困難境地，同時也會導致政府財政赤字的增加，加大政府投資和轉移支付的壓力。這時，生產過剩會轉化為經濟危機，社會矛盾加劇，甚至出現社會動亂。

(六) 通貨緊縮產生的原因及其影響

通貨緊縮從根本上說是社會總供求嚴重失衡，使影響價格的諸多因素發生了改變而引起的。具體分析主要有如下幾個方面：

1. 通貨緊縮是總需求不足的產物

總需求不足意味著供給的過度擴張，生產出現過剩，企業產品賣不出去，這是導致價格向下波動的基本因素。在生產過剩的條件下，一方面，企業貨幣不能及時回籠；另一方面，銀行因害怕收不回貸款而不得不緊縮信貸，其結果就造成利率上升，物價下跌。

2. 通貨緊縮常常由貨幣供應量的減少引起

貨幣供應量的減少一方面是由於信用緊縮，流通中所需要的貨幣量減少了；另一方面是政府針對通貨膨脹減少貨幣發行量，作為這種政策措施的效應，就表現為物價下跌和貨幣升值。

3. 通貨緊縮還會由技術進步引起

從經濟週期的角度看，經濟波動與技術進步因素密切相關。技術進步是推動供給的力量，一方面它促進產出的增長，另一方面它推動成本的下降。從供給的角度來分析，它與形成成本推動型通貨膨脹的因素正好是反向作用的。技術進步推動供給，從而推動經濟增長，改變總供求關係，同時又為降低成本創造了條件。如果需求的增長跟不上供給的增長，也會造成通貨緊縮。

通貨緊縮對經濟運行的影響，要從其成因和現實效應等方面進行全面分析。總體來看，通貨緊縮在兩種情況下對經濟增長和經濟發展都是不利的。一種是急遽的大幅度的通貨緊縮，由於對經濟的衝擊力過大，往往激發各種經濟矛盾和社會矛盾，如需求不足、失業嚴重、居民和企業收入減少、經濟出現嚴重衰退。另一種是長期的持續的通貨緊縮，也會出現前述現象，造成供給不足，生產力遭到破壞，經濟沒有活力。如果通貨緊縮是短期的，或是作為針對通貨膨脹的一種政策效應，其對經濟運行的負面影響就是有限的。

(七) 政府為什麼要介入市場？

政府之所以要介入市場，主要原因是市場存在著明顯的缺陷，會出現市場失靈的現象。市場是資源配置的基礎，市場機制可以優化資源配置，並且市場機制有其自身運動的規律，它並不以政府的作用為轉移。但是，市場機制的自發作用並不能保證在任何時候、任何條件下都可以使資源配置實現最優，經濟運行最有效率，並且最合乎社會的公共目標。市場在有些領域中的作用是很有限的，譬如在經濟出現負外部性、壟斷生產和經營、公共產品供給不足以及社會分配不均的情況下，市場自身的調節常常不能取得理想的效果。市場機制作用的盲目性，還可能導致宏觀經濟供求關係的失衡，引發一系列

經濟問題，使資源浪費、效率喪失、經濟秩序混亂。在這些市場失靈的情況下，只有依靠政府來調節和引導經濟運行的方向，才可能避免出現大的經濟危機。

政府在市場經濟中的基本作用就是彌補市場缺陷和矯正市場失靈，以保證社會福利的最大化和公共目標的實現。為此，政府在市場經濟中，更多地充當著代表公眾利益和公共目標的公益人、公共資源和公共產品的管理人、制定市場規則維護市場秩序的管制人、宏觀經濟活動的調節人的角色，發揮著更多的公共服務的職能。

(八) 怎麼區分公共產品、準公共產品和私人物品？

在經濟學理論上區分公共產品、準公共產品和私人物品，主要是根據它們所具有的基本性質。私人物品或私人產品具有排他性和競爭性。當一種商品被界定歸屬於某人後，其他人就不能享有對這種商品的相同權益；而這種商品已經被一個人消費，就意味著會減少其他人對這種商品的消費。公共產品與私人物品不同，第一，它具有非排他性。任何人享受公共產品的權益都是平等的，如果要排除任何人享受一種公共產品的權益要花費非常大的成本。第二，它具有非競爭性。一個人對一種公共產品的消費並不會減少其他人對這種公共產品的消費。這種既具有非排他性又具有非競爭性的公共產品也叫純公共產品。

但是在有的情況下，公共產品表現出與上述性質不同的特點。例如有的道路會因為一些人的使用而影響另一些人使用，當一條道路變得擁擠時，使用它的成本就會急遽上升，這時，要將一些人排除在使用者之外（通過收費的方式）也是很容易的。這時道路雖無排他性但具有競爭性。又如，某些教育和醫療服務雖然就其服務對象來說具有公共性質，但就其消費來說具有一定的排他性和競爭性，相當於私人物品，不過由於它們的消費具有很大的正外部性特點，需要通過一定的制度安排，以免費或低費的公共供應方式來保證社會公眾需求的滿足。以上這些情況下的公共產品與純公共產品不同，它們的非排他性和非競爭性都是不完全的，或不是同時具備的，稱為準公共產品。

(九) 政府管制有什麼意義？

市場經濟之所以需要政府管制，是因為市場存在缺陷。政府管制是政府針對市場中出現公共目標的背離和公共利益的受損而做出的一種政策性選擇，其主要意義在於：

第一，政府管制有利於防止壟斷和限制壟斷企業的市場權力，以保護公平競爭，維護市場主體的平等權利。政府管制可以抑制壟斷價格和壟斷利潤，調節因此而帶來的分配不公，並通過激勵競爭來減少消費者的交易成本，提高社會福利水平。

第二，政府管制有利於克服市場的負外部性，減少社會福利損失，提高經濟運行的宏觀效益。市場中產生的負外部性，主要指企業出於自利動機追求利潤，而給他人或社會造成損失。典型的例子如環境污染、資源的過度開發、土地的掠奪式利用、產業的無序競爭等所造成的社會福利損失。在這些情況下，政府可以充分利用自身的特殊優

勢，通過管制去干預企業行為，以保證資源配置的宏觀效率和社會整體利益不受損害。

第三，政府管制有利於市場主體獲取充分信息，保證市場競爭的公平和公正，充分維護消費者的合法權益。市場經濟中存在著廣泛的信息不對稱現象，一般消費者和投資者不具有信息優勢，很容易受到虛假信息的誤導。政府通過監管可以提高信息質量，彌補信息的不完全，為公平競爭創造條件。

第四，政府管制有利於保證勞動者的基本權益，維護社會正義。由於勞動力市場存在信息不對稱和權利失衡的狀況，勞動者在生產過程中的一些基本權益常常受到侵害。如勞動者在勞動保護、健康安全、收益分配、教育培訓和社會保障等方面的權益，必須由政府通過法制和監管去加以維護。

（十）政府宏觀調控的基本目標和具體目標

1. 政府宏觀調控的基本目標

政府宏觀調控的基本目標是社會總供求的平衡。總供求的平衡包括總量平衡和結構平衡。總量調控的目標是避免總供求之間出現較大差距而導致需求不足或需求膨脹的失衡局面；結構調控的目標是防止結構性的供需失衡，促進產業結構的合理化和資源的合理配置。

2. 政府宏觀調控的具體目標

（1）充分就業。充分就業意味著在一定的貨幣工資水平下，所有擁有勞動能力並願意就業的人都享有就業機會。

（2）物價穩定。物價穩定是指保持物價總水平的基本穩定，即將物價變動保持在經濟順暢運行所允許而居民又能承受的範圍內，既不發生嚴重的通貨膨脹，也不發生嚴重的通貨緊縮。

（3）經濟增長。經濟增長是經濟發展的物質基礎。宏觀調控不但要使經濟增長保持合理的速度，而且要促使增長模式的高效率。

（4）國際收支平衡。國際收支平衡包括資本的流入和流出的平衡及商品進出口平衡。保持國際收支的平衡，可以促進對外貿易的發展和國際資本流動，為本國企業走向世界、增強國際競爭能力和國際投資能力創造條件。

（十一）宏觀調控政策：財政政策、貨幣政策、產業政策

（1）財政政策是政府為實現一定的宏觀經濟目標而運用財政調節手段以促使宏觀經濟總量發生變化的原則及措施。財政是一種以政府為主體的分配活動，財政活動包括財政收入和財政支出兩個方面，因此，政府推行的財政政策也可以分為財政收入政策和財政支出政策。財政收支既是政府管理國家的基本工具，也是調節經濟運行的重要槓桿。

財政收支要由國家預算來安排，國家預算的實施是通過運用一系列具體的財政工具或手段，如稅收、國家信用、財政補貼和財政投資等來進行的。針對一定時期的宏觀經

濟運行狀況，在確定了宏觀調控目標後，政府可以通過國家預算對財政收支的安排來調節社會總供求的相互關係。如在總需求不足時，一方面增加財政支出，另一方面又減少財政收入，也就是採取赤字預算的政策；在總需求膨脹或出現通貨膨脹時，一方面減少財政支出，另一方面又增加財政收入，也就是採取盈餘預算或縮小財政赤字的政策。前者又稱作擴張性的財政政策，後者稱作緊縮性的財政政策。

（2）貨幣政策是政府通過中央銀行，為實現宏觀調控目標而制定的各種管理和調控貨幣供應量及其結構的原則和措施。中央銀行通過運用各種貨幣政策工具，如利率、法定準備金率、公開市場業務、再貼現率等，調控貨幣供應量及其結構，影響信貸規模和貨幣資源的配置，從而達到調控宏觀經濟總量，實現經濟良性運轉和穩定幣值的目的。

貨幣政策按其在宏觀調控中的不同作用，也可分為擴張性貨幣政策和緊縮性貨幣政策。當經濟衰退，總需求不足，失業率上升時，中央銀行採取擴張性貨幣政策——放鬆銀根，擴大貨幣供應量，以刺激有效需求的增長。具體措施就是降低利率、法定準備金率、再貼現率，購進政府債券等。當經濟高漲，形成通貨膨脹壓力時，中央銀行採取緊縮性貨幣政策——緊縮銀根，減少貨幣供應量，以抑制總需求的過度膨脹。具體措施就是提高利率、法定準備金率或再貼現率，賣出政府債券等。

（3）產業政策是政府根據國民經濟運行的內在要求，調整產業組織形式和產業結構，從而提高供給總量的增長速度，並使供給結構能夠有效地適應需求結構要求的政策措施的總稱。產業政策以調節社會總供給、實現社會資源在產業部門中的最優配置為特徵。產業政策是一個調節系統，在一個總的調控目標的指導下，包含著多種調節手段的組合，例如政府的產業發展計劃、投資導向、技術進步政策、各種經濟槓桿的運用、產業准入製度以及相關的法律手段等。

產業政策主要包括產業組織政策和產業結構政策。產業組織政策就是企業組織政策，是政府通過一定的調節手段和經濟槓桿，鼓勵、扶持具有自主創新能力和競爭力、高效益的產業組織形式的發展，引導企業走集約化、知識化的擴張道路，使資源得到有效配置和合理利用，從而促進供給的增加。

產業結構政策是政府根據產業結構變動及其優化的規律，通過多種手段調節、引導產業結構向優化方向變動和發展，以實現產業結構的合理化，從而達到社會總供求的平衡。產業結構優化並不僅僅意味著供給結構去適應需求結構的要求，而是意味著供給優化，供給優化意味著有更多、更新、更好的產品提供給市場，它可以引導消費，並創造新的需求，起到拉動需求的作用。

（十二）什麼是貨幣政策與財政政策的結合運用？

貨幣政策和財政政策都是以調節社會總需求為對象來實現社會總供求平衡的手段，它們都是從擴張和緊縮總需求兩個方面來發揮作用的，這就意味著它們都只針對某種特定的經濟狀態而採用。為應對宏觀經濟運行中出現的複雜問題，這兩大政策經常結合在

一起運用。

貨幣政策與財政政策的結合運用一般有四種形式：①擴張性貨幣政策與擴張性財政政策相結合（即雙鬆政策）。主要是針對總需求嚴重不足的情況，以加大政策力度的手段來拉動經濟復甦，增加就業。②緊縮性貨幣政策與緊縮性財政政策相結合（即雙緊政策）。主要是針對嚴重的需求膨脹和通貨膨脹實行的政策。③鬆的貨幣政策與緊的財政政策相結合（所謂鬆貨幣緊財政）。緊的財政政策用於抑制總需求膨脹，防止通貨膨脹，而鬆的貨幣政策用於保證對企業的必要的信貸資金供給，以保持適度的經濟增長。④緊的貨幣政策與鬆的財政政策相結合（所謂緊貨幣鬆財政）。緊的貨幣政策用於防止通貨膨脹，鬆的財政政策則在於通過政府對基礎設施或基礎產業的重點投資來進行結構調整以實現結構平衡。

（十三）怎樣完善宏觀調控體系？

在當前，完善宏觀調控體系，要側重於解決以下問題：

1. 深化政府行政管理體制改革

政府行政管理體制是政府正確履行自己的職能、規範政府行為的製度保證。深化政府行政管理體制改革，首先要推動政府職能轉變，建設服務型政府。其次，要推動政府機構改革，提高行政效率。最後，要健全政府職責體系，合理分工，加強協調。要求不同的職能部門在權責一致、分工合理的基礎上提高綜合協調能力。

2. 完善宏觀調控基礎製度，構建協調配套的調控體系

在當前，完善宏觀調控基礎製度主要是深化財政體制和金融體制的改革。財政體制改革的重點是按照公共財政的要求，圍繞基本公共服務均等化和形成主體功能區構建公共財政體系，改革財政預算製度，把財政的主要職能從政府經營性投資轉變到提供公共產品和公共服務上來。金融體制改革的重點是發展各類金融市場，完善現代金融體系，加強金融監管，提高防範金融風險的能力。構建協調配套的調控體系主要是實行分級管理和分級調控，強化宏觀調控部門的綜合協調能力，使財政政策工具和貨幣政策工具能夠靈活地綜合運用，形成靈敏有效的宏觀調控體系。

3. 建立和完善法制體系

完善的法制體系既是社會主義市場經濟體制的要求，又是健全宏觀調控體系的要求。在市場經濟中，必須依靠法律界定市場主體的各項權利、規範市場主體的行為；制定市場規則、維護市場秩序、保證市場主體權利的平等和公平競爭；界定政府的行政權力和財產權利，規範政府行為，保證政府宏觀調控的程序化和高效化。

四、疑難問題和學術爭鳴

(一) 過剩經濟與短缺經濟

從社會總供求關係的角度來看，社會經濟運行的常態要麼是社會總供給大於社會總需求（過剩），要麼是社會總供給小於社會總需求（短缺），供求關係完全一致或完全平衡的狀態幾乎是不存在的。但長期以來，經濟學家們從不同的視角出發，形成了不同的理解和觀點。

19 世紀法國經濟學家薩伊（Jean Baptiste Say，1767—1832）認為「供給自己創造自己的需求」，由於市場經濟是高度靈敏的，因此整個經濟不會存在生產過剩的問題。如果某種商品出現供過於求，其原因不在於需求，而在於產品結構的失衡，即相對應的其他商品生產太少。解決的辦法就應該是調整生產結構，增加其他商品的生產。這就是著名的「薩伊定律」。然而不斷發生的資本主義經濟危機使這一理論受到普遍懷疑，20 世紀英國經濟學家凱恩斯（John Maynard Keynes，1883—1946）否定了「薩伊定律」，提出了「有效需求理論」。凱恩斯把商品的總需求價格與總供給價格達到均衡時的社會總需求稱為有效需求，他認為有效需求包括消費需求和投資需求，其需求的大小是由人們的消費傾向、對資本收益的預期和流動偏好三個心理因素和貨幣供給量決定的。由於人們心理因素的影響，消費的增長往往跟不上收入的增長，這時產生的總供給價格與總需求價格的差額會增大。同樣由於心理因素，在投資吸引力不足的情況下，投資需求也彌補不了以上差額，因此會出現有效需求不足。凱恩斯用有效需求不足解釋了供給過剩或生產過剩的原因，分析了在市場機制不能有效進行自動調節時，產生「非自願失業」和危機的必然性。而針對有效需求不足開出的藥方就是擴大總需求以拉動總產出，減少失業，以逐步實現充分就業。[1]

許多經濟學家把社會總供求關係的變化與一定的經濟體制及其特殊的經濟運行規律結合起來。馬克思主義政治經濟學把生產過剩的經濟危機看成資本主義經濟的特有現象，其根源在於資本主義的基本矛盾即生產的社會性同生產資料和生產成果的資本主義私人佔有形式之間的矛盾。這一矛盾表現在兩個方面，一是個別企業生產的有組織性同整個社會生產的無政府狀態之間的矛盾，二是生產無限擴大的趨勢同勞動人民有支付能力的需求相對縮小之間的矛盾。馬克思認為，資本主義生產的擴大會不斷創造日益增多的相對過剩人口，它使勞動者總是處於有限消費和相對貧困的狀況，因此生產過剩只是相對於勞動者有支付能力的需求縮小的過剩。

與資本主義國家不同，社會主義國家在實行計劃經濟的過程中，普遍出現了供給不

---

[1] 王雪梅，謝實. 西方經濟學簡史 [M]. 昆明：雲南人民出版社，2005.

足的短缺經濟現象。匈牙利經濟學家雅諾什·科爾奈的論述[1]有著廣泛的影響。科爾內認為在計劃經濟中，短缺是普遍、經常存在的。由於計劃經濟排斥了市場經濟，沒有市場競爭對企業和個人的激勵與約束，短缺表現為生產者缺乏自主積極性和資源無端浪費的結果。資源浪費的一種表現就是一方面產品短缺，而另一方面又存在物質、資金和人力的積壓。積壓也是過剩。計劃經濟的特徵就是普遍、經常的短缺與普遍、大量的浪費、過剩並存，這是資源配置沒有效率的證明。由於資源浪費加劇了資源的約束，科爾內把計劃經濟看成資源約束的經濟，把市場經濟看成需求約束的經濟。資源約束所造成的短缺形成賣方市場，即賣方處於主導地位的市場；需求約束造成的過剩則形成買方市場，即買方處於主導地位的市場。

中國實行改革開放後，大約在1996年前後告別了計劃經濟時期的短缺經濟而開始出現普遍的過剩經濟現象。在對中國經濟現象的不同認識的討論中，有的經濟學家認為，雖然計劃經濟是短缺經濟，但不能把市場經濟說成是過剩經濟，因為市場經濟不僅有需求約束，也有供給約束；在存在供給約束時，市場也會出現短缺，特別在經濟週期的上行階段，需求膨脹會超過生產擴張，會出現通貨膨脹。如果說市場經濟是過剩經濟，那麼市場經濟國家就沒有防止需求膨脹和通貨膨脹的必要了，而事實並非如此。

(二) 關於政府與市場的關係

政府與市場的關係是政治經濟學界爭論最多的課題之一。政府能否干預經濟或市場、政府在市場經濟中扮演什麼角色、發揮什麼作用一直是經濟學家討論的熱點。

經濟自由主義理論一般基於對市場機制的充分肯定，而對政府干預經濟持批判態度。從古典經濟學到新古典經濟學，共同點是認為市場機制這只「看不見的手」可以自動地實現資源的優化配置。亞當·斯密認為，以居民和企業的理性行為為基礎的市場經濟是有效率的、均衡的、不需要政府干預。以馬歇爾為代表的新古典經濟學繼承了斯密的思想，以完全競爭和充分就業為假設前提，通過局部均衡分析方法，從微觀經濟的角度論證了資本主義是一個自由競爭、自動調節並能夠實現均衡的市場經濟體系。馬歇爾以後的哈耶克是經濟自由主義的典型代表，他並不僅僅把自由主義作為一個經濟學目標，而是理解為現代文明的人本主義目的。他認為自由主義原則能使個人活力得到充分的解放，因而在大多數情況下是有效的方法；自由主義是對個人努力的協調力量，競爭使市場價格能引導個人活動的進行，政府只需作為「舞臺監督員」就行了。哈耶克的主張在二戰後得到了德國弗萊堡學派、貨幣學派、供給學派和理性預期學派的響應。他們共同的主張就是資本主義經濟是完善的，私人企業經濟製度是促使資源優化配置的基礎，國家不應過多干預。

國家干預主義理論在20世紀影響最大的代表是凱恩斯，凱恩斯不僅否定了認為供

---

[1] 雅諾什·科爾奈. 短缺經濟學 [M]. 張曉光, 等, 譯. 北京: 經濟科學出版社, 1988.

給與需求可以自然平衡的「薩伊定律」，也否定了建立在市場機制有效性基礎上的自由放任政策。他認為市場機制的自發調節存在缺陷，而擴大政府的經濟職能，政府對經濟的干預是使資本主義體制免於毀滅的唯一有效的辦法。隨著二戰後資本主義經濟出現的新局面、新矛盾，新古典綜合派的薩繆爾森、漢森等人對凱恩斯理論進行了補充和發展。他們針對20世紀資本主義國家中政府資本與私人資本並存，壟斷與競爭並存的「混合經濟」，主張一方面通過市場經濟、價格機制調節社會生產，另一方面通過政府的宏觀調控政策維持高就業、經濟增長和物價穩定。但是隨著美國經濟在20世紀70年代出現「滯脹」和資本主義國家全球性的經濟衰退，新自由主義經濟理論在批判凱恩斯主義的基礎上又成為西方政治經濟學主流。被稱為「華盛頓共識」[1] 的主流理論再次鼓吹市場自由化，宣揚「管得越少的政府是越好的政府」，並把自由化看成發展中國家尋求經濟發展的不二法門。

20世紀末，在國際金融危機頻頻爆發的背景下，國家干預主義理論又重新抬頭，美國經濟學家斯蒂格利茨（Joseph Stiglitz）被認為是主要的代表人物。他認為一個完全無政府狀態的市場經濟只能解決經濟的微觀效率問題，不能提高國民經濟的總體運行效率，對經濟的長期持續增長也是無能為力的。他把政府對經濟的干預看作現代市場經濟的基本特徵。他提出應從華盛頓共識轉向「後華盛頓共識」[2]。其實，縱觀市場經濟發展的歷史，政府與市場作為社會經濟運行中的兩種組織要素和製度要素，是沒有也不可能割裂開的，政府與市場是一種對立統一的關係。儘管在某個國家的某一發展階段上，政府與市場在其作用的方式、強度上表現不一，尤其是政府對市場干預的程度、範圍和結果是各異的，由此形成一種國家干預主義與經濟自由主義的「輪迴」現象，但是，政府從來不曾也不可能完全從市場中退出去。

（三）公共產品只能由公有制經濟主體來提供嗎？

一般認為公共產品由於具有非排他性和非競爭性的性質，不適於由市場或私人生產來提供，因為私人生產者不能承擔不收費、不計成本而導致的虧損。這樣，公共產品就只能由代表公共利益的政府來提供。而政府提供公共產品的途徑就是通過公有制經濟主體的運作和經營，或者說，公共產品要由公有制經濟主體生產出來。但在實際生活中，公有制經濟主體往往存在效率低下、資源浪費、供給滿足不了需求等弊端。因此，關於公共產品的供給方式在理論上有許多爭議。

有的學者從公共產品的屬性標準出發，認為判斷是否具有公共產品屬性實際上有多

---

[1]「華盛頓共識」代表著新自由主義在發展經濟學中的運用及針對發展中國家制定經濟政策的一套學說，這些學說因為得到位於美國首都華盛頓的美國財政部和國際貨幣基金組織以及世界銀行的支持而被稱為華盛頓共識（the Washington Consensus）。首先使用這一名詞的是美國經濟學家約翰·威廉姆森（John Williamson）。

[2]「後華盛頓共識」（the Post-Washington Consensus）作為20世紀末的一種重要學說，並不否定市場的自由原則，而是提倡從「自發主義」到「構建主義」市場概念的轉換，強調政府在構建製度、治理微觀經濟和私人部門方面的積極作用。

種標準，包括倫理的、需求的、技術的和交易成本的標準等，純公共產品與準公共產品和私人產品之間並沒有絕對的界限，某些公共產品是可以排他的，因此，通過市場機制提供公共產品完全是可能的。

有的學者提出公共產品的提供與公共產品的生產是不同的兩個概念。公共產品的生產可以根據「平等進入」「選擇性進入」的原則引進市場競爭機制；而公共產品的提供則應該由政府來實施，即政府可以「購買」公共產品轉而提供給消費者。

有的學者認為應該根據公共產品的受益範圍來確定公共產品的供給主體。如社會全體公民受益的全國性公共產品由中央政府提供，不涉及全國人民的地方性公共產品由地方政府提供，社區性的公共產品由社區提供。

有的學者認為應根據公共產品所具有的非排他性和非競爭性的相關程度來確定公共產品的供給機制。相關程度高，即同時具有非排他性和非競爭性的純公共產品，只能由非市場機制的政府來提供；而相關程度低，即僅具有非排他性或非競爭性之一的準公共產品，則可以通過市場機制來提供。在具體的供給方式上，可以由私人投資私人收費，但政府給予管制或政策引導；也可以由政府投資，但交由具備資質和能力的私人或企業經營管理。

（四）政府宏觀調控目標之間的相互關係及其選擇

政府的宏觀調控目標是多元的而不是單一的。這些多元的不同的目標在對宏觀經濟運行所產生的效應方面，有時是一致的，有時是不一致的。例如在長期目標與短期目標之間、民生目標與經濟增長目標之間、經濟總量與經濟結構之間都經常會產生矛盾。政府需要在充分理解各個宏觀調控目標之間的相互關係的基礎上，權衡利弊得失，做出盡可能好的選擇。

例如菲利普斯曲線主要說明了經濟運行中這樣一種現象：在一定條件下，失業率與工資增長率，或失業率與通貨膨脹率之間存在著此彼此消、此起彼落的關係。那麼，當政府需要抑制物價的快速上漲時，可以在容忍一定的失業率的前提下去降低通貨膨脹率；當政府需要控製失業率的上升時，可以在保持一定的通貨膨脹率的條件下去降低失業率。問題在於，容忍多高的失業率或通貨膨脹率才是適當的呢？要知道，社會對失業率和通貨膨脹率的容忍都是有限的。既要實現充分就業，又要保持物價穩定，作為政府宏觀調控的目標，這二者之間是存在矛盾的。

厲以寧曾經指出，把充分就業和穩定物價擺在宏觀政策目標體系中的最重要位置上，這一點估計不會有太大的爭議。有爭議的主要是以下兩個問題：一是充分就業與物價基本穩定的含義，即多高的失業率可以被認為是充分就業的界限，多高的通貨膨脹率可以被認為是物價基本穩定的界限；二是在就業與物價基本穩定這兩項目標的排列方面，哪一項目標在何種形勢下應當排在前，哪一項目標相比之下可以往後排。厲以寧認為，總的說來，政府的宏觀經濟調節的結果不應當是為了抑制通貨膨脹而大幅度降低經

濟增長率，從而犧牲就業目標。宏觀經濟調節的結果應當是：既保證經濟以較高的速度增長，使就業問題得以在經濟增長過程中解決，又能把通貨膨脹率控製在社會可以承受的界限內。他認為，在一般情況下，應當是就業優先，兼顧物價基本穩定。而只要通貨膨脹率低於經濟增長率，就可以稱為「適度通貨膨脹率」了。[1]

經驗告訴我們，在理解宏觀調控目標的相互關係時需要認識幾點：第一，宏觀經濟運行的各個方面是相互產生影響的，主要矛盾和次要矛盾也是可以相互轉化的。第二，一個宏觀調控政策通常對調控的對象範圍起作用，而對調控對象範圍外的經濟運行調控作用是有限的，如為保持經濟增長速度採取的財政政策和貨幣政策就難以對控製通貨膨脹及調整經濟結構同時起作用，以貨幣供應量和穩定貨幣為目標的貨幣政策也難以對諸如公共產品供給和產業結構發生作用。第三，宏觀調控政策的運用經常必須綜合性地運用，而宏觀調控目標的權衡只能以相對利益最大、相對損失最小為出發點。

（五）關於中國在應對國際金融危機中宏觀調控政策的綜合運用

2008 年下半年，中國經濟受到國際金融危機的衝擊，經濟增長在一個高峰出現拐點，呈現出一輪週期的衰退現象。為保持經濟的穩定增長和避免出現大幅經濟波動，中國政府採取了一系列反危機對策，宏觀調控政策從之前針對經濟過熱和通貨膨脹的穩健的財政政策和從緊的貨幣政策轉變為針對防止經濟下滑的積極的財政政策和適度寬鬆的貨幣政策。政府一方面擬定了兩年內投資 40,000 億元的龐大財政計劃，另一方面通過減息減稅、提供消費信貸優惠利率、增持銀行國有股等貨幣操作刺激投資和消費。學術界在肯定宏觀調控政策對「擴內需、保增長」所起到的重要作用的同時，也針對中國經濟運行存在的問題，提出了一些新認識。

有學者指出，引發中國此次經濟急速下滑的直接原因雖然是國際金融危機，但中國經濟存在的內在矛盾和深層次問題是不容忽視的。「目前中國經濟生的『病』，與全球經濟生的『病』並不是同樣的『病』。」[2] 中國長期存在的經濟增長方式粗放、經濟結構不合理、收入分配差距過大等導致的投資過度、消費不足，是形成生產過剩的內因，很容易受到國外經濟的衝擊。「需要注意的是，宏觀經濟政策的短期調控只能達到穩住大局的目的，而不能解決根本問題。」「要想從根本上來解決問題，還需依靠經濟發展方式由粗放發展到集約發展的轉型。」[3]「實際上中國經濟增長在未來將要面臨的挑戰，主要還將來自內部。」[4]

針對中國政府為應對國際金融危機而採取的一系列政策措施，有學者指出，如果發生宏觀治理目標的錯位和混亂，「不顧經濟週期調整的規律，簡單進行大規模刺激和過

---

[1] 厲以寧. 經濟學的倫理問題 [M]. 上海：上海三聯書店，1995.
[2] 魏杰. 關於中國目前保經濟增長的幾個爭議問題 [J]. 經濟學動態，2009（5）.
[3] 吳敬璉. 金融海嘯與中國經濟 [J]. 上海大學學報，2009（1）.
[4] 王曉魯，樊綱，劉鵬. 中國經濟增長方式轉換和增長可持續性 [J]. 經濟研究，2009（1）.

度救助，不但會破壞市場經濟體系的正常運轉，而且會給經濟帶來過度的波動和額外的調整成本。」「以投資為主導的短期刺激政策不足以引領中國走出『週期性』和『全局性』的經濟衰退。」他們認為「必須從產業層面上保證產業循環鏈不斷裂，在中觀層面上保證社會資金鏈不斷裂」。當前的政策選擇必須將失業救助、失業安置作為一個更為關鍵的目標，要強化經濟刺激政策的就業導向和消費導向。[1]

有的學者從解決國內總需求不足或消費不足的問題出發，認為不能將宏觀調控政策的重點放在貨幣政策上。貨幣政策目標更多的是要追求幣值穩定，而財政政策則更多的是負有啓動經濟的功能，應讓貨幣政策為財政政策的調整服務。同時，要更多地使用財政政策，「也有一個盡量提高財政政策的使用效率的問題。」這需要把握好財政收入的使用方向和加大對財政收入使用過程的監督和約束。[2]

有的學者根據中國2009年上半年出現的信貸增長過快、M2增長明顯超過M1，而民營經濟尤其是中小企業信用不足的問題，提出在貨幣政策方面，應在下調準備金率的同時微調存貸款利率，真正按市場經濟規律，參照「貨幣增長倍數」，正確調節貨幣供求。應增加企業技改貸款財政貼息和其他必要補貼，特別是為中小企業技術改造和為產業升級提供財力支持。並應「按照目標通貨膨脹率的要求，根據通貨膨脹率的變化情況，相機抉擇，制定相應政策。」[3]

總之，根據中國的具體國情，解決中國經濟的內在矛盾，在宏觀調控方面，不但需要急症及醫的及時應變政策，而且需要標本兼治的長期政策導向和機制調理；在運用宏觀調控政策時，要兼顧長遠目標和短期目標，綜合運用財政政策、貨幣政策、產業政策及其他政策；必須通過深化改革消除體制性障礙等，都成為許多學者的共識。

(六) 供給側改革及其內容

經濟學關於總供求關係歷來存在不同理解。古典經濟學從生產和供給的視角出發，認為供給會創造需求，生產決定消費，法國經濟學家薩伊並提出了著名的供給等於需求的「薩伊定律」。凱恩斯批判了這種觀點，認為供給不能創造對自身的需求，產出也會在不確定的長期內偏離充分就業的水平。凱恩斯理論注重有效需求對經濟的影響，強調需求管理在政府制定經濟政策中的指導性意義。

中國的經濟實踐說明，發展中國家在工業化過程中的某一個階段上，需求不足容易成為經濟增長的阻力，但是，構成宏觀經濟週期性波動的原因並不僅僅存在於需求方面。

從1990年以來，中國工業化過程中就存在經濟增長方式粗放、產業結構扭曲、體制

---

[1] 「中國宏觀經濟分析與預測報告」課題組. 警惕短期刺激和過度救助的額外成本 [N]. 21世紀經濟報導，2009－03－23.
[2] 魏杰. 關於中國目前保經濟增長的幾個爭議問題 [J]. 經濟學動態，2009 (5).
[3] 劉迎秋. 宏觀經濟走勢與我們的任務 [N]. 經濟參考報，2009－05－06.

機制不合理等問題。雖然經濟增長維持了長期的高速度，但潛在的矛盾和問題也越來越多。進入新世紀後，隨著中國工業化、城市化進程加快和國際經濟形勢的變化，主要依靠投資和進出口拉動的增長模式已難以為繼，自 2010 年以來，中國出現了一輪較長期的經濟下滑。在這種背景下，2015 年 11 月，中國政府在對新經濟形勢做出研判的基礎上，提出了實行供給側改革的思路。也就是說，中國經濟不僅存在消費不足的問題，還存在供給抑制的問題。在一定時期，供給側的問題可能更為嚴重。因此，不僅要擴大需求、刺激消費，還要進行供給側改革，提高供給體系的質量和效率。具體做法主要是通過淘汰僵屍企業和產業重組來化解產能過剩，通過有針對性的財政稅收政策減少企業的製度性成本，促進企業和國民的創新創業，通過多種途徑和政策手段減少空置過剩的房地產庫存，並採取有效措施防範和化解潛在的金融風險。[1]

---

[1] 吳敬璉、等. 供給側改革——經濟轉型重塑中國佈局 [M]. 北京：中國文史出版社，2016.

第十四章　經濟增長和經濟發展

一、本章內容簡介

隨著一國經濟增長與發展水平的提高，客觀上要求轉變經濟增長與發展方式，以實現經濟與社會的可持續發展。本章圍繞社會主義市場經濟條件下經濟增長和發展方式的轉變及其實現經濟與社會的可持續發展問題，分三節來說明。

第一節從分析經濟增長及其影響因素入手，研究了經濟增長方式的含義、類型及其轉變，強調了經濟增長方式轉變中製度因素的重要性。

第二節主要分析了經濟發展方式轉變的內涵及其實現機制，闡明了經濟增長方式轉變與經濟發展方式轉變的聯繫和區別；進一步地還分析了經濟發展方式轉變的科學內涵與實現「三個轉變」；強調了經濟發展方式的轉變需要有一個有效的實現機制，而體制機制保障、以人為本、統籌發展、建設「兩型社會」則構成其重要內容。

第三節以可持續發展作為經濟發展新模式，闡明了全面建設小康社會與可持續發展戰略的內在關係。

二、本章主要知識點

(一) 經濟增長

經濟增長是指一個國家或地區生產的產品和勞務總量的長期持續增加，即用貨幣形式表示的國民生產總值（GNP）的不斷增加。經濟增長的快慢，通常用國民生產總值或人均國民生產總值在一定時期內的平均增長速度來衡量。影響經濟增長的因素主要有三大類：生產要素的投入量、要素生產率和製度。

(二) 經濟增長方式

經濟增長方式，主要是指通過各種生產要素投入、組合和使用的不同方式而實現的經濟增長及其效果，它決定著生產力系統的整體效能和發展狀況。

一般將經濟增長方式分為兩種基本類型：一種是要素資源的投入、組合和使用上以

數量擴張為主而實現的經濟增長,即粗放型[1]經濟增長方式;另一種是要素資源的投入、組合和使用上以質量提高為本而實現的經濟增長,即集約型經濟增長。隨著一國或地區經濟發展水平的提高,客觀上要求其經濟增長方式從粗放型增長向集約型增長轉變。

(三) 經濟發展

經濟發展是指一個國家或地區隨著經濟增長而出現的經濟、社會和政治的整體演進和改善,體現為從傳統經濟向現代經濟轉變的歷史過程。具體地說,經濟發展的內涵包括三個方面:一是經濟數量的增長,二是經濟結構的優化,三是經濟質量的提高。

(四) 經濟發展方式

經濟發展方式是指實現經濟發展的方法、手段和模式,其中不僅包含經濟增長方式,還包括結構優化、環境改善、技術不斷創新、人民生活水平提高、資源配置趨於合理等方面的內容。

(五) 產業、產業結構與產業分類

產業是指國民經濟中以社會分工為基礎,在產品和勞務的生產和經營上具有某些相同特徵的企業或單位及其活動的集合。

產業結構是指國民經濟中產業的構成及其各產業之間的聯繫和比例關係。產業結構的主要內容包括:構成產業總體的產業類型、數量比例、組合方式,各產業之間的本質聯繫,各產業的技術基礎、發展程度及其在國民經濟中的地位與作用。

在經濟研究和經濟管理中,常見的產業分類方法主要有三種:一是兩大領域、兩大部類分類法;二是三次產業分類法;三是資源密集度分類法,即通常根據勞動力、資本和技術三種生產要素在各產業中的相對密集度,把產業劃分為勞動密集型、資本密集型和技術密集型產業。

(六) 區域經濟結構及其調整

區域經濟結構是指國民經濟中各個經濟區域之間的發展關係和結合狀況,它也是國民經濟結構的一個重要方面。

區域經濟結構的調整是指生產要素在各個區域之間的合理配置,它使各個區域在國民經濟的整體活動中,能夠充分發揮各自的優勢,同時相互配合、相互補充、協調一致地發展,因而也是實現經濟發展目標的重要條件。區域經濟結構的調整對實現經濟發展目標具有十分重要的意義。

---

[1] 這裡的「型」意指「為主」,指出這一點,既有助於避免一些無謂的爭論,又有助於正確認識現實的經濟增長方式轉變中非單一性的或複雜的經濟現象。

(七) 可持續發展

可持續發展是一個內涵十分豐富、包括生態－經濟－社會三維複合系統整體的概念。其核心思想是，健康的經濟發展，應建立在生態可持續能力、社會公正和人民積極參與自身發展決策的基礎之上；其追求的目標是，既使人類的各種需要得到滿足、個人得到充分發展，又要保護資源和生態環境，不對後代的生存和發展構成威脅。

衡量可持續發展主要有經濟、社會和環境三個方面的指標，缺一不可。具體而言，可持續發展應包括可持續性、公平性、系統性和共同性等內容。

(八) 科學發展觀

科學發展觀是發展中國特色社會主義必須堅持和貫徹的重大戰略思想，其第一要義是發展，核心是以人為本，基本要求是全面協調和可持續，根本方法是統籌兼顧。

三、重點問題解答

(一) 科技進步在經濟增長中的作用

影響經濟增長的因素很多，一般認為最主要的有三大類：生產要素的投入量、要素生產率和製度。而科技進步則是提高要素生產率的最直接因素，從而也是促進經濟增長的重要因素。

在經濟增長中，科技進步作為一種滲透性要素作用到資本、勞動、自然資源等要素上，通過提高生產要素的質量、系統地改善生產要素的組合狀況從而提高生產要素的效率。作為一種潛在的生產力，科技只有在生產過程中通過與勞動和資本等生產要素的有機結合，才能夠轉化為現實的生產力，才能夠充分發揮它的作用。科技進步在生產上的應用程度越高，科技進步的貢獻越大，全要素生產率就越高。科技進步在經濟增長中的作用，主要表現在以下三個方面：

（1）科技進步可以推動更多的生產要素。科技進步可以提高勞動者的素質，使得每個勞動者可以推動更多的生產資料；科技進步可以提高勞動資料的性能，使其推動更多的勞動對象。其結果會導致產品數量的增加，為經濟增長奠定基礎。

（2）科技進步可以引進新的生產方法，生產新產品，開闢新市場和新銷路。新的生產方法的引進，可以提高勞動生產率，即在要素投入不變（或成本不變）的情況下，提高產量，或者在產量不變的情況下，降低成本。新的生產方法的引進，還可以生產出新產品，從而開闢出新市場和新銷路。這既可以吸引更多的消費者，提高企業的市場佔有率，從而提高企業的經濟效益，又可以分散風險，從而降低企業的成本。

(3) 科技進步可以利用新原料開闢新的原料來源、形成新的生產組織。科技進步可以開闢新的原料來源，如合成化學不但可以將無機物轉化為有機物，而且還可以把原料轉變為更適合工業利用的形式。越來越多新原料的出現，不但可以使原有企業生產出越來越豐富的新產品，而且還可以產生新的生產組織，擴大整個社會的生產規模，推動整個社會的經濟增長。

國內外經濟增長的理論和實踐證明，現代科學技術已經成為影響經濟增長的決定性因素；科技進步對經濟增長的貢獻已明顯超過資本和勞動力的作用，成為了經濟發展的主要動力。

（二）經濟增長中制度因素的重要性

自20世紀70年代以來，以諾思、科斯為代表的新制度經濟學在西方興起，他們從制度因素這一嶄新的角度來研究經濟增長問題。長期以來，在西方主流經濟學的有關經濟增長模型中，制度因素總是被排除在外，即將制度視為既定的因素，作為外生變量，主要從純經濟技術的角度、通過各種生產要素的變化來說明生產率的變化和經濟增長。然而把制度因素排除在外，並不能真實地描述經濟增長的績效。這是因為在現實生活中，信息的不完全性及信息費用會影響市場機制的運行結果，低效率的產權結構會使得外部性問題和「搭便車」問題更加嚴重等，這都會影響到經濟增長的軌跡。因此，諾斯和科斯等人把制度因素（交易成本、產權、制度變遷等）作為決定和影響經濟增長的一個主要的內生變量，考察了制度與經濟增長的相互關係。由於交易成本和制度變遷理論的引入，極大地擴展了經濟增長理論的應用空間，使之對經濟增長更具現實的解釋力，它揭示出制度的動態發展及對經濟增長的影響。

吸收新制度經濟學對經濟增長理論的有益研究成果，我們看到，在生產要素投入量和生產要素生產率不變的情況下，經濟增長主要表現為制度創新或制度變遷的結果。具體來說，制度主要通過產權、國家、意識形態三個方面來影響經濟增長：

(1) 產權。刺激經濟增長的動力大小與一定的產權制度直接相關。有效率的、明晰的產權制度會為人們的經濟活動造成一種激勵效應，從制度上激發和保護經濟領域內的創新活動，減少未來的不確定性因素，有效阻止「搭便車」等機會主義行為，使私人收益接近社會收益，從而促進經濟增長。

(2) 國家。高效率的產權結構會促進經濟增長，而界定產權、確立產權結構需要花費成本。由於國家具有「暴力潛能」，由國家來界定和保護產權可降低交易費用。國家通過界定產權，及時獲得一切關於破壞產權行為的信息，並通過對破壞產權行為進行有效的制裁等來保護產權主體在交易活動中應享有的利益。由於國家決定產權結構，因此它最終要對經濟增長產生一定的影響。國家通過向社會提供「保護」和「公正的服務」來達到以下目標：一是界定形成產權結構的競爭與合作的基本規則，從而使統治者的租金最大化；二是降低交易費用以使社會產出最大化，從而增加國家稅收。

（3）意識形態。諾思認為，意識形態是人們關於世界的一套信息，是使個人和集團行為範式合乎理性的智力成果①，或者說，意識形態是一定團體或社會中所有成員共同的認識、思想、信仰、價值等。它反應了該團體或社會的利益取向和價值取向，可以保持社會內部團結和穩定性，以大大降低制度安排的費用，有效地克服「搭便車」問題。

進一步說，意識形態對經濟增長的影響主要表現為：其一，被一種「世界觀」引導的意識形態是一種交易費用節約機制，因為通過這種意識形態人們認識了他們所處的環境，從而使決策過程簡單明了。其二，如果占支配地位的意識形態使人們相信現存的分配或交易規則是與正義共存的，人們便會出於一種道德感來遵守這些規則，否則人們會試圖改變其意識形態。因此，如果占支配地位的意識形態與社會進步的方向一致，並有效地克服了「搭便車」現象，那麼它將成為經濟增長的促進力量，就可以以較低的代價獲得較大程度的經濟增長。

(三）經濟增長方式與體制轉變的關係

體制轉變，即從傳統的計劃經濟體制轉向現代市場經濟體制，並非簡單地以市場代替計劃，而是一個用利益驅動的自主經濟替代命令驅動的統制經濟、用經濟性市場信號引導為主的資源配置方式替代行政性計劃指令為主的資源配置方式的過程，這是一個市場經濟作為一種新的經濟、社會製度要素植入經濟社會肌體之中的長期、複雜且曲折的過程。

要正確認識和把握經濟增長方式轉變與體制轉變之間的關係，必須注意以下三點：

（1）經濟增長方式能否轉變，特別是轉變實績如何，一個重要的前提是：製度變遷是有效的，或者說，體制轉變本身具有「製度適應性」特徵。考慮體制轉變本身的「製度適應性」狀況，即體制轉變本身是否與一國的生產力發展水平、物質技術基礎、經濟發展的成熟程度、科技成果的吸收和擴散能力相適應，是否與一國的文化、教育、政治、意識形態等上層建築相適應，也就是要考慮體制轉變與其他影響經濟增長方式轉變的諸因素之間的相互適應狀況；否則，即使是體制轉變了，也未必能實現經濟增長方式的轉變。這意味著體制轉變與經濟增長方式轉變兩者間並不總是統一的。也就是說，儘管體制轉變了，但由於體制改革和轉變方式的選擇不當等原因，仍可能斷送經濟增長方式的轉變。換言之，經濟體制改革的成敗將決定能否實現轉換經濟增長方式的目標。

（2）體制轉變是經濟增長方式轉變的必要保障和前提，它意味著一種引導經濟增長方式轉變的內在激勵與約束機制的形成、啟動和運轉；經濟增長方式的初步轉變，又為經濟體制轉變創造了較為寬鬆的經濟環境和支持條件。我們不能把體制的轉變與經濟增長方式的轉變之間的關係，看成簡單的線性對應的關係，二者之間不是單純的體制轉變在前、經濟增長方式轉變在後的「分離」過程，也不是體制變量改變了、經濟增長方式

---

① 道格拉斯·諾思. 經濟史上的結構和變革 [M]. 厲以平，譯. 北京：商務印書館，1992：49.

作為其因變量立即也就改變了的「同時」過程。實際上，二者之間存在著一種內在的依存關係，是一個彼此漸變、並行不悖、交織累積乃至總體上發生根本轉變的互動互適、相輔相成的過程。經濟體制改革和轉變的推進，為經濟增長方式的轉變提供了一個誘導和驅動的機制。而經濟增長方式轉變的實質性進展，又進一步要求加速體制改革和根本轉變的進程。因此，在實踐中，只抓體制的改革和轉變，或坐等完成體制改革之後才著手進行經濟增長方式轉變的工作，都是錯誤的和有害的。

(3) 體制轉變是一個複雜的系統工程，它的難度大、涉及面廣。其中，市場機制的培育和完善可以說是基點。從體制轉變這一複雜的系統工程看，它包括對原有經濟系統模式的轉變、系統內在結構的調整和運行機制的轉換系統基本元素的再造以及系統的環境改變等相互關聯、互為影響的內容，涉及微觀、宏觀，包括企業、市場、政府等方方面面。之所以說市場機制的培育和完善是其基點，是因為市場機制的運轉、發展和完善，意味著價格信息機制、供求機制、競爭機制等對社會經濟活動的調節和資源配置的市場力量不斷增強，逐步削弱並替代原有經濟系統內的行政指令性力量。它將微觀與宏觀、企業與個人、企業與企業、企業與政府等相互聯繫起來，形成新的市場經濟運作系統。整個市場經濟系統，由於有了市場機制的利益槓桿以及與此相關的保護各經濟主體合法權益的製度安排，也就為各經濟主體的經濟活動提供了有效的動力保障。

(四) 經濟增長方式轉變與經濟發展方式轉變的聯繫與區別

經濟發展是指一個國家或地區隨著經濟增長而出現的經濟、社會和政治的整體演進和改善。經濟發展方式是指實現經濟發展的方法、手段和模式，其中不僅包含經濟增長方式，還包括結構優化、環境改善、技術不斷創新、人民生活水平提高、資源配置趨於合理等方面的內容。因此，經濟發展與經濟增長、經濟發展方式與經濟增長方式有著密切的聯繫，同時又有著顯著的區別。相應地，經濟增長方式轉變與經濟發展方式轉變也有著類似的聯繫與區別。

1. 兩者的聯繫

轉變經濟增長方式，也就是指從粗放型經濟增長方式轉變為集約型經濟增長方式。從總體上看，這一轉變的含義是指經濟總量增長方式的轉變，是一個客觀的經濟範疇，它強調的是整個國民經濟中資源配置的優化，經濟運行質量的提高及宏觀經濟效率和效益的提高。

經濟發展方式的轉變，包括粗放型增長方式向集約型增長方式轉變；資源消耗型發展向資源節約型、環境友好型發展轉變；技術引進型發展向技術創新型發展轉變；外需拉動型發展向內需主導型發展轉變；投資拉動型增長向居民消費拉動型增長轉變；傾斜型發展戰略向均衡型發展戰略轉變，即處理好城鄉之間、區域之間協調發展的關係，改變由於「政策傾斜」形成的地區之間、城鄉之間發展不平衡、不協調的狀況；以及效率優先的分配模式向兼顧效率與公平的分配模式轉變，讓人民平等地享受發展成果。

2. 兩者的區別

一是經濟發展方式包含經濟增長的內容，但不等同於經濟增長。經濟增長是指一個國家或地區經濟量上的變化或增加，即指一定時期產品和勞務的增長。經濟增長包含在經濟發展之中，它是促成經濟發展的基本動力和物質保障。一般而言，經濟增長是手段，經濟發展是目的；經濟增長是經濟發展的基礎，經濟發展是經濟增長的結果。雖然在個別條件下有時也會出現無增長而有發展的情況，但從長期看，沒有經濟增長就不會有持續的經濟發展。但經濟發展是對社會經濟積極的推動，更強調經濟發展對社會的正向作用和影響，而傳統的經濟增長方式更多地強調數字的量度，它對社會既可以產生正向作用又可以產生負向作用。

二是經濟發展方式注重經濟質量意識。比較而言，經濟增長的內涵較窄，是一個偏重於數量的概念；經濟發展的內涵則較寬，是一個既包含數量又包含質量的概念，在質和量的統一中更注重經濟質態的升級和優化。雖然經濟增長是經濟發展的必要前提，但並不是一切經濟增長都能帶來經濟發展。如果只是傳統經濟在原有結構、類型、體制基礎上單純依賴增加資源消耗去實現數量增長，而沒有經濟質態的升級和優化，就不可能帶來經濟、社會和政治的整體演進和改善，從而出現所謂「有增長無發展」狀態。

三是經濟發展方式注重經濟社會綜合協調發展的內涵，體現了科學發展觀的理念。強調發展應當是追求自然規律和社會規律的統一，只有倡導一種旨在促進「自然－經濟－社會」複雜系統和諧發展的戰略，人類的發展才能真正實現手段與目的的統一，強調發展應當是追求以人為本的原則；只有倡導一種旨在促進「全社會每個人的全面發展」的經濟社會發展戰略，經濟增長和物質財富的豐裕才具有真正的社會價值。

(五) 經濟發展方式的「三個轉變」

改變傳統的經濟增長方式，強調轉變經濟發展方式，本質上就是要走全面協調可持續發展的道路，加快經濟結構戰略性調整，積極建設資源節約型、環境友好型社會，在合理充分利用自然資源、保護生態環境的基礎上，促進經濟的發展。要實現經濟發展方式的根本轉變，我們必須實現以下「三個轉變」：

(1) 促進經濟增長由主要依靠投資、出口拉動向依靠消費、投資、出口協調拉動轉變。總的來說，中國經濟增長是依靠投資、淨出口和消費「三駕馬車」拉動的。從多年歷史來看，在「三駕馬車」中，投資對經濟增長的拉動作用一直很大，淨出口的拉動作用雖時有波動但其作用也很強，而消費的拉動作用雖比較穩定實則相對較弱。因此，必須堅持以人為本，貫徹落實科學發展觀，在發展生產的基礎上，擴大內需，積極提高消費率。同時，完善收入分配政策，持續增加城鄉居民收入，以增強消費對經濟增長的拉動作用。

(2) 促進經濟增長由主要依靠第二產業帶動向依靠第一、第二、第三產業協同帶動轉變。目前中國服務業發展滯後，經濟增長長期主要依靠第二產業推動。因此，推進產業結構優化升級，堅持走中國特色新型工業化道路，促進信息化與工業化融合，鞏固第

一產業，做大第三產業，提升第二產業，發展現代產業體系是轉變經濟發展方式的迫切需要。

（3）促進經濟增長由主要依靠增加物質資源消耗向主要依靠科技進步、勞動者素質提高、管理創新轉變。加快轉變經濟發展方式，關鍵是全面提高自主創新能力，促進科技成果向現實生產力轉化。為此，首先，我們必須按照建設創新型國家的要求，推動國家創新體系建設，支持基礎研究、前沿技術研究和社會公益性技術研究；其次，我們必須加快建立以企業為主體、市場為導向、產學研相結合的技術創新體系，使企業真正成為研發投入和自主創新的主體；最後，我們必須繼續實施全民科學素質行動計劃，大力提高勞動者科技文化素質，充分發揮中國人力資源優勢在經濟發展中的作用。

（六）經濟發展方式轉變的實現機制

經濟發展方式的轉變是一項長期而艱鉅的任務，轉變經濟發展方式需要通過以下措施形成一個有效的實現機制：

1. 深化改革和完善體制，為科學發展提供體制機制保障

（1）完善基本經濟製度，健全現代市場體系。第一，要堅持和完善公有制為主體、多種所有制經濟共同發展的基本經濟製度，堅持平等保護物權，形成各種所有制經濟平等競爭、相互促進新格局。第二，加快形成統一開放競爭有序的現代市場體系，是完善社會主義市場經濟體制、促進經濟又好又快發展的重要內容。

（2）深化財稅、金融等體制改革，完善宏觀調控體系。第一，要建立和健全有利於促進科學發展和社會和諧、推動科技進步、節約能源資源、保護生態環境的財稅體制，實現財政體系從經濟建設型向公共服務型轉變。第二，要推進金融體制改革，發展各類金融市場，形成多種所有制和多種經營形式、結構合理、功能完善、高效安全的現代金融體系。第三，要推進國家規劃改革，完善國家規劃體系，使國家的發展規劃和地方的發展規劃相銜接。

2. 堅持以人為本，堅持擴大內需的方針，著力增強消費需求對經濟增長和發展的拉動作用

（1）堅持以人為本，具體的體現在充分保障人民享有的經濟、政治、文化、社會等各方面權益上，讓發展成果惠及廣大人民群眾。

（2）無論是著眼於改善民生，還是著眼於產業結構調整和國際收支平衡，都要堅持擴大內需的方針，繼續完善收入分配政策，持續增加城鄉居民收入，鼓勵合理消費，著力增強消費需求對經濟增長和發展的拉動作用，形成消費、投資、出口協調拉動經濟增長的局面，促進國民經濟良性循環和人民生活水平不斷提高。

3. 優化結構，發展現代產業體系，走新型工業化道路，統籌城鄉發展、統籌區域發展、統籌國內外發展

（1）形成現代產業體系，最重要的是堅持走科技含量高、經濟效益好、資源消耗

低、環境污染少、人力資源優勢得到充分發揮的中國特色新型工業化道路，以信息化帶動工業化，以工業化促進信息化。

（2）統籌城鄉發展，推進社會主義新農村建設，從根本上突破城鄉二元結構，逐步縮小城鄉差距，形成城鄉一體化發展的新格局，即努力實現城鄉發展規劃一體化、城鄉基礎設施建設一體化、城鄉公共服務一體化、城鄉勞動力就業一體化、城鄉社會管理一體化。

（3）促進區域協調發展、引導生產要素跨區域合理流動，有效縮小不同區域民眾的人均收入水平、享受基本公共服務的差距，從而逐步縮小區域發展差距。

（4）進一步拓展對外開放的廣度和深度，同時深化沿海開放，加快內地開放，提升沿邊開放，擴大開放領域，優化開放結構，提高開放質量，完善內外聯動、互利共贏、安全高效的開放型經濟體系，提高開放型經濟水平，形成經濟全球化條件下參與國際經濟合作和競爭新優勢，實現對內對外開放相互促進。

4. 自主創新，廣泛採用節能減排技術，著力建設資源節約型、環境友好型社會

（1）提高自主創新能力，既是確保到2020年實現全面建成小康社會奮鬥目標的需要，也是應對世界科技革命和提高中國競爭力的需要。

（2）建設資源節約型、環境友好型社會是加快轉變經濟增長方式，緩解資源約束和環境壓力，提高經濟增長的質量和效益，實現節約發展、清潔發展、安全發展和可持續發展的重大戰略任務。

四、疑難問題和學術爭鳴

（一）西方經濟增長理論的演進與經濟增長方式的轉變

通觀西方經濟增長理論，幾乎找不到專門或直接研究經濟增長方式及其轉變的論著。這是為什麼呢？從西方經濟增長史來看，在市場經濟國家，經濟增長方式的轉變是一個在市場製度「誘導和驅動」作用（其中，市場機制的作用是基點）下自然的、歷史的演進過程。因而，西方經濟學家也就不再研究「經濟增長方式如何轉變」這樣一個在他們看來是由實踐自然去解決的問題，而是關注市場製度既定條件下經濟如何增長、經濟增長的源泉、經濟增長諸因素以及經濟增長中市場與政府作用的互補性整合等問題。下面從西方經濟增長理論的演進來看經濟增長方式轉變的客觀歷史過程。

1. 古典經濟增長理論：勞動與資本的重要性

古典經濟增長理論的起源可追溯到英國古典經濟學的創建人亞當·斯密，這不僅因為他是經濟增長理論的第一個系統表述者，最先系統地研究了資本主義經濟增長理論，更為重要的是，他突破了先前重商主義和重農主義各自的狹隘性，衝破產業對抗，使勞動概念一般化，把國民財富增長的源泉具體歸結為生產勞動者人數、分工（分工與效

率、分工受市場範圍的限制）和資本累積量。此外，斯密還考察了決定和影響國民財富增長的其他因素，如自由競爭、自由貿易等。為此，斯密強調自然法則，推崇市場機制的作用，在政策主張上，反對政府對工商業經濟活動的任何干涉。

李嘉圖作為斯密的承繼者，對國民財富的增長即經濟增長問題也進行了深入研究。不同的是，他將研究的重點從生產轉向分配，並把「確立支配分配的法則」，看成「政治經濟學的主要問題」。[1] 他從研究地租、工資和利潤的比例變化如何影響資本累積，進而分析了對財富增長的影響。李嘉圖認為，在社會經濟增長和發展中，有三個重要階級集團扮演著主要角色，即資本家、工人和地主，而這三者中資本家是最重要的，因為只有資本家才將其利潤重新投入企業生產中，加速資本累積，從而加速國民財富的增長。可見，資本累積是國民財富增加的主要因素。

總體上看，古典經濟增長理論的一個基本特徵是：突出勞動與資本的重要性，把勞動和資本對生產過程的投入作為經濟增長的主要動力源，進一步地認為，資本累積的不斷形成和增加，乃是經濟增長的決定性因素。

2. 現代經濟增長理論：影響和決定因素內生化趨勢

20世紀30年代末至二戰後初期，以建基於凱恩斯經濟理論之上的哈羅德－多馬增長模型為研究現代經濟增長理論的開端標誌，湧現出一批有代表性的當代增長經濟學家及其著作，由此形成和發展起了現代經濟增長理論。

在哈羅德－多馬模型中，由於假定資本——勞動比率是不變的，因而得出資本的累積率就是唯一決定經濟增長的因素。1956年，索洛在哈羅德－多馬模型的基礎上，提出了加速技術決定作用的增長模型：$\frac{\Delta Y}{Y} = a \left(\frac{\Delta K}{K}\right) + b \left(\frac{\Delta L}{L}\right) + \frac{\Delta A}{A}$。該模型表明：經濟增長不僅取決於資本增長率、勞動增長率，以及資本和勞動對收入增長的相對作用的權數，而且還取決於技術進步，尤其是從長期增長和人均產量來看，資本增長率和勞動增長率的作用不大，[2] 這就凸顯出技術進步作為經濟增長的關鍵作用。在這裡，技術進步第一次被視為一個單獨的因素，納入經濟增長理論進行系統研究。

然而，這時的技術進步還被局限在促進經濟增長的外生變量上，且體現在一定的物質資本之中，技術進步中人的因素仍未得到重視。這一缺陷引起了一批經濟學家的注意，經過舒爾茨等人的努力，生產的技術因素被擴展到人力資本上並加以了內生化。1960年，他在全美經濟學年會上發表了題為《人力資本投資》的演講，獨樹一幟，闡發了他的「人力資本對經濟增長起決定性作用」的觀點。

20世紀70年代的「滯脹」危機使一些曾經頗有建樹的增長經濟學家也轉向其他研

---

[1] 大衛・李嘉圖. 政治經濟學及賦稅原理 [M]. 郭大力，王亞南，譯. 北京：商務印書館，1991.

[2] 因為資本增長取決於資本折舊和新投入的資本量，隨著資本存量增加，折舊額也會增加，但比率遞減，從長期看將趨於零；勞動增長可以增加總產量，但從長期看資本增長率往往小於勞動增長率，這時人均增長率會下降為負數。因此，技術進步在決定經濟增長中具有特別重要的作用。

究領域。此後的 10 餘年間，經濟增長理論湮沒無聞。直到 1986 年，羅默在《政治經濟學雜誌》上發表的「收益遞增經濟增長模型」論文，才再度引起經濟學家們對經濟增長理論研究的興趣。羅默、盧卡斯等經濟學家認識到，經濟增長不是外部力量，而是經濟體系的內部力量，特別是內生的技術變化的產物。他們通過對知識外溢、人力資本投資、研究與開發、收益遞增、勞動分工和專門化、邊干邊學、開放經濟與壟斷化等問題的研究，重新闡釋了經濟增長的源泉，提出了內生的技術進步是經濟實現持續增長的決定因素，由此形成了新經濟增長理論，收益遞增是新增長理論的核心。

新經濟增長理論總體來看尚不夠成熟，最明顯的是：在強調人力資本與知識和技術作用的同時，忽視了製度要素——經濟製度仍被看作外生給定的，因而新經濟增長理論的框架也就無法說明經濟製度的變化對生產技術和經濟增長的重要影響。

自 20 世紀 70 年代以來，以諾斯、科斯為代表的新製度經濟學在西方興起，他們從嶄新的角度來研究經濟增長問題。他們引入交易成本和製度變遷理論，極大地擴展了經濟增長理論應用的空間，使之對經濟增長更具現實的解釋力。它揭示出製度的動態發展及對經濟增長的影響，這正是新製度經濟學具有歷史進步意義的表現。

3. 從西方經濟增長理論的演進看經濟增長方式的轉變

(1) 西方經濟增長理論的演進軌跡，反應了經濟增長方式轉變過程中要素擴張到要素深化的規律性特徵。

以亞當·斯密的《國富論》問世為主要標誌，西方經濟增長理論經過 200 多年來的發展，走過了一條由物到人、由有形資本到無形資本、由外生增長到內生增長的演進道路，從看到勞動與資本在經濟增長中的重要性，到特別突出物質資本累積的決定性作用；從重視技術進步的作用，到更加強調以人的素質為中心的知識、技術和人力資本的累積，每一個增長模型都從它特有的研究角度，直接或間接地反應和揭示了經濟增長實踐的部分現實。每一個經濟增長理論的里程碑，都是世界經濟發展到一定程度的產物，記載和標誌著經濟增長理論所取得的進展。若將其聯結起來，則清晰地勾勒出一條人類在邁向工業化的進程中，對經濟增長源泉、動力結構發生重大變化的認識漸趨深化的發展軌跡。其實，這又何嘗不是對市場製度下，經濟增長方式自然的、歷史的演進以至轉變過程中由要素擴張到要素深化趨勢的理論反應。不言而喻，這具有普適性意義。

綜上可見，儘管西方經濟增長理論並沒有在直接意義上研究經濟增長方式如何轉變的問題，但是，他們的研究成果及其理論的發展性，在實際上較好地回答了經濟增長方式怎樣才能有效地轉變。

(2) 西方經濟增長理論的演進軌跡，反應了製度因素是一個貫穿於經濟增長始終，因而也是貫穿於經濟增長方式轉變之中的客觀性因素。

從之前的考察中可見，西方經濟學家分析經濟增長的源泉及其影響因素，大都具有較為明顯的階段性特徵，在不同的經濟增長和發展階段中，勞動力、資本、技術、知識等的地位和作用有所不同。但製度因素的促進或抑製作用，是貫穿於經濟增長始終的，

也是貫穿於經濟增長方式的形成乃至轉變之中的。不同的製度安排可以影響和改變各要素對經濟增長的作用及作用程度。如專利法的實施，使新思想、新知識、新技術的發明者的私人收益與社會收益不一致程度大大減少，創新者的收益因此而內部化，從而使技術進步要素在促進經濟增長乃至經濟增長方式轉變中的作用得以放大。無論經濟學家們是否意識到這一點，事實就是如此，絕非臆想。這是因為，任何經濟活動、經濟增長乃至經濟增長方式的轉變過程，都是在特定的製度環境、製度結構和製度安排中發生和發展的。

實際上，考慮製度因素對經濟增長的影響，可以追溯到古典經濟學家亞當·斯密和大衛·李嘉圖的相關論述。他們的共同點在於：都涉及把社會的製度結構劃分為三個基本階級：資本家、雇傭工人和土地所有者，由此考察他們之間的分配關係對經濟增長的影響；他們都崇尚建立一個市場自由競爭和自由貿易的製度，讓「看不見的手」（市場機制）來調節經濟活動、實現經濟增長，反對國家干預經濟生活。儘管斯密和李嘉圖並不認為製度因素在嚴格意義上可看作一個經濟變量，但他們仍把製度因素看作一個不可忽視的外生參數。[①]

在此之後，新古典經濟增長理論和新經濟增長理論的經濟學家們，借助數學模型來解釋經濟增長，注意力集中在資本累積、知識和技術創新等純經濟技術因素方面，使製度的作用不再成為理論上解釋經濟增長的重要因素。而近20年來發展起來的新製度經濟學，才又恢復了研究製度因素對其他經濟變量的影響的經濟分析傳統，尤其是在研究不同的製度安排對激勵行為和資源配置效率的影響，從而揭示出製度所具有的增長功能，取得了引人注目的成就。

儘管製度因素在經濟學分析中的定位有過一段曲折的發展過程，但最終製度因素與經濟活動和經濟增長的內在聯繫，已為越來越多的人所認識。新製度經濟學在建立起內生的技術進步、製度變遷與經濟增長之間的理論聯繫上做出的巨大貢獻，在經濟學發展史上功不可沒，特別是對我們今天探討中國經濟增長方式轉變的製度保障與製度創新，很有借鑒與啟示意義。

（二）未來的人口紅利——中國經濟增長源泉的開拓[②]

20世紀90年代以來，關於人口轉變與經濟增長關係的研究發現，勞動年齡人口持續增長、占總人口比重不斷提高、形成較低的撫養率這樣一種生產性人口結構，可以促進整個國家出現高儲蓄、高投資和高增長的格局，從而為經濟增長提供一個額外的源

[①] 這裡有必要指出，在古典經濟學之後，馬克思的經濟理論（包括再生產理論）系統而深入地研究了製度因素對經濟增長和社會發展的重要作用，將古典經濟學的製度分析方法發揮得淋漓盡致。馬克思在資本家、雇傭工人、大土地所有者這三大階級的製度結構內，著重分析了資本家與雇傭工人之間的經濟關係對經濟增長的影響，這一分析的深刻程度遠遠超過了他的前輩。

[②] 蔡昉．未來的人口紅利——中國經濟增長源泉的開拓［J］．中國人口科學，2009（1）．

泉,這往往也被稱為「人口紅利」。中國改革開放以來,在人口政策、經濟增長和社會變遷等因素的共同作用下,形成有利的人口結構,這樣的「人口紅利」,促進了經濟的高速增長。

然而,隨著既有人口轉變階段的變化,勞動年齡人口占優勢的人口結構從目前來看,最終會轉變為年老型的人口結構。這一轉變將可能會導致「人口紅利」的減弱乃至消失。因此,有不少學界人士對未來中國經濟增長表示擔憂。

但也有文獻指出,在人口年齡結構趨於老化的情況下,個人和家庭的未雨綢繆可以產生一個新的儲蓄動機,形成一個新的儲蓄來源,其在國內、國際資本市場上的投資還可以獲得收益。這被稱為區別於前述意義上「人口紅利」的「第二次人口紅利」(Lee et al.,2006)。不過,蔡昉(2009)指出,如果僅從人口老齡化時期儲蓄動機角度來觀察,尚不能構成在推動經濟增長的作用程度上,堪與「第一次人口紅利」相提並論的「第二次人口紅利」。

最後,需要強調的是,無論是「第一次人口紅利」還是「第二次人口紅利」,其作用的發揮都是以一系列製度為前提條件的。「第一次人口紅利」得益於改革開放以來人口政策的調整、增長方式的改變和社會經濟結構的變遷。而從眾多文獻對發達國家成功經驗的分析表明,「第二次人口紅利」的實現所需要具備的製度條件更高,涉及教育製度、就業製度、戶籍製度和養老保障製度等多方面的改革。

(三) 資本累積與技術進步的動態融合:中國經濟增長的一個典型事實[1]

改革開放以來,經濟增長方式轉變一直是中國政府和學界關注的熱點問題。有許多專家學者認為,中國20世紀90年代以來高速經濟增長所依賴的主要是資本、勞動力要素的高投入,而技術進步率則相對較低。高投入形成的高增長在缺乏足夠技術支撐的前提下,往往會造成大量物質消耗,帶來巨大的資源和環境壓力,因此,轉變經濟增長方式成為了當務之急。

但是,也有部分學者(趙志耘等,2007)強調,應認識到經濟增長方式的轉變是有其客觀規律的。第一,從人類社會經濟發展近300餘年的歷史長河來看,大規模資本投入階段或資本累積階段是一個不可逾越的歷史階段;第二,這一階段的完成大致需要經歷100年的時間。因此,高度重視經濟增長方式轉變十分必要,但要真正轉變增長方式並非一日之功。

與目前國內外學術界對於中國經濟增長的分析(或是沿著新古典增長的路線,或是沿用內生增長理論模型的思路)不同,趙志耘等致力於將二者結合起來,把資本驅動與技術進步同時內生化於增長模型中,考慮資本驅動與技術進步的內在聯繫,並從這個角

---

[1] 趙志耘,呂冰洋,郭慶旺,等.資本累積與技術進步的動態融合:中國經濟增長的一個典型事實[J].經濟研究,2007(11).

度嘗試解釋中國經濟增長路徑。這一思想得到了實證研究的支持。通過實證研究發現，中國經濟增長中過去和目前都存在著明顯的體現在設備資本投入中的技術進步，1990—2005年間該形式的技術進步率至少在5.1%~6.0%，並且中西部地區這種技術進步並不必然低於東部地區。這說明，物質資本累積與技術進步的動態融合是中國改革開放以來經濟增長的一個典型事實，高投入式增長並非一定是低效增長。研究證明了中國經濟增長過程中存在較高資本體現式技術進步的可能性。

趙志耘等進一步指出，對於中國這樣一個處於工業化進程中的國家而言，技術進步的發展進程往往是與資本累積進程動態地有機融合在一起的。而僅僅通過全要素生產率的計算，則很難觀察出這種資本體現式技術進步水平。中國過去高投入式增長是工業化和城市化進程加快的一個階段性現象，全要素生產率低也是以技術模仿為主、以設備投資為主的經濟增長歷程中的一個階段性現象。況且，即便過去20多年來中國的高速經濟增長是高投入型增長，但因在這種高投入中的設備資本投資包含著我們沒有考慮到的技術進步，因此，中國經濟高投入式增長未必就完全屬於「粗放型」增長，更不一定就是低效增長，否則，中國的高速經濟增長也不會持續這麼長時間。

最後，趙志耘等還強調指出，鑒於中國所處的經濟發展階段和存在資本體現式技術進步的客觀事實以及為完成盡快實現工業化的歷史使命，我們在積極倡導和大力推進經濟增長方式轉變的同時，還不能忽視促進資本的有效累積，努力優化資本投資的結構，特別是還應鼓勵技術（包括節能技術和減排技術）含量高的設備投資。

(四) 從內涵與外延來理解統籌城鄉發展

自從2002年黨中央在十六大首次提出統籌城鄉發展戰略以來，無論是學術界還是業界，對於統籌城鄉發展是什麼、其本質內涵和外延展開了較大的爭論，但總的說來，提出統籌城鄉發展的根本目的在於要解決中國二元經濟結構問題。中國長期以來實行的重城市、輕農村和重工業、輕農業的城鄉差別發展戰略，在計劃經濟體制下形成的二元經濟結構，造成了城鄉居民的兩種身分、兩種教育體制、兩種就業製度、兩種財政稅收體系等不平等的製度，導致了中國城鄉之間的隔閡形成、經濟社會發展的失衡加劇、收入差距的不斷拉大。二元經濟結構已成為阻礙中國經濟社會發展的一個十分嚴重的問題，因此，統籌中國城鄉經濟社會發展的當務之急，就是要轉變二元經濟結構。

(1) 從內涵來看，統籌城鄉發展是指統籌城鄉的全面發展，主要是通過統籌城鄉經濟發展、統籌城鄉社會發展和統籌城鄉生態環境發展三個方面來解決中國城鄉二元結構問題。

首先，統籌城鄉經濟發展，主要是針對城鄉經濟發展嚴重失衡、農業、農村、農民相對地「處後居下」現狀，關鍵是要建立統一、有序的城鄉產品和要素市場，特別是要統籌土地、勞動力、資金三大要素市場，要在城鄉統一的大市場中協調城鄉產業的發展，促進城鄉要素自由流動和資源優化配置，發揮各自的比較優勢，實現以城帶鄉，以

工促農，以工業化和城市化帶動農業、農村現代化，形成城鄉互補、工農互促、共同發展的格局，進而實現城鄉經濟協調發展乃至整個國民經濟可持續發展。

其次，統籌城鄉社會發展，重點是要給農民以國民待遇，使農民擁有和城市人口平等的發展機會和享受同等的公民權利，這就要把影響城鄉社會發展各個方面的製度統一起來，建立城鄉統一的戶籍製度、教育製度、衛生醫療製度、社會保障製度、社會管理製度、精神文明建設製度，在此基礎上加大政府對農村基礎設施、教育、文化、衛生、社會保障等方面的投資，逐步縮小城鄉社會發展方面的差距。

最後，統籌城鄉生態環境發展，主要是用科學發展觀指導城鄉發展規劃，將城市中心組團與周圍鄉鎮及鄉村居民點作為一個整體，使城鄉建設各項規劃的內容相互銜接、相互促進、良性互動，把城市與農村作為生態系統的有機整體，著力形成農村支撐城市、城市促進農村的生態環境優化機制，促進城鄉經濟社會的可持續發展，建立和諧一體的城鄉生態環境體系。

（2）從外延來看，主要要把握統籌城鄉發展與城鄉一體化的關係。總體來說，城市化是現代經濟社會發展的過程，城鄉一體化是城市化的高級階段，而統籌城鄉發展則是要在中國城市化過程中，兼顧城鄉的發展，推進城鄉共同協調發展，實現城鄉一體化。

城市化表現為人口和社會經濟資源向城市集中，經濟發展將在更大程度上依賴於城市的發展，地區競爭日益表現為城市之間的競爭，城市在經濟、社會、文化等方面的不斷發展，成為現代人類的主要生存空間和活動場所。當城市化進入高級階段，即城鄉一體化階段。城鄉一體化是指城市與鄉村充分發揮各自的優勢和作用，實現融合發展，成為一個相互依存、相互促進的統一體，人口、資金、信息和物質等要素在城鄉間自由流動，城鄉經濟、社會、文化相互滲透、相互融合、高度依存，城鄉居民能夠平等地共同享受現代文明。統籌城鄉發展是實現城鄉一體化的手段，城鄉一體化是城鄉統籌發展的目標。

城鄉統籌，說到底是在新的發展時期，城市與農村、工業與農業之間要協調發展、共同進步，要通過改變二元經濟社會結構，在市場經濟體制下實現城鄉社會一體化發展。城鄉一體化更多的是作為一種長遠奮鬥的目標，它強調的是城鄉融合的結果；城鄉統籌發展則主要是一種工作思路、工作方法，是用統籌的思想來指導發展的實踐，它強調的是一種過程。

（五）新階段中國的可持續發展[1]：問題與政策取向

當前，中國進入一個發展的新階段。所謂新階段，就是按照三步走的發展戰略，從實現第二步戰略目標，轉到實施第三步戰略部署。在這一階段，中國經濟繼續保持較為旺盛的發展勢頭。同時，隨著經濟體制的轉型、社會結構的變遷，中國也逐漸步入了現

---

[1] 王夢奎．新階段的可持續發展［J］．管理世界，2007（5）．

代社會發展的高風險階段。資源和環境的制約、發展不平衡、社會轉型期的矛盾，以及國內體制和外部環境中的新問題，開始較為集中地顯露出來。由此產生了這樣的問題：中國的發展是可持續的嗎？中國能夠克服工業化和城市化進程中的重重困難和矛盾，比較順利地實現現代化的目標嗎？英國《金融時報》一篇文章——《中國經濟：不可阻擋，卻難以持續》，代表國際上相當一部分人的看法，國內也有這樣的疑慮。國務院發展研究中心主任王夢奎（2007）從以下五個方面論述了新階段中國可持續發展的基本政策取向。

一是以轉變增長方式和優化結構減輕資源和環境的壓力。中國經濟發展受到資源和環境的制約，而國際社會對中國能否持續發展所關注的焦點，也大多集中在資源和環境問題上。因此，我們應該把推進增長方式轉變、優化產業結構放在突出位置，更加注重技術進步和服務業特別是現代服務業的發展，在合理規劃工業發展的同時，注意協調經濟增長與節約資源、保護環境的關係，把握工業化和城市化的適當規模和進度，注重建設資源節約型社會，在規劃、建設、生產、流通和消費各個領域杜絕浪費，厲行節約。

二是以協調發展戰略緩解發展不平衡的矛盾。改革開放以來，全國各地區經濟和城鄉經濟都有很大發展，特別是工業化和城市化得以快速推進。但是，地區差距和城鄉差距總體上是擴大的趨勢，城鄉二元經濟轉型期的階段性特徵較為明顯。國家區域政策可以發揮或者減緩某種因素的作用，但不能改變現階段地區發展的基本格局。考慮到起相反作用的諸多因素，看來近期還難以形成地區差距穩定縮小的態勢，需要實施更積極的協調發展戰略，抑制差距繼續擴大。

三是以全民共享改革發展成果促進社會和諧。社會矛盾歸根到底是利益關係問題。而化解社會矛盾和實現社會和諧的基礎，則是全體人民共享改革和發展的成果。需要強調的是，共享並不是平均主義，也不是劫富濟貧，而是使各階層人民的實際利益都能夠隨著改革和發展的進展而增加。只有這樣，才能在全社會進一步擴大對於改革和發展的共識，調動全民參與的積極性。

四是全球化背景下的中國可持續發展。中國作為世界最大的發展中國家，近年來，全世界都強烈感覺到了其經濟高速發展的影響。這是具有世界性影響的，不論是中國對世界，還是世界對中國，都有一個相互調整和適應的問題。在新形勢下，要實施更加主動進取的開放戰略，促進國內經濟增長方式轉變和產業結構優化升級。這是新階段發展的需要，也是提高國際競爭力的根本途徑。

五是關於制度建設。實現新階段的可持續發展，需要通過改革和創新提供制度保障。新階段改革舉措取捨的標準，在於是否有利於實現科學發展與社會和諧。經濟體制改革和其他領域的改革都要堅持這個標準。經濟體制沒有固定模式，經濟發展沒有「標準道路」。各種理論體系和知識構架，各種各樣的「模式」，包括中國特色社會主義理論和中國發展模式，都是基於實踐經驗的創造。在新的發展階段，在世界技術革命和經濟全球化的時代，中國社會主義市場經濟需要依靠體制創新而保持生機與活力。

(六)「五大發展理念」與轉變經濟增長和發展方式

創新、協調、綠色、開放、共享「五大發展」理念，是馬克思主義政治經濟學時代化中國化的重要理論成果，極大地豐富了馬克思主義發展觀[①]。作為深刻變革中國發展全局的新理念，「五大發展理念」根植於中國發展的實際，是對推動經濟增長和發展方式轉變在新常態下「實現什麼樣的發展、怎樣發展」問題的新回答，具有深刻豐富的內涵和內在關聯。

①創新，是引領發展的第一動力。堅持創新發展，就是把創新擺在國家發展全局的核心位置，解決發展動力問題。就外延而言，從科技創新的單輪驅動到理論創新、製度創新、科技創新、文化創新的多輪驅動，創新的範圍愈加廣闊；從內涵來看，創新逐漸提高到發展第一動力的核心位置，成為「貫穿黨和國家一切工作」的核心要素。堅持創新發展，必須把發展基點放在創新上，形成促進創新的體制架構，依靠創新驅動發展。

②協調，是經濟社會持續健康發展的內在要求。堅持協調發展，旨在補齊發展短板，解決發展不平衡問題，重點促進城鄉區域協調發展，促進經濟社會協調發展，促進新型工業化、信息化、城鎮化、農業現代化同步發展，在增強國家硬實力的同時注重提升國家軟實力，不斷增強發展的平衡性、包容性、整體性及其可持續性。

③綠色，是實現中華民族永續發展的必要條件。堅持綠色發展，必須匡正「唯GDP」式的粗放型發展，解決人與自然和諧問題。堅持節約資源和保護環境的基本國策，堅持可持續發展，堅定走生產發展、生活富裕、生態良好的文明發展道路，加快建設資源節約型、環境友好型社會，形成人與自然和諧發展現代化建設新格局。

④開放，是國家繁榮富強的必由之路。堅持開放發展，旨在發展更高層次的開放型經濟，解決發展內外聯動問題。積極參與全球經濟治理和公共產品供給，增加中國在全球經濟治理中的製度性話語權，構建廣泛的利益共同體。開放發展是中國基於改革開放成功經驗的歷史總結，也是拓展經濟發展空間、提升開放型經濟發展水平的必然要求。

⑤共享，是全面建成小康社會的必然結果。堅持共享發展，旨在增進人民福祉、增強獲得感，解決社會公平正義問題。堅持發展為了人民、發展依靠人民、發展成果由人民共享，堅定不移地走共同富裕的道路，這是社會主義的本質要求，是社會主義製度優越性的集中體現，是全面建成小康社會、加快社會主義改革開放和現代化建設步伐的根本目的。可以說，創新、協調、綠色、開放是發展的手段，而共享則是發展的最終目的。這一價值取向和目的指引應當牢牢把握，不可絲毫偏廢。

五大發展理念相互貫通、相互促進，是具有內在聯繫的集合體。創新發展，注重的是更高質量、更高效益。堅持創新發展，將使一國、一地區的發展更加均衡、更加環保、更

---

① 馬克思主義發展觀認為，生產力是社會發展的最終決定力量，社會發展是社會諸領域全面協調的發展，而人的全面和自由發展則是社會發展的最高目標。

加優化、更加包容。也就是說，創新發展對協調發展、綠色發展、開放發展、共享發展具有很強的推動作用。協調發展，注重的是更加均衡、更加全面。堅持協調發展，將顯著推進綠色發展和共享發展進程。

綠色發展，注重的是更加環保、更加和諧。實現綠色發展，需要不斷地技術創新和理念創新。同時，綠色發展將顯著提高人們的生活質量，使共享發展成為有質量的發展。開放發展，注重的是更加優化、更加融入。開放發展，將使發展更加注重創新，更加重視生態文明的影響，更加有利於實現共享發展。共享發展，注重的是更加公平、更加正義，是堅持其他四種發展的出發點和落腳點。堅持共享發展，將為其他四種發展提供倫理支持和治理動力。五大發展理念缺一不可。

概言之，創新、協調、綠色、開放、共享的發展理念，將經濟增長和發展的動力、要求、條件、路徑和目的相互貫通、相輔相成，其深刻的內在聯繫更好地體現了發展理念內蘊的系統性、科學性和引領性的思想特質，指引著中國實現更高質量、更有效率、更加公平、更可持續的發展。深刻認識、全面貫徹五大發展新理念，對切實轉變經濟增長和發展方式，推動全面建成小康社會乃至實現中華民族的偉大復興，都具有重大現實意義和深遠歷史意義。

國家圖書館出版品預行編目(CIP)資料

政治經濟學：學習與思考輔導讀物 / 李萍，陳維達 主編. -- 第二版.
-- 臺北市：財經錢線文化出版：崧博發行，2018.11

面； 公分

ISBN 978-957-680-240-9(平裝)

1.政治經濟學

550.1657　　107017788

書　名：政治經濟學：學習與思考輔導讀物
作　者：李萍、陳維達 主編
發行人：黃振庭
出版者：財經錢線文化事業有限公司
發行者：崧博出版事業有限公司
E-mail：sonbookservice@gmail.com
粉絲頁　　　　　　網　址：
地　址：台北市中正區延平南路六十一號五樓一室
8F.-815, No.61, Sec. 1, Chongqing S. Rd., Zhongzheng
Dist., Taipei City 100, Taiwan (R.O.C.)
電　話：(02)2370-3310　傳　真：(02) 2370-3210
總經銷：紅螞蟻圖書有限公司
地　址：台北市內湖區舊宗路二段 121 巷 19 號
電　話：02-2795-3656　傳真：02-2795-4100　網址：
印　刷：京峯彩色印刷有限公司（京峰數位）

　本書版權為西南財經大學出版社所有授權崧博出版事業有限公司獨家發行電子書及繁體書繁體版。若有其他相關權利及授權需求請與本公司聯繫。

定價：450元

發行日期：2018 年 11 月第二版

◎ 本書以POD印製發行